μετωνυμίες

VIII

Zum Buch: Das Buch beschränkt sich auf den Sartre der vierziger Jahre, als er die Philosophie des Existentialismus aus dem Geist der Résistance schrieb. Damit entwickelt er eine Philosophie der mündigen Bürgerin, die sich auch gegen ein terroristisches Regime zu wehren vermag. Aus der von Sartre begründeten Freiheit erwächst nicht nur die Verantwortung für das eigene Leben, das die Bürgerin nach eigenen Vorstellungen zu gestalten vermag, sondern auch die Widerstandskraft, sich nicht bevormunden lassen zu müssen. Spätestens seit den soziologisch konstatierten Individualisierungsprozessen seit dem siebziger Jahren müsste der Existentialismus, wie ihn neben Sartre auch vor allem de Beauvoir und Camus entwickelten, eine sehr aktuelle Philosophie sein. Dem ist indes kaum so. Für alle politischen und sozialen Bestrebungen hatte der Existentialismus nach dem Sieg über den Nationalsozialismus seine Schuldigkeit getan. Denn alle erwarten einen gehorsamen, von den Eliten lenkbaren Bürger. Daher gelten diese Existentialisten bis heute als die bösen Philosophen, die dem Individuum gegenüber dem Staat einen Primat einräumen. Individualismus und Hedonismus bleiben aber die einzigen Gestaltungsmöglichkeiten, wenn es letztlich keine gemeinsamen obersten Werte mehr gibt und sich jeder selber ethisch konstituieren muss.

Hans-Martin Schönherr-Mann ist Prof. für Politische Philosophie an der Univ. München, Gastprof. seit 2004 häufig an den Univ. Innsbruck, Eichstädt, Regensburg, Venice International Univ, Univ. Torino; Bücher: *Gesicht und Gerechtigkeit – Emmanuel Lévinas politische Verantwortungsethik*, Innsbruck University Press 2021; *Nietzsche – Leben und Denken*, Römerweg 2020; *Dekonstruktion als Gerechtigkeit – Jacques Derridas Staatsverständnis und politische Philosophie*, Nomos 2019, *Michel Foucault als politischer Philosoph*, IUP 2018; *Untergangsprophet und Lebenskünstlerin – Über die Ökologisierung der Welt*, Matthes & Seitz Berlin 2015; *Albert Camus als politischer Philosoph*, IUP 2015; *Was ist politische Philosophie*, Campus Studium 2012; *Die Macht der Verantwortung*, Alber 2010; *Der Übermensch als Lebenskünstlerin – Nietzsche, Foucault und die Ethik*, MSB 2009; *Miteinander leben lernen – Die Philosophie und der Kampf der Kulturen*, Piper 2008; *Simone de Beauvoir und das andere Geschlecht*, dtv 2007; *Hannah Arendt – Wahrheit, Macht, Moral*, C.H. Beck 2006; *Sartre – Philosophie als Lebensform*, C.H. Beck 2005

Hans-Martin Schönherr-Mann

Sartres
Existentialismus
als
politische Philosophie
des Widerstands

μετωνυμίες
VIII

Bibliografische Information der Deutschen Nationalbibliothek: Die Deutsche Nationalbibliothek verzeichnet diese Publikation in der Deutschen Nationalbibliografie; detaillierte bibliografische Daten sind im Internet über dnb.dnb.de abrufbar.

Herstellung und Verlag:
BoD – Books on Demand, Norderstedt

ISBN 978-3-7543-4099-8

Für Irmi

INHALT

„Die tugendhaften Menschen sind oft kleinmütige Bürger. Der wahre Mut wurzelt in einer Ausschweifung." (Albert Camus)

VORWORT
SARTRE UND DIE POLITISCHE PHILOSOPHIE DES WIDERSTANDS

Sartre wurde berühmt während der Zeit der Résistance. Mit seinem ersten Hauptwerk und mit dem Theaterstück *Die Fliegen* begründete er in einer Zeit, die vom Untertanengeist geprägt war, die Möglichkeit sich gegen jedwede Unterdrückung und Bevormundung zur Wehr zu setzen. Wie sagt doch Jupiter zu Ägist: „Wir beide lassen die Ordnung herrschen, du in Argos, ich in der Welt, und das gleiche Geheimnis lastet schwer auf unseren Herzen. ÄGIST: Ich habe kein Geheimnis. JUPITER: Doch, Das gleiche wie ich. Das schmerzliche Geheimnis der Götter und der Könige, dass nämlich die Menschen frei sind. Sie sind frei, Ägist. Du weißt es, und sie wissen es nicht. ÄGIST: Zum Donner, wenn sie es wüssten, würden sie meinen Palast an seinen vier Ecken anzünden. Seit 15 Jahren spiele ich Komödie, um ihnen ihre Macht zu verbergen."

Nicht dass seit dem 19. Jahrhundert der Sozialismus den Aufstand nicht längst auf seine Fahnen geschrieben hätte. Aber es handelte sich um einen Aufstand der Massen, in den sich der Einzelne einzureihen hat. Er war Untertan des Aufstands, nicht der freie Bürger, der aus eigener Entscheidung sich entschließt, nicht mehr zu gehorchen, sich entweder massiv oder subversiv gegenüber den Ansprüchen der herrschenden Gewalt zu widersetzen. Und der kleinste Akt der Abweichung versteht sich als Widerstandshandlung.

Merkwürdig ist dabei, dass Sartre in die Annalen der Philosophie nicht als Denker des Widerstands eingegangen ist. Stattdessen hat man ihn als Philosophen der Freiheit taxiert und letztlich desavouiert. Wie will denn der Mensch frei sein, der doch überall in diverse Zwänge eingespannt ist. Der freie Wille wurde denn auch bis heute fleißig dementiert: Das Individuum muss sich doch als ein Teil einer Gemeinschaft verstehen, soll es anders nicht leben können.

Dass das nicht der Fall ist haben die diversen Emanzipationsbewegungen seit der zweiten Hälfte des 20. Jahrhunderts vorgeführt. Aber nicht mal de Beauvoirs Hauptwerk *Das andere Geschlecht* wurde in diesem Sinn rezipiert. Individuelle Widerständigkeit ist politisch doch schlicht überall zu unpopulär, zu gefährlich, als dass man sie wenigstens als solche diskutieren wollte. Alle Experten wollen den Bürgerinnen vorschreiben, wie sie zu leben haben, ökologische, soziale, ökonomische oder traditionelle. Daher dürfen sie nicht mündig sein.

Individuelle Rechte sollte der Staat zugestehen. Nicht dass er sich gezwungen sehen könnte, diese zu achten, weil er sich sonst mit dem Widerstand der Bürgerinnen konfrontiert sehen könnte und diese wohl oder übel zugestehen müsste. Dabei sind Menschenrechte nur dann den Namen wert, wenn die Bürgerinnen diese erkämpfen und nicht mehr zulassen, dass sie wieder aufgehoben würden. Aber der Staat will keineswegs akzeptieren, dass er nicht schalten und walten kann, wie er will.

Von Sartre und den französischen Existentialisten kann man indes lernen, dass Rechte nur dann Rechte sind, wenn sie von den Bürgerinnen erkämpft und verteidigt werden, nicht wenn sie von Gnaden des Staates gewährt werden, die dieser jederzeit wieder rückgängig machen kann.

Daher ist Sartre der Philosoph des Widerstands, weniger der Freiheit – das selbstredend auch. Aber die Grundlage der

Freiheit ist nicht der Staat, der zur Not alles beschließen kann, was er gerade für geboten hält, sondern die individuelle Macht, sich dem Staat zu widersetzen, wenn dieser die individuellen Rechte, die das Individuum erkämpft, auszuhebeln versucht. Menschenrechte, Menschenwürde und letztlich Demokratie in keinem etatistischen Sinn beruhen auf der individuellen Fähigkeit, sich diese Rechte zu erkämpfen und zu verteidigen. Diese Aufgabe übernehmen Staaten und dann können sie diese Rechte einschränken – und zwar nach Belieben.

Sartres Philosophie bietet hier einen Ansatzpunkt, wie sich die Bürgerinnen dem widersetzen können. Das versucht dieses Buch vorzuführen. Die ersten zwei Kapitel führen in das Denken von Sartre ein, in sein Freiheit- und Verantwortungsverständnis wie in seinen Begriff des Engagements. Kapitel drei und vier gehen vor allem auf de Beauvoir und Camus in ihrem Verhältnis zu Sartre ein – die Mitbegründer einer Philosophie des Widerstands wie der Emanzipation.

Im fünften, sechsten, und siebten Kapitel geht es um die historischen Wegbereiter des existentialistischen Denkens, nämlich Kierkegaard, der aus protestantischer Perspektive dem Individuum attestiert, sein Leben selber gestalten zu können. Nietzsche verachtet den gehorsamen Untertan seiner Zeit, eine Verachtung, die sich auch aus Sartres Denken ableiten lässt: der unmündige Bürger, Prototyp *Eichmann in Jerusalem*. Michelstaedter entwickelt ein Denken der Selbstentfaltung und Verantwortung für sich selbst, das dem Existentialismus den Weg in den Widerstand weist. Foucault ist nicht einfach ein Denker der Macht und der Disziplinierung, sondern er sieht, just weil das Individuum diese Macht realisieren muss, Chancen, dass das Individuum auf vielfältige Weise sich der Entmündigung widersetzen kann. Das letzte Kapitel, das Sartre ins Verhältnis zu Rancière setzt, zeigt zugleich weitere Perspektiven der Emanzipation wie der Demokratie auf, wenn diese staatlicherseits unter Druck gesetzt werden.

I. KAPITEL

FREIHEIT UND VERANTWORTUNG

Die großen Herausforderungen des 20. Jahrhunderts, der Totalitarismus, insbesondere der nationalsozialistische Rassismus, später die Gefährdung der Biosphäre haben eine Wende des ethischen Denkens von der Prinzipienethik hin zu einer Verantwortungsethik beschleunigt, die als erster Max Weber um 1920 thematisiert. Angesichts der großen sozialen Verwerfungen und Krisen forderte er einen charismatischen Führer, der aber nicht irgendwelche Ideologien bzw. ideale Prinzipien verwirklichen, sondern sich an den realen Folgen seines Handelns orientieren sollte, die er dann auch zu verantworten hätte. Emmanuel Lévinas ruft angesichts des Holocaust das Individuum in die Verantwortung für den anderen, hilflosen verfolgten Menschen. In ähnlicher Weise attestiert auch Hans Jonas der Menschheit, die Verantwortung für die Biosphäre wie den Bestand der Menschheit zu tragen.

In dieser Abkehr des ethischen Diskurses von einer reinen Prinzipienethik hin zu einer sicher eher utilitaristischen Verantwortungsethik spielt Jean-Paul Sartre eine wichtige Rolle, obgleich diese weder in den Kreisen der Experten noch in einer breiteren Öffentlichkeit wahrgenommen wurde. Sartres Philosophie in den vierziger Jahren gilt als Philosophie der Freiheit, kaum als Ethik der Verantwortung, obgleich das Thema Verantwortung sein erstes Hauptwerk *Das Sein und das Nichts* durchzieht und sich keinesfalls im schmalen Kapitel „Freiheit und Verantwortlichkeit" gegen Ende des Buches erschöpft.

Vielleicht geriet seine frühe Philosophie auch daher bald in Vergessenheit, nicht nur weil er sich selbst von ihr bei seinen Annäherungen an den Marxismus seit den fünfziger Jahren jedenfalls teilweise distanzierte: Von der Freiheit hörte man gern, nicht so gern von der Verantwortlichkeit: noch dazu, wenn Sartre als erster *jeden* Menschen mit der Verantwortung für sein gesamtes Leben belastete. So befreite er die Verantwortung nicht nur aus der elitären Perspektive Max Webers. Vielmehr stimmte er einen Ton an, der bis heute in der Öffentlichkeit immer stärker nachhallt, wenn Verantwortlichkeit von allen verlangt wird: vom einsamen Raucher bis zum Arbeitsplätze abbauenden Konzernlenker.[1]

1. Existenz ohne Essenz

Doch wenn der Mensch plötzlich für sein ganzes Leben verantwortlich sein soll, ist er dann wirklich noch frei? Passt die Verantwortung überhaupt zu Sartres Freiheitskonzept? Schenkten die Zeitgenossen nicht zu recht ihre Aufmerksamkeit lieber seinen Freiheitsideen, nach denen sie nicht bloß ein vorgeprägtes Wesen auszufüllen hätten, sie dieses vielmehr selber bestimmen können?

Sartres berühmte Feststellung lautet denn auch: die Existenz geht der Essenz voraus. Diverse moderne Weltbilder wie der Marxismus unterstellen dem Menschen ein arbeitendes und ein soziales Wesen. Der Nationalismus begreift den Menschen als seinem Volk dienendes Wesen, während der Liberalismus das Individuum zum Selbstzweck erhebt. Alle solche Bestimmungen sind für Sartre nachträgliche Interpretationen. Vielmehr existiert der Mensch in der Welt, ohne dass er wüsste, was für ein Wesen er besitzt, ob er soziale oder individuelle, religiöse oder natürliche Anlagen hat. Der Mensch sieht sich in

---

[1] Vgl. hierzu: Hans-Martin Schönherr-Mann, Sartre – Philosophie als Lebensform, München 2005 (C.H. Beck)

die Welt geworfen und muss sich seine Orientierungen selber suchen und zusammenstellen. Ob dieser Geworfenheit bleibt dem Menschen nichts anderes, als seine Existenz selbst zu gestalten, d.h. sein Wesen erst aufzubauen.

Klingt eine solche These nicht reichlich absurd angesichts dessen, dass die Menschen in ihre Umwelt tief verstrickt und eingebunden sind? Doch die zentrale Erfahrung, die Sartre in Krieg, Kriegsgefangenschaft und der unmittelbaren Zeit danach erlebte, lässt das Gegenteil ahnen: Ob die Individuen oder die Gemeinschaft, ganz Frankreich liegt in Agonie angesichts des unglaublich schnellen und verheerenden Zusammenbruchs. Der Faschismus trampelt über alle Werte des alten Europas hinweg, besonders jene der *Grande Nation* von Freiheit, Gleichheit und Brüderlichkeit. Selbst der Papst arrangiert sich mit den Nazis. Weder die Geschichte noch die Institutionen verkörpern glaubhaft weiterhin gemeinsame oberste ethische Werte. Den Sinn der Geschichte wie deren Ethos schreiben offenbar die neuen Sieger nach den Gesetzen der Grausamkeit. Nicht nur Sartre sah sich seines Wesens beraubt. Eine ganze Nation schwankt zwischen Kollaboration, die im Regime von Vichy ihr Symbol besitzt, und Widerständigkeit, die einerseits mit General Charles de Gaulle in London und seiner Bewegung *France libre* ihre äußere Formierung erlebt und die andererseits in der *Résistance* ein Angebot an den einzelnen darstellt, bei der doch jeder zu einer einsamen Entscheidung gezwungen ist. Denn dem Widerstand muss man sich freiwillig anschließen. Kein äußerer Zwang erleichtert das Leben, dem sich die Untertanen letztlich gerne ausgeliefert sahen. Selbst muss, kann man nichts tun. Die Welt wird von den großen Mächten regiert. Die Individuen spielen für sich alleine keine Rolle.

1942 schreibt Sartre sein Hauptwerk *Das Sein und das Nichts*, den Roman *Der Aufschub* und sein erstes richtiges Theaterstück *Die Fliegen*, das ihm 1943 seinen ersten öffentlichen Theatererfolg bescheren wird. Diese Werke prägt also die Erfahrung der Hoffnungslosigkeit, der totalen Unterdrückung durch Nazi-Deutschland. In der Zeit, in der sie entstanden,

1942, lag das Ende der Nazi-Diktatur noch in unabsehbar weiter Ferne.

Mangelt aber den Menschen daher nicht primär die Freiheit und weniger das Wesen? Doch wenn ihnen keine höhere Instanz mehr einen Lebenssinn zu verleihen vermag, sehen sich die Menschen zwangsläufig auf die Situation reduziert, in der sie nun mal leben. Gerade im Angesicht der Gefahr – gleichgültig ob diese von der Gestapo oder feindlichem Artilleriefeuer ausgeht – spürt man die nackte Existenz, die auf dem Spiel steht, während alle Hoffnungen und Träume gleichgültig verschwimmen. Sartre folgt hier Edmund Husserls Phänomenologie, mit der er sich seit Anfang der dreißiger Jahre kurz nach dem Ende seines Studiums an der französischen Elitehochschule ENS beschäftigt: Der Mensch erfährt die Dinge, schlicht wie sie ihm erscheinen. Wesenheiten, die etwa hinter diesen Erscheinungen lägen, lassen sich nicht wahrnehmen und spielen für Husserl keine Rolle. Vielmehr fallen Wesen und Erscheinung zusammen, mit der Folge für Sartre, dass der Mensch genau das sieht, was ihm erscheint, was existiert. Hinter diesem Existieren braucht man kein weiteres Wesen, keinen Sinn zu suchen, den es nicht gibt, so dass man ihn auch nicht wahrnehmen kann.

Weder von der bloßen Existenz noch von seinem Bewusstsein aus eröffnen sich dem Menschen Sinne des Lebens oder Wesenheiten seiner Existenz. Ich bin der, der ich bin. Ich existiere. Ich lebe in dieser Welt, ohne dass sich mir ein höherer Sinn davon automatisch erschließen würde: Die Existenz geht der Essenz voraus. Sartre schreibt in *Das Sein und das Nichts*: „Das Bewusstsein ist ein Sein, dessen Existenz die Essenz setzt, und umgekehrt ist es Bewusstsein von einem Sein, dessen Essenz die Existenz impliziert, das heißt, dessen Erscheinung verlangt *zu sein*."[1]

[1] Jean-Paul Sartre, Das Sein und das Nichts – Versuch einer phänomenologischen Ontologie (1943), Gesammelte Werke Philosophische Schriften I, Bd. 3, Reinbek 1993, 36

Aber heißt Freiheit nicht, sein Wesen entfalten und ausleben zu dürfen? So stellen es sich die diversen Spielarten des Humanismus vor, die Sartre aber bereits in seinem Frühwerk in den dreißiger Jahren scharf angreift. Dagegen gestaltet für Sartre jeder Mensch seine Zukunft mit Hilfe von Entwürfen und Plänen, die er dann zu realisieren trachtet. Darin siedelt für Sartre die Freiheit. Denn der moderne Mensch sieht sich ständig gezwungen, über seine Existenz zu reflektieren, da er mit sich selbst gar nicht im reinen sein kann, weil er Bewusstsein seiner Existenz selbst ist, aber seine Existenz mit seinem Bewusstsein gar nicht in Einklang stehen kann: Es gibt kein richtiges Bewusstsein seiner selbst. Weil durch den Menschen immer ein Riss geht, muss er ständig über seine Situation, über seine Möglichkeiten nachdenken, ohne dass sich das jemals erschöpfte. Sartre erkennt, dass der moderne Mensch in einer reflexionsorientierten Lebensform lebt, was sich höchstens verdrängen lässt, dann aber Schwierigkeiten macht. Aber wenn ich meine Existenz reflektiere, dann kann ich sie auch ablehnen oder verbessern. Genau dadurch verleihe ich meiner Existenz Wesenhaftigkeit bzw. Sinn. Wie sagt doch Sartre: Die Existenz geht der Essenz voraus. Derart stellt für Sartre die Freiheit eine Veränderungsmöglichkeit der Existenz dar, die er Transzendenz nennt – ein im Existentialismus beliebter Begriff, den Sartre aber jeglicher religiöser Perspektiven enthebt, die er bei Gabriel Marcel und Karl Jaspers besitzt.

2. Freiheit als Zwang

Wo aber bleibt die Freiheit als gestalterische Kraft im Zustand extremer Unterdrückung? Doch Sartre behauptet arrogant: Der Mensch bleibe sogar in größter Knechtschaft frei, also unter der Herrschaft des Nationalsozialismus. Das Bewusstsein, erlaubt dem Menschen, sich zu verändern, sich anders zu gestalten, als es ihm seine Umwelt vorschreibt, also sich auch gegen den größten äußeren Druck aufzulehnen. Der Mensch kann sich gegenüber Unterdrückern wehren, eine Freiheit, die sich wirklich erst dann in ihrer vollen Tragweite zeigt, wenn eine äußere Unterdrückung den einzelnen Menschen auf sich selbst zurückwirft.

Aber Sartre gelingt es mit seiner phänomenologischen Orientierung diese Freiheit des Menschen nicht nur metaphysisch abstrakt, sondern im Detail beschreibend vorzuführen. Mag sich das Handeln des einzelnen wissenschaftlich vollständig aus dessen Entwicklung und seiner Situation ergeben, in der er lebt, und keinerlei Platz für die Freiheit lassen. Doch der junge Mann, der Sartre um Rat fragte, ob er sich dem Widerstand anschließen soll, obgleich ihn seine kranke alleinstehende Mutter dringend braucht, steht vor einer noch offenen Entscheidung, die auch nicht vorausberechnet werden kann: ein Symbol für die Freiheit. Abgesehen davon verfügt keine Wissenschaft über eine vollständige Information, weil eine solche logisch unmöglich ist, auch deswegen, weil Sätze und Sachverhalte nicht übereinstimmen; denn sie sind ja nicht dasselbe.

Es handelt sich also nicht um die Willensfreiheit Kants, wo der rein vernunftbestimmte Wille in die Welt eingreift – wenn man das als Willensfreiheit verstehen will, sieht Arendt das anders –, ohne dass man dafür eine Ursache angeben könnte. Sartres Freiheitsverständnis ist bescheidener und kennt keine Ebene des rein Vernünftigen. Vielmehr stellt Freiheit einen autonomen Reflexionsprozess des Individuums dar, der zu Handlungen führen soll. Insofern erkämpft sich der Mensch die

Freiheit auch nicht, sowenig wie der Staat sie ihm erst verleiht. Freiheit stellt kein Recht dar, das dem Menschen von Natur aus als Wesen eignen würde, wie es liberale Naturrechtstheorien behaupten.

Wenn man unter Humanismus Menschenbilder versteht, die das Wesen des Menschen mit bestimmten Inhalten versehen, dann ist Sartre kein Humanist. Wenn man aber Sartres Bewusstseinsstruktur, in der die Freiheit gründen soll, mit den Wesensbegriffen des Humanismus parallelisiert, dann lässt sich der Existentialismus Sartres auch als Humanismus verstehen. Am 29. Oktober 1945 hielt Sartre einen spektakulären Vortrag unter dem Titel: *Der Existentialismus ist ein Humanismus.* Er stellt gegen Schluss seines Vortrags fest: „Es gibt aber einen anderen Sinn von Humanismus, der im Grund folgendes meint: der Mensch ist ständig außerhalb seiner selbst; indem er sich entwirft und verliert außerhalb seiner selbst, bringt er den Menschen zur Existenz, und andererseits kann er existieren, indem er transzendente Ziele verfolgt."[1] Bereits *Das Sein und das Nichts* wandelte jenen extremen atomistischen und antihumanistischen Individualismus seiner frühen Jahre in die Suche nach der individuellen Verantwortung angesichts einer gemeinsamen Geschichte, einer gemeinsamen nazi-deutschen Bedrohung. Taktisch klug schließt er im Herbst 1945 daran an und versucht dem Vorwurf des Pessimismus, der Verzweiflung wie einer negativen Weltsicht dadurch zu entgehen, dass er den Existentialismus nicht nur als Humanismus tituliert, sondern auch als konstruktiven Optimismus individueller Freiheit und Verantwortung propagiert.

Welche Freiheit bleibt aber dem Menschen, wenn ihm ein vorbestimmtes Wesen fehlt? Sieht sich der Mensch dann nicht noch hilfloser dem Trubel der Ereignisse ausgeliefert, in dem er bestenfalls mitschwimmen kann? Freiheit hängt für Sartre allerdings nicht vom individuellen Willen, vom Selbstver-

---

[1] Sartre, Der Existentialismus ist ein Humanismus (1945), Gesammelte Werke Philosophische Schriften I, Bd. 4, Reinbek 1994, 141

ständnis oder den politischen und sozialen Verhältnissen ab. Freiheit gehört vielmehr zur individuellen Existenz. In diesem Sinne fällt der berühmte Satz: „Frei sein heißt zum Freisein verurteilt sein."[1] Der Mensch kann sich daher auch nicht von der Freiheit befreien, nicht *nicht* frei sein. So erweist sich die Freiheit als eine Obsession des Menschen, die ihn nicht verlässt und der er nicht entgeht, wie untertänig er sich auch benimmt.

Die Tatsache, der Freiheit nicht ausweichen zu können, letztlich den Zwang zur Freiheit, der dieser harte Grenzen zieht, sie womöglich aufzuheben droht, das nennt Sartre die Faktizität der Freiheit. Die Freiheit hat zu sein, aber nur indem der Mensch ständig seine Existenz überschreitet, sie also formt. Ununterbrochen muss der Mensch sich selbst schaffen. Ich zitiere den folgenden Satz aus der ersten Übersetzung von *Das Sein und das Nichts*, den Justus Streller schöner formuliert: „Die Freiheit ist (. . .) das Nichts, das im Herzen des Menschen (. . .) die menschliche Realität zwingt, *sich zu machen*, anstatt *zu sein*."[2] Diese Struktur der Freiheit ist aber für Sartre nicht das Wesen des Menschen, sondern die Bedingung der Möglichkeit, sein Wesen selbst erst zu erfinden.

Was bleibt von der Freiheit, die sich zwar durch das ganze Leben zieht, aber keine wesentlichen politischen oder metaphysischen Gehalte mehr birgt? Freiheit hat für Sartre nichts mit Sklaverei oder Gefangenschaft zu tun, politischer Unterdrückung oder dem Akt der Revolution. Der Sklave besitzt immer die Freiheit, sich gegen die Sklaverei aufzulehnen. Zur Unfreiheit gerät die Sklaverei nur im Licht des Zweckes, sich zu befreien. Die Wahl, Sklave zu bleiben, drückt umgekehrt auch die Wirklichkeit der Freiheit aus – Thesen, die Sartre natürlich einigen Spott einbrachten, mit denen er sich auch immer wieder auseinandersetzte. Manche derartigen Thesen hat er ja auch später widerrufen. Natürlich war man in den

---

[1] Sartre, Das Sein und das Nichts (1943), 1993, 253
[2] Sartre, Das Sein und das Nichts (1943), übers. v. Justus Streller, Reinbek 1962, 561

vierziger Jahren, aber auch in den Jahrzehnten danach viel zu sehr auf die allseits bedrohte politische Freiheit konzentriert. Sartre antwortet auf diese Herausforderung mit einem strukturell individualistischen Verständnis von Freiheit. In *Die Fliegen*, das die antike Orest-Sage aufgreift, finden sich folgende Worte: „JUPITER: (. . .) Das schmerzliche Geheimnis der Götter und der Könige, dass nämlich die Menschen frei sind. Sie sind frei, Ägist. Du weißt es, und sie wissen es nicht."[1]

3. Die Verantwortung des Individuums

Führt eine solche Freiheit nicht in die Anarchie? Wie soll sie sich als verantwortungsvoll erweisen? Doch dieses „Loch im Herzen der Menschen", dieser Zwang, seine Lebenssituation gestalten zu müssen, überfällt das Individuum sowohl von außen wie innerlich, und verlangt, dass es sich macht, anstatt nur zu sein. Dabei hält der Zwang auch die entsprechende Sanktion parat, nämlich die Verantwortung, die jeder für sein Handeln trägt. Jeder muss sich realisieren und für das, was bei den diversen Versuchen herauskommt, wird man zur Rechenschaft gezogen. Wann immer eine Möglichkeit besteht, anderes zu unternehmen, wächst jedem nicht nur die Verantwortung für seine Pläne und Entwürfe zu, sondern vor allem für die konkreten Folgen der Handlungen, die diesen Entwürfen entspringen. Es reicht längst nicht mehr, das Gute zu wollen. Vielmehr gilt es, mit Leidenschaft und Klugheit das Gute umzusetzen. Was sich als ethisches Kriterium erhält, das konzentriert sich primär auf die Folgen des Handelns, hat diese zum Maßstab erkoren, somit den Erfolg des Handelns. Doch dadurch erschwert sich ethisches Handeln erheblich.

Etwa seit 1900 entfaltet der Begriff der Verantwortung in der Ethik eine erstaunliche Dynamik, die als erster Max Weber

---

[1] Sartre, Die Fliegen (1943), Gesammelte Dramen, Hamburg 1969, 47

diagnostiziert und die um die Mitte des Jahrhunderts nicht durch Zufall Sartre vorantreibt. Denn die ethische Situation hat sich grundlegend gewandelt: im Abschied von normativen Regelsammlungen hin zur Achtung auf die realen Wirkungen des Handelns, von der Unterwerfung unter ein allgemeines Sittengesetz zur individuellen Verantwortung für das eigene Tun mit all seinen Fern- und Nebenwirkungen. Diese Verschiebung selbst hat Sartre wohl nicht erkannt. Aber er sah sich mit einer Situation konfrontiert, in der die individuelle Verantwortung plötzlich ausuferte, und zwar angesichts des totalen Wertezerfalls unter der Vorherrschaft des Nationalsozialismus. So bringt er denn genau diese ethische Situation auf den Begriff.

Aber zersetzt die Verantwortung nicht die Ethik als solche? So insistiert der katholische Philosoph Robert Spaemann auf einem Primat der Prinzipienethik gegenüber der Verantwortung. Der Schutz des menschlichen Lebens beispielsweise genießt unbedingte Priorität, so dass man damit nicht andere vorteilhafte Handlungsfolgen verrechnen darf. Spaemann schreibt 1989, „dass zwar die Sittlichkeit einer Handlungsweise immer abhängig ist von der Situation, bestimmte Handlungsweisen dagegen immer unsittlich sind und wir daher die Folgen von deren Unterlassung nicht zu verantworten haben."[1] An Abtreibungen beispielsweise, so die Auffassung der römischen Kurie, darf man sich in keiner Weise beteiligen. Sollte diese Haltung die Zahl der Abtreibungen erhöhen, so wäre man dafür schlicht nicht verantwortlich. Vom Standpunkt der Absolutheit der Werte führt die Orientierung an den Folgen in einen Werterelativismus, somit zur Auflösung eben höchster, bzw. gar absoluter Werte. Vom Standpunkt des Werteabsolutismus wie auch tendenziell des Werteuniversalismus führt die ethische Orientierung an den Handlungsfolgen immer in eine relativistische Ethik. Und ethischer Relativist will irgendwie niemand sein, was man mit Sartres Begriff der Unaufrichtigkeit be-

---

[1] Robert Spaemann, Glück und Wohlwollen, Stuttgart 1989, 237

schreiben kann. So wird der ethische Diskurs von unglaublich vielen Illusionen angetrieben.

Doch bereits Max Weber erkennt, dass man in der säkularen Welt stärker auf die Folgen der Handlungen als auf deren Prinzipien achten muss. Seine Verantwortungsethik 1919 entwickelt er aber ausschließlich für den leitenden Ökonom oder führenden Politiker, nicht für den Beamten, Soldaten oder Arbeiter. Dabei beschränkt Weber die Verantwortung auf die überschaubaren Folgen des Handelns. Ferne Auswirkungen spielen keine Rolle, dürfen daher dem Politiker auch nicht angerechnet werden.

Für Sartre, als er *Das Sein und das Nichts* schreibt, drängt sich die Verantwortung jedem auf, weil in Frankreich unter der nazi-deutschen Besatzungsmacht keine institutionelle sittliche Autorität mehr existierte, die allgemein anerkannte Werte repräsentiert hätte, was Spaemann natürlich anders sehen würde, kann sich die Heilige Kirche durch ein Konkordat mit dem langjährigen Nazi-Kanzler gar nicht ethisch desavouieren so wenig wie durch die in den letzten Jahrzehnten bekannt gewordenen Missbrauchsfälle. Dagegen gewinnt die Verantwortung als solche einen allgemeinen Charakter, der jeden Menschen angeht: Indem der Mensch zur Freiheit verurteilt ist, entgeht er auch der Verantwortung nicht. Der Mensch findet sich in diese ungeordnete, höchst unheilige Welt geworfen, die ihm keine Vorschriften machen kann. Das zwingt ihn zur individuellen Entscheidung, zum eigenständigen Handeln, das er dann auch zu verantworten hat. Insofern demokratisiert Sartre die Verantwortung – allerdings in einer Zeit, die Demokratie noch weniger als Mündigkeit des einzelnen, denn als eine andere Technik der Herrschaft verstand, so dass man Sartres Appell an die Selbstverantwortlichkeit geflissentlich überhörte.

4. Die unvermeidbare Wahl

Da der Mensch frei ist, muss er sich zwischen den sich ihm bietenden Optionen entscheiden, eine Wahl, die ihm von keiner Autorität vorgegeben wird, die er somit selber zu verantworten hat. Wahl stellt einen wesentlichen Begriff in Sartres Existenzanalyse dar. Nicht nur fehlen Autoritäten, die die Wahl leiten. Sie lässt sich auch nicht aus den vorliegenden Informationen ableiten. Letztlich muss man doch selber entscheiden, was man wirklich tun will. Insofern erscheint die Wahl in letzter Konsequenz willkürlich. Auch wenn es zunächst überraschen mag, genau dadurch, nämlich weil der Mensch selber und für sich die Entscheidung treffen muss, sich dabei letztlich auf nichts berufen kann, auf keine Autorität und auf keine Information, die bestenfalls als Ratgeber fungieren, ist er für sie verantwortlich. Es gibt nun mal kein allgemeines Gutes, an dem man sich orientieren könnte, wie es sich Leo Strauss vorstellt.

Da die Entscheidung selbstverständlich vor der Tat fallen muss, die Entscheidung aber an der Tat bzw. deren Folgen gemessen wird, gewährleistet nichts die Güte der Entscheidung von vornherein, keine Orientierung an obersten Normen oder Werten, wie es Spaemann unterstellt. Insofern gibt es keine ethischen Sicherheiten mehr, mit einer Entscheidung auf der Seite des Guten zu stehen. Was Gut oder was Böse ist, entscheidet sich selbst erst nach der Tat – eine ziemlich ungewisse Zukunft, in die Sartres literarische Helden schreiten, in die Sartre selbst schreitet – man denke an seine Verstrickungen in den Stalinismus, an seine politischen Engagements auch für diverse gewalttätige revolutionäre Organisationen, die er zu verantworten hat, und die ihm seine Feinde bis heute vorhalten.

Solche Ungewissheit drängt sich umso mehr auf, wenn Sartre die Verantwortung auch noch weit über die individuelle Situation hinaus auszudehnen scheint. Indem der Mensch dazu verurteilt ist, frei zu sein, lastet gar das gesamte Gewicht der Welt auf ihm. Der Mensch ist nicht nur für sich selbst, sondern für das Geschehen um ihn herum verantwortlich. Klingt dergleichen nicht auch als eine unmäßige Überdehnung der Verantwortung?

Sartre geht es freilich weniger um die fernen Zusammenhänge, die vorausschauend zu beachten und zu verantworten sind, als vielmehr um Widrigkeiten, die den Menschen animieren, die Schuld für sein Scheitern, die Verantwortung für sein Handeln nicht bei sich selbst zu suchen, sondern sich zu exkulpieren und folglich die Verantwortung abzuschieben. Doch der Mensch befindet sich immer in Situation – ebenfalls ein wichtiger Terminus von Sartres Existenzanalyse –, die er mit allen Widrigkeiten annehmen muss, selbst wenn sie noch so unerträglich erscheinen, selbst wenn sie ihn noch so sehr bloßstellen. Trotzdem muss er diese Situation verantworten, denn er bestimmt sie durch seine Entwürfe, Ziele und Zwecke: Nur wenn ich über den Berg will, wird er zum Hindernis. Wie immer der Mensch lebt, wie immer er sich fühlt, er kann sich darüber nicht sinnvoll beklagen; denn er hat das ganz alleine durch seinen Entwurf gewählt. Keine fremden dunklen Mächte bestimmten sein Geschick. Sartre hat derart das Bewusstsein des 20. Jahrhunderts auf den Begriff gebracht: der Mensch ist für alles um sich herum verantwortlich.

Wenn der Mensch seine Verantwortung übernimmt, akzeptiert er damit keinen Anspruch, den vielleicht andere Menschen an ihn herantragen. Nein, die Übernahme von Verantwortung ist ein logischer Zwang, der sich aus der Struktur der Freiheit ergibt, dem man eben nicht entgehen kann, in den man sich zu schicken hat: Der Untertan muss für die Untaten seines Herren grade stehen; denn er hat an ihnen teilgenommen und erst recht, wenn das noch aktiv als Soldat geschah mit der Hoffnung auf Eroberung, Beute oder gesteigertes Selbstbewusstsein. Alles was dem Menschen passiert, geschieht ihm durch sich selbst, durch seine Freiheit, seine Wahl, seine Entwürfe. Er dürfte sich im besten Fall über seine Wahl bekümmern, nicht über die Reaktion seiner Umwelt. Aber darüber in ein

Klagelied zu verfallen, dass ihm die Welt womöglich feindlich gesonnen sei, wäre unsinnig.

So erklärt Sartre den Menschen schlicht für alles verantwortlich, außer für seine Verantwortlichkeit als solche. Die Motive seiner Handlungen siedeln im Menschen, nicht aber der Grund seiner selbst. Doch der Mensch bleibt noch für die Bemühung verantwortlich, der Verantwortung fliehen zu wollen. „Wir können uns als Fliehenden, Ungreifbaren, Zögernden usw. wählen; wir können sogar wählen, uns nicht zu wählen: in diesen verschiedenen Fällen werden Zwecke jenseits einer faktischen Situation gesetzt, und die Verantwortung für diese Zwecke fällt uns zu: was auch unser Sein sein mag, es ist Wahl; und es hängt von uns ab, uns als ‚groß‘ oder ‚edel‘ oder ‚niedrig‘ und ‚gedemütigt‘ zu wählen.‘[1] Oder entgeht jemand den Schuldzuweisungen seiner Umwelt?

5. Verantwortung als Überforderung?

Zeigt sich nicht genau an dieser Stelle, dass Sartres Verantwortungsbegriff viele Menschen überfordert? Hebt diese Überforderung nicht seinen Freiheitsbegriff auf, der die Menschen – das würden Christen wie Marxisten dagegen einwenden – aus ihren sozialen Bindungen reißt und atomisiert? So nimmt Sartres Konzept von Verantwortlichkeit in der Tat elitäre Züge an. Doch einerseits kämpft Sartre sein Leben lang um eine Rückkopplung des Individuums an die Gesellschaft – ein Bemühen, in dem sich geradezu religiös messianische Ansprüche abzeichnen. Andererseits beschreibt Sartre eine ethische Lebensform, deren implizite normative Forderungen nach Verantwortlichkeit sich an *alle* Menschen und keinesfalls wie bei Nietzsche nur an dessen Verkünder der ewigen Wiederkunft richten. Alle Menschen befinden sich in derselben Situation des Zwangs zur Wahl, des Zwangs zur Freiheit und vor allem der

---

[1] Sartre, Das Sein und das Nichts (1943), 1993, 817

unabwendbaren, unübertragbaren Verantwortlichkeit für die eigene Situation in die der Mensch geworfen wurde.

Insofern ähnelt hier Sartres Ethik auch der des Aristoteles, für den sich ein echtes ethisches Problem nur unter Gleichen, unter den Athener Bürgern einstellt. Deren hierarchisches Verhältnis zu Frauen, Kindern und Sklaven konstituiert eigentlich gar keine richtige ethische Beziehung, da es sich ja um eine Beziehung zu Abhängigen handelt. Auch Sartre verfolgt eine solche Ethik der Gleichen, nach der die Menschen in ihrer jeweiligen Situation selber das wählen, was sie für richtig halten. Sartre gelang es nicht, eine imperativische Ethik wie diejenige Kants zu entwickeln. Aber er treibt den Gedanken der Verantwortung demokratisch über Webers elitäre Beschränkung hinaus und antizipiert damit einen zentralen Terminus, der heute in aller Munde ist.

In diesem Sinn inspiriert von dem Krieg, in den er selbst geworfen wurde, der ihn mit sich riss und für den er eben doch die Verantwortung übernehmen muss, schreibt Sartre über diesen Krieg, über Menschen in diesem Krieg, über deren Freiheit und Verantwortlichkeit. Denn ein solches soziales und politisches Ereignis bricht nicht bloß von außen über mich herein. Sartre fragt nicht nach meinen früheren Verstrickungen, die mich mit Schuld beladen. Nein, die Schuld bzw. die Verantwortung generiert sich perspektivisch durch mein Verhältnis, das ich hier und jetzt und zukünftig zu diesem Krieg einnehme. Sobald ich mich in einen Krieg einziehen lasse, mache ich daher diesen Krieg zu meinem Krieg. Denn ich habe immer die Möglichkeit zur Fahnenflucht oder zum Selbstmord.

Sartre argumentiert bewusst mit den Extremsituationen, die ihm ob seiner Kriegs- und Widerstandserfahrungen nicht nur nahe lagen, die ihm während der Niederschrift von *Das Sein und das Nichts* auch täglich begegneten. Diese Extremsituationen gewährleisten die ultimative Wahlmöglichkeit und damit eine seltsame Freiheit letzter Instanz: Eine Situation muss unter dem Licht des Ausnahmezustands bzw. des individuellen Todes beurteilt werden, in den ich mich theoretisch immer flüchten kann. Hier scheint seine Argumentation derjenigen Carl Schmitts zu ähneln, der indes das Politische in seiner Macht gegenüber dem Einzelnen durch den Ausnahmezustand definiert: Die berühmte Definition lautet: „Souverän ist, wer über den Ausnahmezustand entscheidet"[1], so dass der einzelne gegenüber dem Staat keine Bedeutung besitzt, sondern sich von diesem führen und auch in den Tod schicken lassen muss. Sartre dreht diese Argumentation um: Der mögliche individuelle Tod zwingt mich nicht zur Unterwerfung, sondern bewahrt mich in letzter Konsequenz vor fremden Ansprüchen, auch vor denen des Staates und somit vor denen des Krieges.

Der Mensch lebt immer in seiner Situation, in der Welt, die ihn zufälligerweise umgibt, die ihn trotzdem nicht von außen überwältigt, sondern die er sich *von innen* her zuordnet, wie er sie sich durch seine Entwürfe zu eigen macht. Wenn ich mich jedenfalls einem Krieg nicht entzogen habe, dann ist er mein Krieg, dann habe ich eine Entscheidung für ihn getroffen. Ich forme mich nach seinem Bild und ihn nach meinem. Ich kann mich nicht mehr über ihn beklagen: „'Man hat den Krieg, den man verdient.'"[2] Ja, selbst wenn ich mich ihm entzogen habe, dann ist er noch mein Krieg, dann habe ich ihn auch noch verdient, und zwar als einen Krieg, den ich fliehe, was ich zu verantworten habe. Daher heißt Freiheit, dass der Mensch in seine Epoche vollständig integriert ist, dass er ihren Sinn als den seinen wählt, weil er gar nicht anders kann, als sich in ihr zu engagieren. Für Sartre steht die menschliche Existenz angesichts der totalen Herausforderung durch den Faschismus in jeder Hinsicht in Frage, so dass der Mensch selbst für traditionelle Rollen als Familienvater oder Hausfrau verantwortlich wird, man nicht einfach nur Rollen zu erfüllen hat, wie es sich Alasdair MacIntyre vorstellt.

---

[1] Carl Schmitt, Politische Theologie – Vier Kapitel zur Lehre von der Souveränität, (1922), 3. Aufl. Berlin 1979, 11
[2] Sartre, Das Sein und das Nichts (1943), 1993, 953

6. Das Prinzip der Selbstverantwortung

Aber wem gegenüber ist der einzelne dann verantwortlich? Jedenfalls nicht gegenüber einer höheren Instanz! Vielmehr ist der Mensch primär sich selbst und gegenüber den anderen Menschen und zwar als einzelne auf einer egalitären Basis verantwortlich: Die anderen Menschen nehmen auch nicht als Gemeinschaft eine höhere Instanz mir gegenüber ein, denen ich – weil sie beispielsweise als Staat das Gemeinwesen oder als Partei das Proletariat vertreten würden – Gehorsam schuldete. Nein, weil der Mensch immer mit Anderen zusammen lebt und deren Urteilen ausgesetzt ist, die er ja zur eigenen Selbstfindung auch braucht, deswegen muss er sich gegenüber den anderen einzelnen auch verteidigen. Andererseits können diese einzelnen Anderen ihn auch nicht von seiner Selbstverantwortung entlasten. Sie stellen eben keine höhere Instanz dar.

Gewissensbisse quälen mich nur, wenn ich die Verantwortung ablehne. Hier hat Sartre die Struktur der modernen Verantwortungsethik genau getroffen. Wenn ich sage: Ich konnte nichts tun! Dann stellt sich mir sofort die Frage, ob das wirklich stimmt. Ob ich nicht doch verantwortlich bin. Warum haben so viele Deutsche die Nazi-Befehle zur Verfolgung und Ermordung ihrer jüdischen Mitbürger so penibel und gründlich durchgeführt – gerade dann wenn sie sich nicht an deren Eigentum vergriffen? Wenn ich sage, ich wollte nichts tun! Dann übernehme ich die Welt in ihrem Zustand, muss mir auch vorhalten lassen, dass ich für ihren Zustand Verantwortung trage.

Spannt sich einerseits meine Verantwortung um den Erdball, so kehrt sie natürlich auch an den Ort zurück, wo ich bin. Mit meiner Geburt sehe ich mich in die Welt geworfen – ein grundsätzlich anderes Lebensgefühl als der mittelalterliche Mensch, der sich als Pilger auf Gottes Erde verstand, oder als der Adlige, der sich als Nachfahre einer langen Familientradition begreift. So entdecke ich mich in dieser Welt an einem zufälligen aber bestimmten Platz, den ich einnehme, für den ich zunächst keine Verantwortung zu haben scheine. Doch damit – mit diesem Einnehmen, dass ich diesen Platz als den meinigen ausgestalte (mir bleibt gar nichts anderes übrig) – bin ich nicht nur für dessen Ausgestaltung, sondern für diesen Platz selbst verantwortlich: Ich habe die Verantwortung für die Rolle, in die ich geworfen bin – das ist keine besondere These, obgleich sie hart und absurd klingt: aber ich bin doch für meine Rolle als Mann, als Freund, als Intellektueller oder auch als Deutscher verantwortlich, bleibt nichts anderes, als sich mit der Geschichte zu befassen, selbst wenn man sich in diesem Land eher als Fremder versteht!

Doch das ist gerade nicht das Ende, sondern in der Tat die Realisierung der Freiheit: Der Mensch trägt die Verantwortung für seine Situation, was umgekehrt voraussetzt, dass er diese auch gestalten kann! Verantwortung impliziert die reale Freiheit der Wahl wie deren Notwendigkeit. Wenn man also verantwortlich ist, dann muss man auch die Freiheit haben, wie nach Weber die Verantwortlichen in Politik und Wirtschaft die sogenannten Entscheidungsträger sind. Ergo ist man verantwortlich, muss man auch frei sein. Umgekehrt ist man frei, dann trägt man auch die Verantwortung. Also realisiert die Verantwortung die Freiheit.

Aber können die Menschen diese Freiheit überhaupt ertragen? Hier tauchen in der Tat wiederum Probleme auf: Mag die Verantwortlichkeit die Wahlfreiheit gar nicht massiv beschränken, ja sie sogar realisieren, so erzeugt sie doch Gefühle wie Verlassenheit, Entfremdung und Angst, die der Freiheit jede Großartigkeit rauben. Die Verlassenheit entsteht, da die Freiheit keine metaphysische und auch soziale Rückbindung und Absicherung für den Menschen mehr zulässt: der Mensch erlebt sich in der kalten modernen Industrie- und Stadtlandschaft als atomisiert und einsam – der totalen Verantwortung preisgegeben. Diese erzeugt Angst – gleichfalls ein zentrales Thema existentieller Philosophie von Kierkegaard bis Sartre –, da sich der Mensch nicht mehr auf Traditionen berufen, sich ihrer nicht mehr versichern kann. Ständig vor der Wahl zu stehen, ständig wirklich nicht zu wissen, wie die Wahl ausgeht, was sie einbringt und doch dafür verantwortlich zu sein, das versetzt ihn in Angst. Dagegen versuchen sich die Menschen durch allerlei wissenschaftliche wie unwissenschaftliche Voraussagen zu wappnen, von der Vorsorgeuntersuchung bis zur Astrologie.

Andererseits sieht sich der moderne Mensch nicht nur dem Gefühl der Angst, sondern vor allem auch der Entfremdung ausgesetzt. Verzweifelt – so Sartre - sucht er nach Authentizität, die sich doch auf keine Substanz mehr stützt: Die Existenz realisiert keine vorgegebene Essenz. Die Substanz wäre sogar eine unmenschliche Idee: die Unterwerfung unter eine Vorschrift, die Anpassung eines jeden an ein bestimmtes Wesen des Menschen, also die totale Unfreiheit und Verantwortungslosigkeit. Eine substantielle Authentizität wäre nur die Karikatur dessen, was den Menschen ausmacht, was der Mensch aus sich macht, frei zu sein und Verantwortung zu tragen.

Wenn allerdings kein Wesen den Menschen mehr von Natur aus prägt, dann werden sowohl Authentizität wie Entfremdung fraglich: Wovon soll man sich schließlich entfremden, wenn da gar kein Wesen vorhergeht? Erst Entfremdung verursacht den Mangel an Authentizität. Doch diese Entfremdung entspringt nicht miserablen Arbeitsbedingungen wie beim jungen Marx. Vielmehr entfremde ich mich in meinem eigenen Verständnis meiner Existenz, weil ich mich nur unter dem Blick des Anderen erkennen kann, nur durch ein Feedback, durch Anerkennung und Kritik. Authentizität erreiche ich daher nicht schlicht für mich, durch meinen Entwurf und dessen entschlossene Durchsetzung. Vielmehr bedarf ich dazu der Urteile der Anderen, denen gegenüber ich meine Existenz verantworten muss. Nur wer verantwortlich lebt, kämpft erfolgreich mit dem entfremden Blick der Anderen und erreicht dadurch jene Authentizität, bei der ich mit anderen einen gewissen Einklang erreiche. Die Authentizität aber, nach der sich der moderne Mensch sehnt, nämlich als Entfaltung eines ursprünglichen menschlichen Wesens, diese bleibt ihm versagt.

Wie frei aber bin ich noch, wenn die Mitmenschen an meiner Authentizität mitbasteln? Doch die Wahl trifft der Mensch weiterhin für sich allein. Niemand nimmt sie ihm ab. Dabei entwickelt er seine Entwürfe vor dem Hintergrund der Entfremdung wie der Angst, indem er dabei die anderen Menschen wie die Umwelt mitreflektiert. Die Entscheidung, die ich allein treffen muss, fälle ich denn doch nur in letzter Konsequenz willkürlich. Ich wähle gleichzeitig vor dem Hintergrund meiner gesamten Erfahrung, die sich nun nicht bloß für mich, sondern in der Kommunikation mit Anderen, im gemeinsamen Leben bildet. Man mag hier Sartre eine Inkonsequenz vorwerfen: Entscheide ich nun für mich allein oder mit den Anderen?

Das Sowohl-als-auch klingt unbefriedigend und logisch inkonsistent, dürfte aber realistischer sein als jene Position Kierkegaards, die die Sartres antizipiert, die von Sartre aber genau in dieser Hinsicht ergänzt wird. Denn für Kierkegaard beruhen Moral und Glauben auf einer letzten Entscheidung, die das Individuum zur höchsten Autorität erheben. Abraham, so Kierkegaard, setzt sich über äußere sittliche Ordnungen der Familie hinweg, als er bereit ist, seinen Sohn Isaak auf Geheiß seines Gottes zu opfern. Es geht Abraham dabei allemal um sich selbst. Für Kierkegaard bleibt der Mensch bei seinen letzten Entscheidungen für sich, ohne dass er seine Entwürfe im Blick der Anderen spiegeln würde. Er ist nur für sich selbst bzw. gegenüber Gott verantwortlich, während für Sartre der Mensch für sich gegenüber Anderen verantwortlich wird. Sartre versucht wie viele Denker im 20. Jahrhundert, der Dichotomie zu entgehen, den Menschen entweder als singuläres Individuum oder als soziales Wesen zu verstehen. Er ist vielmehr beides zugleich. Er muss unter den Blicken der Anderen einsam für sich selbst entscheiden, diese Entscheidung aber gegenüber Anderen rechtfertigen: Indem er sein Handeln verantwortet, demonstriert er seine Freiheit.

7. Verantwortung und Freiheit: Lévinas

Realisiert sich die Freiheit wirklich in der Verantwortung? Außer Hans Jonas entwickelt vor allem Emmanuel Lévinas den Gedanken der Verantwortung phänomenologisch weiter, der im Zentrum seines ethischen Denkens steht. Der Andere, sein Gesicht, ruft mich in die Verantwortung. Die Begegnung mit dem Anderen, diese originäre zwischenmenschliche Beziehung stiftet das ethische Handeln des Menschen. Dabei reicht diese Verantwortung ebenfalls eminent weit; denn ich bin für den Anderen in jeder Hinsicht verantwortlich. Letztlich trage ich sogar noch Verantwortung für meine Verfolger. Wenn Oskar Schindler seine Verantwortlichkeit für seine jüdischen Arbeiter entdeckt, befolgt er damit keine herrschenden Normen, sondern folgt der persönlichen Betroffenheit und entscheidet sich dafür, seine Geschicklichkeit als Lebemann, auch mit dem Teufel zu pokern, für jene einzusetzen, deren Gesicht, deren Schwäche, deren Verfolgung ihn zur Übernahme der Verantwortung veranlassten.

Dabei ruft mich der Andere nicht dadurch in die Verantwortung, weil ich ihn kenne, weil er mir gleicht, sondern weil er mir immer fremd bleibt, eben in seiner Andersheit, die ich nie vollständig verstehen kann. Der Andere, mag er der Gatte sein, ist für Lévinas immer der Fremde: Oskar Schindler fühlte sich für die ihm fremden jüdischen Arbeiter verantwortlich – nicht für seinesgleichen Abenteurer –, um seine berühmte, eben *Schindlers Liste* zu schreiben, die über 1000 Menschen vor dem sicheren Tod in Auschwitz rettete.

Sartre hat den Gedanken der Andersheit in seinen in den Jahren 1947 und 1948 entstandenen unvollendeten *Cahiers pour une Morale*, die ursprünglich als zweiter Band von *Das Sein und das Nichts* geplant waren, bereits angedacht, ohne ihn freilich bis zu einer neuen Konzeption der Ethik auszuführen. Aber die Gemeinschaft konstituiert sich für Sartre dadurch, dass diese sich eben aus lauter Anderen zusammensetzt. Freilich erkennt er, dass die Idee des Anderen schwierig zu fassen ist. Da Sartre sich letztlich doch primär um das Verhältnis von Individuum und Gemeinschaft kümmerte, konnte er den Weg von Lévinas nicht antizipieren. Dieser dagegen sucht den Angelpunkt der Ethik allein in der zwischenmenschlichen Beziehung zunächst jenseits der Gemeinschaft, die für ihn ausschließlich dieser Beziehung entspringt.

Sartre selbst hat die Philosophie von Lévinas kaum wahrgenommen, nur sehr selten erwähnt. Lévinas distanziert sich dagegen ziemlich häufig von Sartres existentialistischen Konzeptionen. Doch Sartre bleibt für Lévinas auch ein wichtiger Orientierungspunkt. Nach den Abenteuern des Marxismus und des Linksradikalismus suchte Sartre in seinen letzten Lebensjahren indes nach anderen philosophischen Wegen. Er erblindete damals fast vollständig und ein junger Maoist, Pierre Victor, der sich in jenen Jahren auf seinen jüdischen Namen Benny Lévy besann, sollte ihm ab 1973 helfen, den vierten Band seiner Flaubert-Studien zu vollenden. Doch die beiden kamen zunehmend vom Thema ab und widmeten sich anderen Problemen, der Ethik, dem Judentum, dem Messianismus. Daraus entstand ein Text *L'Espoir maintenant* (*Hoffnung jetzt*), der 1980 kurz vor Sartres Tod gegen den Widerstand von Simone de Beauvoir veröffentlicht wurde. In diesem Gespräch bekennt sich Sartre in vielen Hinsichten zum jüdischen Denken. Er vergleicht das christliche und das jüdische Denken mit dem philosophischen und zwar auf der Suche nach der Ethik. Er bemerkt in *L'Espoir maintenant*: „Die Revolutionäre wollten eine Gesellschaft realisieren, die human und für die Menschen befriedigend wäre; aber sie vergessen, dass eine solche Art von Gesellschaft keine Gesellschaft der Tatsachen ist, es ist eine Gesellschaft, könnte man sagen, des Rechts. Das heißt, eine Gesellschaft, in der die Verhältnisse zwischen den Menschen moralisch sind. Also ist diese Idee der Ethik als letztes Ziel der Revolution von einer Art des Messianismus, was man sich wirklich vorstellen kann. Natürlich wird es immense ökonomische Probleme geben; aber genau betrachtet im Gegensatz zu

Marx und den Marxisten stellen diese Probleme nicht das Wesentliche dar. Ihre Lösung ist unter bestimmten Umständen ein Mittel, um echte zwischenmenschliche Beziehungen zu bekommen."[1] In der Tat stellt das den Marxismus auf den Kopf, der auf den Fortschritt von Technik und Wirtschaft als Wegbereitung einer humanen Gesellschaft hofft. Doch wenn sich Ende der siebziger Jahre ein definitives Scheitern der achtundsechziger Bewegung und ein weiteres hoffnungsloses Erstarren des Sozialismus abzeichnet, wenn es keine historischen und ökonomischen Gründe mehr gibt, auf den Erfolg der Revolution zu bauen, dann bleibt nur noch die blanke Hoffnung auf menschlichere Beziehungen. Diese Hoffnung lässt sich nur verkünden. Sie erfährt im prophetischen Charakter des Judentums eine religiöse Weihe, die man aber auch als säkularen Messianismus verstehen kann. Was ist im Rückblick betrachtet der Marxismus jenseits seiner verblichenen Geschichtsphilosophie anderes als ein Messianismus gewesen!

Bernard-Henry Lévy ist in seiner Sartre-Darstellung diesen Spuren genauer nachgegangen: „Es ist Benny Lévy, der wie ich und im selben Moment wie ich – auch er ‚völlig ahnungslos' in Fragen des Judaismus – dank Lévinas seine ‚Wende' vollzieht, dessen Bücher liest, ihn besucht, ebenso wie ich immer wieder den Weg zur kleinen Wohnung in der Rue d'Auteuil nimmt und ihm von Sartre erzählt, tags darauf Sartre von Lévinas berichtet, Sartre bestimmte Bücher von Lévinas vorliest und wie ein personifizierter Kontakt, wie ein fleischgewordener Bindestrich das Weberschiffchen zwischen den beiden großen, gleichermaßen bedeutenden Philosophen spielt, die auch jetzt noch nicht miteinander sprechen und sich ohne Lévy auch weiterhin ignoriert hätten."[2] Und zwei Seiten weiter gewichtet Bernard-Henri Lévy das Geschehen folgendermaßen: „Hier

---

[1] Sartre, Benny Lévy, L'espoir maintenant (1980), Lagrasse 1991, 79 (eigene Übersetzung)

[2] Bernard-Henri Lévy, Sartre – Der Philosoph des 20. Jahrhunderts, München, Wien 2002, 615, 617

findet nun eine noch unwahrscheinlichere, verrücktere, aber vielleicht fruchtbarere und entscheidendere Begegnung statt, denn sie bezeichnet – bei einem ihrer hervorragendsten Repräsentanten – den Anfang vom Ende jener großen profanen Messianismen, die das 20. Jahrhundert in Blut getaucht haben. Es ist das Zusammentreffen von Lévinas und Sartre auf dem Operationstisch der Epoche." Ob im Sinne Bernard-Henri Lévys bei solchem Zusammenspiel vom existentialistischen Sartre noch viel bleibt – immerhin verteidigt Lévy den frühen gegen den späten Sartre –, so führt die Verantwortung für die eigene Existenz zur Verantwortung für den Anderen, gerade wenn sich das Bewusstsein im Blick der Anderen abklärt. Sartre und Lévinas suchten beide nach einer Grundlage für die Ethik im Fokus des Individuums. Damit antworten sie auf die Grausamkeit der großen Systeme im 20. Jahrhundert, die indirekt dazu führten, die Ethik – im Anschluss an Kierkegaard – aus der Perspektive des Individuums zu denken, somit eine kopernikanische Wende in der Ethik zu vollziehen: Vom Blick des Anderen zum Antlitz des Anderen; von der Freiheit zur Verantwortung, in der sich für Lévinas aber gerade die Freiheit erfüllt. Die lévinassche Verantwortung begrenzt die Freiheit nicht, sondern ruft sie auf – die Lösung, die Sartre noch nicht finden konnte. Daraus entspringt dann folgende seltsame Perspektive: Primär wird das Individuum für die Gemeinschaft verantwortlich, nur noch rudimentär die Gemeinschaft für das Individuum: Eine Konsequenz, die neoliberal anklingt, doch letztlich jedes Individuum für die Anderen in die Verantwortung ruft – eine eminente Herausforderung an jeden einzelnen, der man in den ersten Dekaden des 21. Jahrhunderts kaum zu entgehen vermag, hätte sich nicht im Ausnahmezustand 2020 der Verantwortungslosigkeit epidemisch ausgebreitet, wenn die Leute nur noch gehorchen.. Insofern muss man das existentialistische Denken Sartres aus den vierziger Jahren als aktuell begreifen, wie es zum Widerstand aufruft.

II. KAPITEL

ENGAGEMENT STATT PFLICHT

Merkwürdig still wurde es um Sartre nach den lärmenden Sartre-Jahren in den Vierzigern und Anfang der Fünfziger und seinem intensiven politischen Engagement gegen den Indochina-, den Algerien-, den Vietnam-Krieg und schließlich in den 68er Jahren. Wer las später noch Sartre? Wer nahm wirklich wahr, dass er das politische, das soziale Handeln just durch dieses Engagement so tief geprägt hatte, dass daraus längst eine ethische Tugend entstanden war. Seither reicht es nicht mehr, bloß seine Pflicht zu tun. Vielmehr muss man sich mit ganzer Leidenschaft sozial und politisch engagieren, will man die Achtung seiner Mitmenschen gewinnen. Dabei hat Sartre solches Engagement nicht bloß vorgelebt, er hat es auch theoretisch bereits in den vierziger Jahren vorgeprägt. Aber formuliert das Engagement nicht bloß die freiwillige Hingabe an eine Ideologie, was letztlich zu einer ähnlichen gedankenlosen Untertänigkeit führt wie das Pflichtbewusstsein?

1. Individualismus als Egoismus?

Obgleich selbst Konservative oder Kirchentagsbesucher anfingen, sich zu engagieren, wollte man nicht mal bei Pazifisten oder Grünen darüber nachsinnen, woher denn diese Tugend stammt. Der Mainstream der Ethik erkannte Sartre sowieso nicht als einen der ihren an. So schien seit den achtziger Jahren seine Philosophie definitiv ausgedient zu haben: als die Mauer fiel, auch noch sein Marxismus, nachdem er seinen Existentialismus der vierziger Jahre selber noch relativierte, der so gar nicht zum gemeinschaftsorientierten Denken in West und Ost in jenen Jahrzehnten zu passen schien. Eine vorherrschende Meinung begreift das Individuum als eingebunden in eine Gemeinschaft, gleichgültig ob es sich um die Arbeiterklasse oder um die Nation handelt. Individualismus geißelt man als Egoismus ohne Lebenssinn und als hohlen Hedonismus, bei dem sich das Individuum atomistisch nur um sich selber dreht, im Grunde unfähig zur Kommunikation mit anderen Menschen, allemal für diese nicht zum eigenen Opfer bereit.

Dabei lassen sich die großen Ideologien des 19. und 20. Jahrhunderts, der Nationalismus, der Sozialismus und der Faschismus durchaus als wütende antiliberale und antimoderne Reaktionen auf die pluralistischen Auflösungserscheinungen traditioneller Institutionen und Strukturen verstehen – eine Bewegung, die sich mit der Reformation und dem aufkeimenden Kapitalismus, der Aufklärung und den Fortschritten der Technik diagnostizieren lässt, und die Nietzsche mit seinem berühmten Wort „Gott ist tot" auf den ethischen Begriff gebracht hat, dass es nämlich keine gemeinsamen obersten Werte in diesen sich wandelnden modernen Gesellschaften mehr gibt. Das Bedauern darüber gerade in den Jahren um 1900 führt zu vielen scharfen Kritiken und zu zahlreichen Bemühungen der Einkehr in traditionelle vor allem religiöse Wertordnungen – man denke an die Lebensphilosophie von Henri Bergson oder den katholischen Existentialisten Gabriel Marcel.

Auch Sartre steht solches Bedauern noch ins Gesicht geschrieben. Nur erlebt er diese Situation als konkret äußere, nicht als abstrakt geistige. Die nazideutsche Besetzung Frankreichs realisiert machtvoll die Situation, dass es keine gemeinsamen obersten Werte mehr geben kann, weil keine ethische Autorität mehr existiert, die diese noch durchzusetzen in der Lage wäre. In dieser Situation sah sich jeder auf sich selbst zurückgeworfen, für sich selbst verantwortlich. Und weil er diese Verantwortung für die eigene Existenz nun auch trug, seine Existenz selber zu gestalten hatte, musste er nicht nur seinen Lebenssinn für sich alleine schaffen. Vielmehr war er daher unter der schlimmsten äußeren Unterdrückung frei, sich für oder gegen den Widerstand, für oder gegen die Kollaboration zu entscheiden. Niemand nahm ihm diese Verantwortung mehr ab – just die Situation, die sich längst unterschwellig ausgebreitet hatte, wenn es eben keine Staatsreligion oder Staatideologie mehr in den Sinne geben kann, dass der einzelne dazu keine Alternativen hätte, Alternativen, die zwar untereinander in scharfen Auseinandersetzungen stehen, die aber nicht mehr wie im Mittelalter als Häresien verteufelt oder eventuell in den rechten Glauben gewaltsam integriert werden.

Statt dessen kennzeichnet die Moderne ein faktischer Pluralismus oder im Sinne Max Webers die Wiederkehr eines Polytheismus, der dem einzelnen die Wahl eröffnet, sich von seinen ererbten Weltvorstellungen zu verabschieden, was umgekehrt aber auch bedeutet, dass derjenige, der in seinen Traditionen verbleibt, dafür selber verantwortlich ist, weil er es hätte ändern können. Es gibt keine von außen oktroyierte Pflicht mehr, so dass gar nichts anderes bleibt, als dass sich jeder selber engagieren muss. Aber blendet sich der Engagierte dabei nicht bloß selbst? Führt das Engagement nicht genauso in die Unterwerfung unter eine Ideologie, wie die Pflicht vom einzelnen immer schon deren vorbehaltlose Erfüllung verlangt?

Wenn der einzelne auch auf Grenzen in seiner Situation stößt, die sich natürlich Vergangenheit und Umwelt schulden, so kann er in einer Situation ohne oberste Autorität und ohne oberste gemeinsame Werte doch grundsätzlich andere wählen und – das ist die entscheidende Konsequenz – wird er durch diese Option für seine Entwürfe und Entscheidungen eben auch verantwortlich. „Auch hier stoße ich nur auf mich und meine Entwürfe, so (. . .) dass ich dazu verurteilt bin, vollständig für mich selbst verantwortlich zu sein.“[1] In der Tat, Sartre hat verstanden, was Freiheit eigentlich bedeutet, nämlich Verantwortlichkeit. Nur wer für sein Handeln Verantwortung trägt, wer es selber bestimmen, aber dann auch für die Folgen einstehen muss, der ist frei.

2. Engagement oder Pflicht

Damit aber stellt sich natürlich die Frage, ob diese Verantwortung, die keine gemeinsamen obersten Werte mehr leiten, nicht individualistisch verfällt. Ist der Mensch nicht unter solchen Umständen bestenfalls sich selbst gegenüber verantwortlich? Entwirft Sartre nicht solipsistisch ein heroisches Individuum, das anderen gegenüber, seinen Mitmenschen gleichgültig bleibt? Dieser Vorwurf ist gegenüber Sartre immer wieder erhoben worden, übersieht aber die Komplexität der Bewusstseins-, Selbst- und Ichbildung, von der Sartre ausgeht. Sartre verlässt die Bahnen der christlich augustinischen Seelenkonstitution der Einkehr in sich selbst, um das Gespräch allein mit Gott zu suchen. Stattdessen bewegt er sich auf den protestantischen Bahnen jenes Prinzips: Wenn du deine Seele nicht verlierst, wirst du sie nicht wiederfinden! – Eine Vorahnung des Engagements.

Das Bewusstsein steht nie für sich selbst bzw. in sich gefestigt, sondern bleibt immer Bewusstsein von etwas anderem. Das Ich vermag sich nicht in sich selbst zu verstehen, sondern bedarf der Reflexion durch den anderen Menschen. Der Blick des anderen, sein Urteil raubt mir zwar nach Sartre einerseits die

---

[1] Sartre, Das Sein und das Nichts (1943), 1993, 954

Freiheit, indem es mich auf das reduziert, was ich gerade bin. Doch abgesehen davon, dass ich den Spieß umzudrehen vermag, brauche ich das Urteil der anderen, um mich selbst zu erkennen, auch um mich abzugrenzen, eben meine Situation auf meine Entwürfe hin zu überschreiten. „Jeder Blick lässt uns konkret (. . .) erfahren, dass wir für alle lebenden Menschen existieren, das heißt, dass es (mehrere) Bewusstseine gibt, für die ich existiere."[1] Sartres Individuum lebt nicht für sich allein, kann sich gerade nicht atomistisch in sich selbst zurückziehen und sich mit seinem Egoismus zufrieden geben. Das Individuum bleibt vielmehr dem Urteil der anderen ausgeliefert, das ihn in die Verantwortung gegenüber den anderen ruft. Jeder muss den Sinn seiner Existenz, die Auswirkungen seines Handelns gegenüber anderen rechtfertigen.

Insofern bleibt der einzelne in seine Welt, in die Gesellschaft, in die Situation verwickelt, in der er lebt. Er kann sich im Grunde nicht von der Welt zurückziehen. Stattdessen muss er sich – letztlich ob er will oder nicht – in der Welt engagieren. Sartre hat der Ethik im 20. Jahrhundert nicht nur den Begriff der Verantwortung ins Stammbuch geschrieben, was auch kaum bemerkt wurde. In die ethische Debatte greift Sartre vor allem mit seinem Begriff des Engagements ein. Aber heißt das nicht letztlich, dass jetzt der einzelne sich eben selbst für ein Weltbild entscheiden muss? Steht am Ende nicht gleichfalls ein gefestigtes Weltbild, das der einzelne ja nicht selbst entwickelt, sondern von anderen übernimmt?

Doch Sartres Verständnis von Engagement bindet den einzelnen nicht bloß an ein Weltbild, an ein Interesse, an eine Sache rück, nachdem seine Diagnose der menschlichen Realität den einzelnen frei setzt und verantwortlich macht. Sartres Verständnis erweist sich derart als komplexer, als es auf den ersten Blick erscheint, wenn man an die vielen in der zweiten Hälfte des 20. Jahrhunderts politisch und sozial engagierten Menschen

---

[1] Sartre, Das Sein und das Nichts (1943), 1993, 504

denkt, für die Engagement zur neuen Tugend avancierte, das das preußische Pflichtbewusstsein ablöste.

Für Immanuel Kant ist man dann moralisch, wenn man moralischen Maximen folgt, weil es sich so gehört, nicht weil man damit irgendwelche anderen Zwecke verfolgt, beispielsweise ein guter Mensch zu sein oder der möglichen Strafe zu entgehen. Man stiehlt im Laden nicht, weil man nun mal nicht stiehlt, aus keinem anderen Grund – nur dann ist man moralisch. Auf die Folgen der Handlung achtet man nicht. Das stellt jedenfalls kein Kriterium dar, ob man sich moralisch nennen darf oder nicht.

Das Pflichtbewusstseins realisiert sich daher in Leidenschaftslosigkeit: Schließlich soll ich ja die Pflicht um der Pflicht willen befolgen und nicht aus irgendeinem Gefühl heraus, nicht etwa weil mir das so gut gefällt. Damit einher schreitet in der Tat eine hohe Rationalität, die jedoch die Persönlichkeit des seine Pflicht Erfüllenden in den Hintergrund treten lässt: Der bürokratische Apparat soll ja schließlich wie eine Maschine arbeiten – so noch Max Weber.

Den ethischen Leittypus des gehorsamen Kriegers ersetzt in der zweiten Hälfte des 20. der des widerständigen, aufrecht gehenden Bürgers, Kämpfers, Revolutionärs, der seiner Sache nicht mehr mit kaltem Pflichtbewusstsein dient, sondern sich ihr mit persönlich leidenschaftlichem Engagement hingibt. 1946 schreibt Sartre in seinem Aufsatz *Materialismus und Revolution*, in dem er sich klar von der marxistischen Geschichtsdynamik einer notwendig kommenden Revolution und einem daraus berechenbaren revolutionären Handeln distanziert: Der Revolutionär „hat den Preis für die Erkenntnis bezahlt, dass die Dinge handfeste und mitunter nicht zu überwindende Hindernisse sind, dass auch der durchdachteste Entwurf auf Widerstände stößt, die ihn oft scheitern lassen. Er weiß, die Aktion ist keine glückliche Gedankenkombination, sondern die

Anstrengung des ganzen Menschen gegen die verstockte Undurchdringlichkeit des Universums."[1]

Der existentialistische Sartre entwirft das Engagement zunächst aus der Perspektive des einzelnen, der aber erkennen muss, dass er alleine wirkungslos bleibt und der sich daher einer großen Organisation anschließen will. Aber auch innerhalb eines Apparates – so lautet Sartres existentialistisches Credo, das sich dem ‚Tode Gottes' schuldet – braucht das Individuum eigene Spielräume des Handelns; denn letztlich bleibt es ob seiner Freiheit für alles verantwortlich, was es unternimmt, in wessen Namen auch immer. Sartre denkt beim Engagement also nicht an eine völlige Hingabe.

Er besitzt hier wiederum in Max Weber einen Wegbereiter, der 1919 die Eigenschaften eines führenden Politikers mit Verantwortung, Augenmaß und Leidenschaft definiert, wobei letzteres leidenschaftliche Hingabe an die Sache bedeutet. Weber beschränkt diese Eigenschaften auf den politischen Führer, während der Funktionär, der Beamte, das Parteimitglied sich den Vorgaben eines solchen führenden Politikers unterwerfen müssen. Der moderne politische Führer, der die Tendenz zur weiteren Bürokratisierung Staates bremsen will – eine Perspektive, der die Politik bis heute nicht wirklich erfolgreich zu widerstreiten vermochte –, muss ein Charisma entfalten, eine außeralltägliche Gnadengabe, die seine Gefolgschaft in seinen Bann schlägt. Durch deren Unterstützung soll er politische Ziele gegen die Bürokratie vorgeben und durchsetzen. Das Charisma nähert sich der Leidenschaft und dem Engagement, verkörpert gerade nicht die preußischen Tugenden.

Man muss, was Sartre betrifft, wiederum an die Situation der faschistischen Vorherrschaft in Europa erinnern, die nicht zuletzt mit den preußischen Tugenden der blinden Pflichterfüllung erreicht wurde: Wenn sich sehr viele solchen Tugenden unterordnen, führt das evidenter Weise nicht zu humaneren

---

[1] Sartre, Materialismus und Revolution (1946), Gesammelte Werke Philosophische Schriften 1 Bd. 4, Reinbek 1994, 205

Verhältnissen, ja es kann sogar in schrecklichste Grausamkeit ausarten, zumindest diese offenbar nicht verhindern. Widerstand gegen den Faschismus verlangte dagegen von den Menschen nicht nur Selbstverantwortung, sondern ein persönliches Engagement, gerade keine Erfüllung der Pflicht, wenn das bestenfalls bedeutete, mit der französischen Regierung in Vichy und zugleich mit den Nazi-Deutschen zu kollaborieren.

Politik unter demokratischen, zivilgesellschaftlichen Bedingungen verlangt heute vom einzelnen umso mehr Engagement, das einerseits freiwillig ergriffen werden muss, dass aber andererseits eine individuelle Moral verkörpert, die dem Gemeinwesen oder wenigstens dem anderen Menschen dient. So tritt es im Laufe des 20. Jahrhunderts nicht nur an die Stelle des Pflichtbewusstseins, sondern hat Ethik und Moral längst mit dem ihr lange Zeit Anderen, geradezu Feindlichen verknüpft, mit der individuellen Sinnlichkeit, der persönlichen Neigung bzw. dem nicht verallgemeinerbaren Gefühl: Für Menschenrechte kämpft man nicht allein aus vernünftiger Einsicht, sondern mit leidenschaftlichem Engagement. Nicht nur vom Politiker, auch von jedem Bürger verlangt man heute, engagiert und leidenschaftlich zu agieren.

3. Das ständig zu erneuernde Engagement

Aber geht mit der Einbindung individueller Gefühle nicht letztlich doch die ganze Person in einem Weltbild, einer Sache, einer Organisation auf, wie man es von den fanatisierten Anhängern von politischen oder religiösen Bewegungen her kennt? Doch bei Sartre nimmt der Begriff des Engagements schon in *Das Sein und das Nichts* eine zentrale Stelle ein, die sich nicht auf eine ethische Orientierung oder eine politische Tätigkeit beschränkt. Mit dem Engagement beschreibt Sartre vielmehr, wie der Mensch in seine Existenz eingelassen ist, so dass Freiheit und Engagement beinahe auf derselben Ebene ansetzen. Sich politisch zu engagieren, realisiert nicht nur eine moralische Haltung angesichts einer Welt im Wertewandel. Vielmehr fordert das Verhältnis von Bewusstsein und Existenz bereits dieses Engagement heraus. Denn das Bewusstsein ist ja in die Existenz eingelassen, ist Bewusstsein der Existenz, muss sie aber auch ständig überschreiten, d.h. die Existenz verändern, neu gestalten, transzendieren. „Das Bewusstsein ist Bewusstsein *von* etwas: das bedeutet, dass die Transzendenz konstitutive Struktur des Bewusstseins ist; das heißt, das Bewusstsein entsteht als auf ein Sein *gerichtet*, das nicht es selbst ist."[1]

Letztlich birgt das Bewusstsein selbst die Struktur des Engagements, nämlich des Eingewickelt- und Verwickeltseins in die Existenz und des Entwickelns derselben im Handeln, durch die Veränderung der Existenz. Engagement stellt daher nicht nur eine politisch soziale, sondern eine existentielle Herausforderung an den Menschen dar, die sich dann beispielsweise ethisch realisiert. In dieser Perspektive überschreitet das Engagement die Rolle einer bloßen Tugend und stellt vielmehr ein Verhältnis zwischen Existenz und Bewusstsein dar. Das Engagement besitzt dadurch ein ontologisches Fundament. Der Mensch sieht sich immer wieder erneut in die Welt geworfen. Er weiß, dass ihm dies nicht nur bei der Geburt widerfährt. Genau das aber zwingt den Menschen auf der anderen Seite zu einem sich permanent erneuernden Engagement, zu einem Handeln in einer Welt, in die er unwiderruflich verwickelt ist.

Man kann sich nicht einmal engagieren, einmal entscheiden und dann lässt man sich von der angestoßenen Bewegung treiben, wie die Menschen früher in jungen Jahren gerne freiwillige Helfer bei der Caritas wurden und dieser dann ein Leben lang treu blieben. Der moderne Mensch im Zeitalter einer diffusen Wertewelt, wenn die Ethik auf der individuellen Entscheidung beruht, muss nach Sartre ständig neu handeln, muss sich immer schon engagieren und erst darauf wie daraus ergeben sich seine Möglichkeiten: Man muss seine Freiheit nutzen und sich binden, d.h. sich engagieren, um sich Möglichkeiten des Handelns zu schaffen. Es reicht nicht, sich beispielsweise

---

[1] Sartre, Das Sein und das Nichts (1943), 1993, 35

bei der Kommunistischen Partei einzuschreiben. Vielmehr muss man solches Engagement ständig bewusst erneuern. Denn das Engagement ist konstitutiver, vorgängiger als die Entfaltung der Möglichkeiten des Handeln. Erst aus dem Engagement, aus der Bindung, aus dem sich Verwickeln ergeben sich eben die Möglichkeiten des Handelns wie des Lebens.

Doch der Mensch bleibt selbst der Träger des Sinns seiner Arbeit, der nicht einer Institution, nicht einer Allgemeinheit, nicht einem Allgemeinwohl und nicht der Familie entspringt oder von diesen erlassen bzw. verfügt wird, an die sich der einzelne nur noch wenden muss. Unter heutigen Bedingungen von Individualisierungsprozessen, wie sie Ulrich Beck beschreibt; in denen sich die traditionellen sozialen und politischen Strukturen schwächen und der einzelne zunehmend von seinen eigenen Entscheidungen abhängig wird, oder nach Sartre unter Bedingungen des Widerstandes, vor allem natürlich in einer demokratischen Welt der freien Meinungsäußerung und der demokratischen Partizipation – sofern man davon heute im Ausnahmezustand noch sprechen kann, andernfalls eben im Widerstand gegen die Maßnahmen dieses Ausnahmezustand – muss man aktiv und selbsttätig leben, eben die Form seines Lebens selber gestalten, sich eben trotz Ausnahmezustand sich nicht bevormunden lassen, also subversiv diesen hintergehen. Ohne eine besondere aktive eigene Haltung, ohne Engagement wird das dem einzelnen kaum gelingen. Sartre bringt auf den Weg, was Jahrzehnte später zum Alltag der Menschen gehört, wenn die Menschen sich nicht mehr einfach vorgegebenen Strukturen anpassen und überlieferten Normen unterwerfen, was viele für einen Wertezerfall halten. Und seit 2020 wird Sartres Philosophie des Widerstands aktuell.

Konservative Zeitgenossen Sartres fühlten sich lange Jahrzehnte durch ihre politischen Vertreter in Ministerien und Parlamenten vom eigenen politischen Engagement entlastet. Dafür waren sie auch bereit, diesen zu gehorchen, verlangten vor allen Dingen von ihren aufmüpfigen Zeitgenossen ihnen dabei nachzueifern – vielleicht einer der Gründe, warum Sartre bis heute für viele ein *enfant terrible* bleibt. Immer schon in alle möglichen Angelegenheiten involviert zu sein, zum Engagement wie zur Verantwortung verurteilt zu sein, das erschien ihnen unerträglich. Erst im Laufe der siebziger Jahre hat sich in Europa, aber auch an vielen anderen Orten der Welt politisches Engagement, die Initiative von Bürgern als selbstverständliche demokratische Teilhabe durchgesetzt, was aber im heutigen Ausnahmezustand endete, wenn die Masse in den Gehorsam einkehrt und ihren Führern zujubelt und die kleine Gruppe von Dissidenten diskriminiert.

4. Engagement und Degagement

Wäre damit schon ausgeschlossen, dass das Engagement nicht doch in die völlige Hingabe an ein Weltbild, ein Interesse oder an das Allgemeinwohl mündet? Offenbar nicht. Doch Sartre weist noch auf einen anderen Aspekt des Engagements hin, der es vor der totalen Hingabe bewahren soll. Denn das Engagement braucht zugleich auch ein Heraushalten; das liegt allein schon in der Struktur des Bewusstseins, das noch in der Spiegelung der Existenz diese überschreitet, mit ihr niemals identisch ist bzw. in sie völlig eingebunden wäre. Das Bewusstsein selbst ist somit strukturell nicht nur engagiert, sondern immer auch *degagiert*: Das Bewusstsein erlaubt, die Existenz aus einer gewissen Distanz zu betrachten, dadurch in sie nicht völlig involviert zu sein: also *Degagement* oder Distanzierung des Bewusstseins von der Existenz. Ergo muss der Mensch sich also umgekehrt bewusst und vorsätzlich aus solcher Distanz heraus in seine Situation verwickeln, sich in sie engagieren. Der einzelne muss ständig zwischen Engagement und *Degagement* pendeln. Erst daraus entfaltet sich das Engagement als Eröffnung der Freiheit. Wenn das Individuum dadurch definitiv fest gebunden wäre, dann verblasste dergleichen in Alltäglichkeit, wäre nicht mehr der Rede Wert und würde wohl schwerlich der Freiheit zur Entfaltung verhelfen, sondern sie beenden, wie es jene Leute vorführen, die sich mit Leib und Seele dem aktuellen Ausnahmezustand unterwerfen und Distanz wie Dissidenz dazu als rechtsradikal disqualifizieren, weil sich diese Leute der absoluten wissenschaftlichen Wahrheit verweigern.

Zunächst ist der Mensch erstens von der Welt engagiert, in sie geworfen, in sie gebunden, während sein *Degagement* ihm die Freiheit öffnet, ihn aber auch zur weiteren Wahl zwingt. Zweitens folgt dann daraus das dementsprechende Handeln, mit dem der Mensch seine Existenz gestaltet, das was man üblicherweise unter Engagement versteht, gerade wenn man von politischem oder sozialem Engagement spricht. Doch die Bindung im Engagement hebt die Freiheit nicht auf, weil sich das Individuum nicht auf das eine Interesse des Engagements beschränken muss, sondern zugleich andere Interessen entwickelt. Der Mensch agiert in einer oszillierenden Struktur diverser Engagements und Interessen, entdeckt sich engagiert, gleichzeitig aus anderer Perspektive distanziert: das Bewusstsein, das nie bei sich selbst sein kann, beinahe schon ein flüchtiges Bewusstsein, wie es 1972 Gilles Deleuze und Félix Guattari im *Anti-Ödipus* skizzieren. Just diese Distanz, die kritische Reflexion ermöglicht, führt nicht nur zum überlegten persönlichen Engagement, sondern auch zur individuellen Verantwortlichkeit dafür. Je unsicherer die Entscheidungen sind, umso mehr bedürfen sie doch der genauen Überprüfung und umso verantwortlicher verhalte ich mich. Engagement liegt der Freiheit zugrunde und realisiert sie letztlich in der Verantwortung.

Sartre antizipiert die Lebenswelt in den bis 2019 existierenden liberalen demokratischen Gesellschaften. Wenn auch politische oder religiöse Bekenntnisse von den Menschen nicht mehr unbedingt verlangt werden, so doch wenigstens eine autonome Tätigkeit, eine leidenschaftliche Hingabe an eine Angelegenheit wie die Übernahme von Verantwortung dafür. Der moderne Mensch sieht sich in eine Welt involviert, die ihn engagiert, verpflichtet, motiviert, antreibt. Indem er dazu eine reflexive Distanz des *Degagements* gewinnt, transformiert er diese Fremdbestimmung in Selbstbestimmung, gelangt er zum eigenen Engagement, das er aber auch immer wieder überprüfen muss, an dem er zweifelt. Denn ihn engagiert keine Kirche, keine Gemeinde, keine Partei, keine Gesellschaft und schon gar kein Staat, sondern die Absurdität seiner Existenz, die ihm aufgibt, den Stein immer wieder auf die Berge zu rollen: und zwar freiwillig mit Leidenschaft und Engagement, aus Verantwortungsbewusstsein, nicht als hingebungsvolle Maschine, für die letztlich jemand anders verantwortlich wird.

Ein Jahr vor dem Erscheinen von *Das Sein und das Nichts* veröffentlicht Albert Camus 1942 *Der Mythos von Sisyphos*, ein Buch das in noch aussichtsloserer Lage entstand. Er schreibt: „Überzeugt von dem rein menschlichen Ursprung alles Menschlichen, ist er (ein Sisyphos, der zu seinem Stein zurückkehrt) also immer unterwegs – ein Blinder, der sehen möchte und weiß, dass die Nacht kein Ende hat. Der Stein rollt wieder. (. . .) Dieses Universum, das nun keinen Herrn mehr kennt, kommt ihm weder unfruchtbar noch wertlos vor. (. . .) Der Kampf gegen Gipfel vermag ein Menschenherz auszufüllen. Wir müssen uns *Sisyphos* als einen glücklichen Menschen vorstellen."[1] Für Camus – den anderen Vordenker der *Résistance* zu Zeiten, als dies ziemlich aussichtslos erscheint, als Nazi-Deutschland noch schier ungebrochen Europa beherrschte – symbolisiert *Sisyphos* den Widerstand im Zeichen seiner absoluten Aussichtslosigkeit, der doch allein die Menschlichkeit repräsentiert, ohne dass man je erwarten könnte, dafür von einer höheren Macht belohnt zu werden: Ein Engagement, das einer absurden Distanz entspringt, die sich doch nicht dementieren lässt.

Einen absurden Kampf zu kämpfen, den man sicher verlieren wird, und trotzdem nicht nachzulassen, dazu sieht sich der moderne Mensch herausgefordert, darin verwirklicht er sich, findet er sein Glück, obgleich dieses ohne weitreichende Hoffnung bleibt. Er wird sich keinem übermächtigen Staat des Ausnahmezustands unterwerfen, sondern nach allen subversiven

---

[1] Albert Camus, Der Mythos von Sisyphos (1942), Hamburg 1959, 101

Möglichkeiten Ausschau halten, um die Gewalt des Staates zu verdrehen. Das engagierte Leben schwankt andauernd zwischen Drinnen und Draußen, Nähe und Distanz, ohne die Welt je bewältigen können – eine absurde Freiheit, eingespannt zwischen Engagement und Verantwortung und doch die einzige reflektierte Perspektive des Ethischen, die Sartre als erster durchdenkt und mit der er die moderne Lebenswelt auf den Begriff bringt, die indes seit 2020 in Frage steht und daher um so mehr Auflehnung im Angesicht ihrer Aussichtslosigkeit benötigt, will man der Wiederkehr der Disziplinardispositive des 19. Jahrhunderts erfolgreich widerstreiten. Oder wie es Stéphane Hessel 2010 schrieb: „Wir, die Veteranen der Widerstandsbewegungen und der Kampfgruppen des *Freien Frankreich*, rufen die Jungen auf, das geistige und moralische Erbe der Résistance, ihre Ideale mit neuem Leben zu erfüllen und weiterzugeben. Mischt euch ein, empört euch!"[1] Gegen Ende des kurzen Textes heißt es außerdem: „Neues Schaffen heißt Widerstand leisten. Widerstand leisten heißt Neues schaffen."[2] Will man dem Disziplinardispositiv der Hospitalisierung 2021 widerstreiten, muss man in der Tat darauf abzielen, Neues zu schaffen, nämlich das seit ca. 400 Jahren zunehmend dominierende Medizinwesen in die Schranken verweisen, so dass es die Menschenrechte nicht mehr antasten kann.

---

[1] Stéphane Hessel, Empört Euch! (2010), Berlin 2011, 9
[2] Ebd., 21

5. Literatur und Engagement

Dass Engagement gerade keine Hingabe, sondern die ständige Reflexion des eigenen Tuns bedeutet – das was unter den Befürwortern des heutigen Ausnahmezustands tunlichst unterlassen wird –, das arbeitet Sartre in den Sartre-Jahren vor allem am Beispiel der *littérature engagée* ab, ein Begriff, den er selbst in die Debatte einbringt. Der Marxismus fordert vom Künstler, sein Werk in den Dienst der Arbeiterbewegung zu stellen, also die totale Hingabe, das totale Engagement. Gerade Schriftsteller beseelt auch immer wieder das bedrückende Gefühl der Tatenlosigkeit, eben nur zu schreiben, distanziert zu sein, während zu schießen die Welt zu gestalten scheint. Paradoxerweise stellte sich nach dem Krieg diese Problematik noch schärfer. Nun konnte man nicht mehr an einem bewaffneten Widerstand teilnehmen, wenn einem Schriftsteller das Schreiben zu wirkungslos vorkam. Nun musste man mit dem Schreiben in ein Licht der Öffentlichkeit treten und zu den Problemen der Gegenwart so Stellung beziehen, dass die Medien solche Äußerungen verbreiten.

Der Dichter – so Sartre in seiner Schrift *Was ist Literatur?* aus dem Jahr 1947 - gibt sich der Sprache hin, geht in ihr auf, anstatt sich um die Probleme der Menschen zu kümmern. Dafür interessiert sich aber der Schriftsteller und benutzt dazu die Sprache als Instrument, um bestimmte Zwecke zu verfolgen. Worte verweisen als Zeichen auf Gegenstände und verschwinden dabei beinahe – aber nur beinahe - wie ein Glas, durch das man hindurch sieht. Daher tritt für Sartre in der Prosa auch der Stil in den Hintergrund, der möglichst nur sehen lassen, nicht selbst aber die Aufmerksamkeit auf sich lenken soll. Der Dichter dagegen blickt die Worte an, das Glas, und lässt sich von dessen spiegelnden Effekten blenden, mit denen er spielt. Jenseits der Realität lebt der Dichter im Imaginären, übt sich stärker in die Einbildungskraft als in die Rationalität ein. Freilich hat Adorno das mit den Worten quittiert: „Aber die Form, bei

Sartre als eine von Thesenstücken einigermaßen traditionalistisch, keineswegs waghalsig, sondern auf Wirkung bedacht, holt das Ausgedrückte ein und verändert es. (. . .) Absurdität ist bei Beckett keine zur Idee verdünnte und dann bebilderte Befindlichkeit des Daseins mehr. Das dichterische Verfahren überlässt sich ihr intentionslos."[1]

Bereits in seinen Schriften *Die Imagination* aus dem Jahr 1936, seiner ersten Publikation, und *Das Imaginäre* aus dem Jahr 1940 entwickelt Sartre eine Theorie des imaginären Objekts. Das Bild reproduziert einen Mangel: Es existiert zwar, aber es zeigt nur Abbildungen. Die Realität des Bildes beschränkt sich auf eine zweiter Ordnung. Sartre schreibt: „Wenn ich das Bild meines Freundes Pierre evoziere, fälle ich kein falsches Urteil über den Zustand meines Körpers, sondern mein Freund Pierre *erscheint mir*, er erscheint mir zwar nicht als *Objekt*, als aktuell anwesend, als ‚*da*'. Aber er erscheint mir *als Bild*."[2] Um das Bild als Bild zu verstehen – was in einer Welt der medialen Bilderflut natürlich immer wichtiger wird –, muss man den Blick auf das Bild selbst, auf seinen Bildcharakter, nicht auf Pierre richten. Den Blick derart einzukehren, ihn auf die Brille und nicht auf den Freund zu fokussieren, erfordert einen Akt der Reflexion. Je mehr man in einer medialen Bilderwelt lebt, umso mehr muss man sich über den Bildcharakter Gedanken machen, will man nicht medialen Halluzinationen erliegen: Wie wird man in die Welt der Bilder verwickelt, ohne es recht zu merken, wenn das Bewusstsein vergisst zwischen der medialen Welt und dem Bewusstsein derselben zu unterscheiden? Wie gewinnt man Distanz dazu, um sich dann bewusst und gezielt zu engagieren? Just durch diese Einsicht in den reflexiven Charakter des Bewusstsein, durch seine Verwicklungen und Ent-wicklungen wie durch sein daran an-

---

[1] Theodor W. Adorno, Versuch das ‚Endspiel' <1956> zu verstehen (1961), Frankfurt/M. 1973, 167

[2] Sartre, Die Imagination (1936), Gesammelte Werke Philosophische Schriften 1 Bd. 1, Reinbek 1994, 221

schließenden Eintauchen, das doch selbstredend immer auf die Möglichkeit des Wiederauftauchens rekurriert!

1940 definiert Sartre das Kunstwerk als etwas Irreales, dem als eingebildeten Objekt der Dichter zunächst näher steht als der Schriftsteller, der sich um eine ‚richtige‘ Abbildung der Welt bemüht. Doch mit bloßer Widerspiegelung der Wirklichkeit – wie es sich der sozialistische Realismus wünscht – will sich Sartre auch nicht zufrieden geben. Der Schriftsteller soll nicht nur die Welt nachbilden, wie sie gerade erscheint. Vielmehr gilt es, diese zu überschreiten, zu transzendieren, und zwar in Richtung auf ein imaginäres Objekt, eine Zielvorstellung, die zur Wirklichkeit in Differenz verharrt und sie daher zu negieren vermag – eben aus der Distanz heraus. Gerade dadurch nichtet und erhellt das imaginäre Objekt die Realität zugleich. „Die Schönheit ist ein Wert, der sich nur auf das Imaginäre anwenden lässt und der das Nichten der Welt in seiner Wesensstruktur enthält."[1] Das Kunstwerk eröffnet damit die Möglichkeit zu einer kritischen Betrachtung der Wirklichkeit und zwar als ein schöpferischer, handelnder, letztlich engagierender Vorgang. So realisiert das Kunstwerk dieselbe Struktur wie das Bewusstsein, nämlich den Menschen in die Welt zu involvieren und ihn zu einem Engagement zu animieren.

Das imaginäre Objekt vermittelt also Literatur und Wirklichkeit. Der Schriftsteller wie der Dichter bleiben von vornherein durch ihr Werk in die Welt, in ihre Existenz engagiert. Trotzdem macht es wenig Sinn – so Sartre 1947 - vom Dichter ein bewusstes Engagement für die Welt zu verlangen, eher schon vom Schriftsteller. Sprechen stellt für Sartre jedoch grundsätzlich eine Form des Handelns dar, allerdings im ästhetischen, nicht im sprachphilosophischen Sinn. Kunst reduziert sich aber nicht wie in manchen marxistischen Theorien auf

---

[1] Sartre, Das Imaginäre – Phänomenologische Psychologie der Einbildungskraft (1940), Gesammelte Werke Philosophische Schriften 1 Bd. 2, Reinbek 1994, 303

eine indirekte Form des Handelns, das angeblich allemal den Weg zu einer humaneren Gesellschaft weniger effektiv als politisches Handeln ebne. Dagegen vermögen Kunst und Literatur für Sartre die Welt direkt und aktiv zu gestalten. Der Begriff der *littérature engagée* propagiert also keine bestimmte, beispielsweise kommunistische Weltveränderung, sondern befreit den Künstler aus seinem Elfenbeinturm und bindet ihn strukturell in die Welt ein: „Der ‚engagierte' Schriftsteller weiß, dass Sprechen Handeln ist: er weiß, dass Enthüllen Verändern ist, und dass man nur enthüllen kann, wenn man verändern will."[1]

Es verwundert dann nicht, wenn sich der Begriff *littérature engagée* nicht auf den Autor beschränkt, sondern auch auf den Leser übergreift, der zu einem aktiven Partner für den Autor avanciert. Der aktive, der engagierte, in die Welt verwickelte Leser darf nicht nur rezipieren, sondern muss sich selbsttätig am Enthüllungs- und Veränderungsprozess beteiligen, den der Autor mit seinem Werk eröffnet. Der Leser muss den Sinn nachempfinden, in gewisser Hinsicht erfinden, das Werk also verstehen. Lesen ähnelt daher sogar dem Handeln selbst, sieht sich eingebunden und übernimmt Verantwortung. In der Textsammlung *Was kann Literatur* sagt Sartre 1964: „Der Autor schreibt eine Partitur, aber erst der Leser wird dieses Konzertstück aufführen; was der Autor hier macht, entgeht ihm immer, während der, der das Buch nimmt, es nicht kennt, jeden Satz als eine neue Erfahrung aufnimmt und ihn folglich in seiner konkreten Wahrheit erfassen kann, offensichtlich der Leser ist."[2] Unabhängig davon, ob eine solche Lesekultur am Anfang des 21. Jahrhunderts längst niederging, hat sie jedoch mehrere Generationen von Menschen geprägt, deren engagiertes Bewusstsein primär auf der kritischen Lektüre aufruht. Wenn man

---

[1] Sartre, Was ist Literatur (1947), Gesammelte Werke Schriften zur Literatur Bd. 2. Reinbek 1986, 26

[2] Sartre, Was kann Literatur – Interviews, Reden, Texte 1960-1976, Gesammelte Werke Schriften zur Literatur Bd. 4, Reinbek 1986, 79

dabei Sartres revolutionäre Implikationen übergeht und den engagierten Leser begrifflich etwas weiter fasst, dann leitet die aktive Lektüre einen Prozess der Selbstbildung an. Etwa ein Jahrzehnt nach Sartres Tod konstatiert dann der liberale US-amerikanische Philosoph Richard Rorty, dass die Literatur mehr zur Bildung eines moralischen Charakters vieler Menschen beigetragen hat als alles Predigen in moralphilosophischen Abhandlungen. Und der Vordenker der Ökologie, der katholische Priester Ivan Illich fordert nicht nur den Autodidakten, sondern auch eine neue Lesekultur.

Autor und Leser müssen sich beide jeweils in ihrer Freiheit anerkennen und akzeptieren. Solange die Menschen um ihre Freiheit nicht wissen, solange glauben sie, sich ihrer Verantwortung für die Welt entziehen zu können, sich auch nicht engagieren zu müssen. Doch der Schriftsteller – so Sartre – soll dazu beitragen, dass sich niemand in der Welt für unschuldig halten kann. In diesem Sinn betitelt Sartre auch einen seiner antikolonialistischen Texte mit: *Wir sind alle Mörder*. Nicht nur die Verantwortung, auch das Bewusstsein der Schuld haben seither im 20. Jahrhundert eine steile Karriere hingelegt. Sich zu entschuldigen befördert eine moralische Kultur, wenn sich Bill Clinton als US-Präsident in Afrika für die Sklaverei, Papst Johannes Paul II. für die Inquisition entschuldigt. Der Autor wie der Leser wollen beide die gesellschaftliche Situation verändern, treffen sie sich im gemeinsamen Engagement und in der gemeinsamen Verantwortung. Sie eint der Kampf gegen Unterdrückung: Sartres ästhetischer Imperativ entbirgt einen moralischen, nämlich unmenschliche Verhältnisse schreibend und lesend zu verändern.

Sartres Konzeption einer *littérature engagée* weist also alle Vorstellungen eines *l'art pour l'art* genauso zurück, wie die ästhetischen Formalismen Kants, der vom Schönen als Zweckmäßigkeit ohne Zweck spricht, so dass sich nicht automatisch mit der Kunst als Kunst moralische Zwecke verbinden. Aber Sartre entzieht sich natürlich auch den Zwängen eines sozialistischen Realismus mit seinen Agitpropstrukturen: Also trotz Engagement, das ja hintergründiger entworfen wird als eine propagandistische Kunst, die vom Autor die totale Hingabe abverlangt, geht es ihm weder um eine bloße Abbildung der Wirklichkeit, noch um eine utopische Skizze einer besseren Welt. Sartre fordert zu keiner bestimmten politischen Handlung auf, sondern zu einem Zusammenspiel von Autor und Leser in Freiheit, Engagement und Verantwortung. Engagement fordert gerade keine völlige Hingabe an die Sache, sondern eine kritische Reflexion, realisiert derart die Freiheit und hebt sie gerade nicht auf.

Doch der moderne Mensch – obgleich mit hohen ethischen Ansprüchen konfrontiert – vermag diese keinesfalls mehr heroisch zu bewältigen, sondern leidet an ihnen mit all seinen Unsicherheiten, Verirrungen und Hoffnungen – eben zwischen Engagement und Distanz, in Freiheit und Selbstverantwortung. Das Bewusstsein sucht ohne innere Gewissheiten ständig nach Auswegen aus Situationen, die es herausfordern und entfremden – ob in der Kunst oder in der Politik. Sartre heroisiert die Situation keineswegs. Das Engagement verlangt mehr vom einzelnen als noch das Pflichtbewusstsein: vielleicht eine – mit Nietzsche gesprochen – übermenschliche Herausforderung, die viele überfordert. Doch nicht nur dass niemand diesen Ansprüchen mehr entgeht. Bei Sartre könnte er lernen, dass Engagement sowohl die Distanz wie die Reflexion braucht, just um ein totales Engagement, die totale Hingabe zu vermeiden, die im Grunde gar kein Engagement ist, sondern nur eine individuelle Reproduktion des Pflichtbewusstseins. Auch Sartre selbst erlag manches Mal den Verlockungen solcher Hingabe. Es mag überraschen, aber just darin endet das Engagement, das statt dessen mehr als eine bloße Tugend sowohl eine Struktur des Bewusstsein wie des Handelns spiegelt. Insoweit hat Sartre aber die ethischen Orientierungen im 20. Jahrhundert nachhaltiger auf den Begriff gebracht als alle Bemühungen um eine Neubegründung normativer Ethiken.

III. KAPITEL

WIDERSTAND UND EMANZIPATION
SARTRE UND DE BEAUVOIR

Der französische Existentialismus der vierziger Jahre von Camus, Sartre und de Beauvoir verdankt sich dem Widerstand, als dieser nicht mit dem Erfolg rechnet und daher auch nicht auf eine bestimmte Wirkung abzielt. Widerstand verunsichert auf der symbolischen Ebene übermächtige diktatorische Regime – heute den aktuellen Ausnahmezustand, wenn dessen Vertreter hochaggressiv auf Kritik reagieren. Wichtig war für Simone de Beauvoir dabei, dass man sich nicht um einen scheinbar vernünftigen Kompromiss mit dem Besatzungsregime bemühte, sondern dass man sich gegen die Nazi-Herrschaft radikal auflehnte. Sie schreibt 1947: „Die Widerstandbewegung erhob nicht den Anspruch auf positive Wirksamkeit; sie war Verneinung, (…), und in dieser negativen Bewegung fand die Freiheit ihre positive, absolute Bestätigung."[1]

Angesichts der in Frankreich verbreiteten Kollaboration gab keine gemeinsamen obersten ethischen Werte mehr. Welche Normen man akzeptierte, konnte man selber entscheiden, hatte niemand eine anerkannte legitime Autorität, Normen vorzugeben. So schrieb Camus in den *Briefen an einen deutschen Freund* bereits im Juli 1943 in der Untergrundzeitschrift *Combat*: „Wir kämpfen (…) für jene noch feinere Nuance, die

---

[1] Simone de Beauvoir, Für eine Moral der Doppelsinnigkeit (1947); in: dies., Soll man de Sade verbrennen? – Drei Essays zur Moral des Existentialismus, Reinbek 1997, 171

das Falsche vom Wahren und den von uns erhofften Menschen von den von euch verehrten feigen Göttern unterscheidet."[1] In dieser Situation unter der deutschen Besatzung lernten de Beauvoir, Camus, und Sartre eine Freiheit kennen, die philosophisch dann zum zentralen Thema ihrer Philosophie avanciert.

Camus hatte dazu 1942 in *Der Mythos von Sisyphos* die erste Philosophie des Widerstands publiziert, nämlich einen Appell zur Auflehnung gegen Barbarei, auch wenn diese aussichtslos erscheint. „Keine Moral und keinerlei Streben lassen sich a priori vor der blutigen Mathematik rechtfertigen, die über uns herrscht."[2] Sisyphos ist der Typus, der die Möglichkeit zur Auflehnung verkörpert.

Als es aus der Pariser Perspektive keineswegs absehbar war, dass der Nazi-Spuk zwei Jahre später vorüber sein würde, entwirft Sartre 1942 die Freiheit, letztlich die Freiheit zum Widerstand aus der Struktur des Bewusstseins heraus, die er von Edmund Husserl gelernt hatte. Daher ist man seiner Faktizität, also den Verhältnissen, in denen man zufällig lebt, auch nicht hilflos ausgeliefert, wie es viele religiösen, politischen und technischen Lehren gerne behaupten, die dem Individuum die Kompetenz absprechen, autonom zu handeln und irgendwelche Einflüsse auf die Umwelt auszuüben.

Nach Marx kann sich der einzelne nicht alleine befreien, kann er sich nur als Klasse des Proletariats befreien und dazu braucht er nach Lenin die Leitung durch eine aufgeklärte Avantgarde. Für den Katholizismus bedarf der Mensch der Betreuung durch die religiöse Elite der Priester bzw. der Kirche. Befreien soll er sich auch nur von seinen sündhaften Neigungen, indem er sich einem christlich vorgegebenen Code von Verhaltensweisen unterwirft. Im Protestantismus muss das der einzelne durch sich selbst erreichen. Neue ethische Werte und

---

[1] Camus, Briefe an einen deutschen Freund (1943); in: ders., Kleine Prosa, Reinbek 1961, 83

[2] Camus, Der Mythos von Sisyphos (1942), Hamburg 1959, 19

Orientierungen darf er sich dabei nicht ausdenken. Nach Michael Walzer hat die heutige Medizin die weltbildende und pastorale Rolle des mittelalterlichen Katholizismus übernommen. Er schreibt: „Zu Zeiten des Mittelalters sah es in Europa wie folgt aus: die Betreuung der Seelen, die Seelsorge, war eine öffentliche Angelegenheit, die der Körper hingegen Privatsache. Heute ist die Situation in den meisten europäischen Ländern umgekehrt; eine Verschiebung, die sich am besten erklären lässt als ein grundsätzlicher Wandel im allgemeinen Verständnis von Seele und Körper. In dem Maße, in dem wir das Vertrauen in die Heilung unserer Seelen verloren, ist unser Glaube, wenn es nicht bereits eine Obsession ist, an die Heilbarkeit unserer Körper gewachsen."[1] Jetzt bedarf der Mensch der Betreuung und Leitung durch eine medizinische Elite, die ihn dramatisch entmündigt und Widerstand als pathologisch qualifiziert, wie es bereits die Sowjetunion vormachte.

1. Der Existentialismus als Individualismus

Gegen die Gebundenheit von Lebensformen an die Tradition und vorgegebene ethische oder technische Normen entwickelt de Beauvoir eine existentialistische Emanzipation der Frau aus ihrer unterwürfigen familiären Rolle als Gebärerin und Kinderbetreuerin. Sie schreibt 1949: „Unsere Perspektive ist die der existentialistischen Ethik. Jedes Subjekt setzt sich durch Entwürfe konkret als eine Transzendenz."[2] Natürlich hat die Frau dieselbe Bewusstseinsstruktur wie der Mann und damit hat sie dieselbe Möglichkeit ihre Situation zu überschreiten, sich aus den Fesseln des Patriarchats zu befreien. ‚Jedes Subjekt', heißt es weiter, „verwirklicht seine Freiheit nur durch deren ständiges Überschreiten auf andere Freiheiten hin. Es gibt keine

---

[1] Michael Walzer, Sphären der Gerechtigkeit – Ein Plädoyer für Pluralität und Gleichheit (1983), Frankfurt/M. 1998, 138

[2] de Beauvoir, Das andere Geschlecht – Sitte und Sexus der Frau (1949), 5. Aufl. Reinbek 2005, 25

andere Rechtfertigung der gegenwärtigen Existenz als ihre Ausdehnung in eine unendliche offene Zukunft."

Wenn die Frau dieselbe Bewusstseinsstruktur hat, dann ist sie im selben Maße auch frei und in der Lage, ihr Leben aus den Fesseln der Tradition zu befreien und es nach eigenen Vorstellungen zu gestalten. Wenn sie darauf verzichtet, was 1949 gerade wieder anstand – als man Frauen animierte nach der relativen Emanzipation während des Krieges wieder in ihre unterwürfige Rolle als Hausfrau zurückzukehren – dann gerät sie wieder in eine unmündige Situation, in der sie ihre Freiheit nicht nutzt.

Dann verharrt sie in der Immanenz des Hauses, die ihr Perspektiven der Transzendenz verbaut, eben etwas anderes als Hausfrau zu werden. So schreibt de Beauvoir weiter: „Jedes Mal wenn die Transzendenz in Immanenz zurückfällt, findet eine Herabminderung der Existenz in ein ‚An-sich' und der Freiheit in Faktizität statt." Der unfreien unmündigen Existenz des Untertanen wie der Hausfrau mangelt es an individuellen Rechten, an Menschenrechten – in letzter Konsequenz sogar an Würde. Wer keine Rechte hat, hat auch keine Würde, weil er unfrei ist. Daher stammt der Hass der Nazis wie der Masse derjenigen, die in traditionellen Verhältnissen verharren, auf alle Unangepassten, die ihr Leben nach eigenen Vorstellungen gestalten – was sich im heutigen Ausnahmezustand wiederholt.

Weil der Existentialismus die Widerständigkeit gegen Ungerechtigkeit und staatliche Unterdrückung auf die individuelle Freiheit stützt, wurde er nach dem zweiten Weltkrieg schnell zum Buhmann aller politischer Lehren von Links bis Rechts, die alle auf einem Primat der Gemeinschaft gegenüber dem Individuum insistieren, das sich ersterer unterwerfen muss. Daher wird der Existentialismus bis heute keine bedeutende politische Rolle spielen, scheiterte in den späten vierziger Jahren auch der Versuch, eine Partei zu gründen.

Dagegen kann man de Beauvoirs existentialistische Begründung der Emanzipation der Frau als eminent treffend und erfolgreich bezeichnen. Für sie müssen Frauen ihr Leben ökonomisch selber in die Hand nehmen, um sich von der Bevormundung durch Ehemänner zu befreien, d.h. sie müssen arbeiten und ihr Geld selber verdienen. Sie müssen sich selber befreien, weder auf den Staat warten noch auf die Familie hoffen. Das können sie für sich alleine, brauchen gar nicht eine Klasse wie das Proletariat, das sich nach Marx nur selbst, aber auch nur gemeinsam befreien kann. Wie schreibt doch de Beauvoir: „Nur eine autonome Arbeit kann der Frau eine authentische Autonomie verleihen."[1] Jenseits vieler feministischer Konzeptionen haben Frauen weltweit das seit den siebziger Jahren intensiv angefangen und damit vornehmlich die westliche Welt nachhaltig verändert. Heute müssen sich die Menschen von der Bevormundung durch das Medizinwesen befreien – ein neuer, noch unbekannter Emanzipationsprozess.

Im Existentialismus gelangt freilich auch ein Epochenwandel auf den philosophischen Begriff. Das mündige Individuum, das sich aus seiner Widerstandsfähigkeit heraus keiner Gemeinschaft mehr unterwerfen muss, das sein Leben jenseits der Tradition führt, das mündige Individuum, dass im Widerstand gegen den Faschismus sich seiner selbst bewusst wurde, taucht bereits im 19. Jahrhundert auf, wenn auch peripher und vereinzelt, noch keineswegs als ein weit verbreitetes Phänomen.

Aber in der militarisierten Gesellschaft des 19. Jahrhunderts, dessen Massentypus der Untertan und die nach Richard Rorty „vom Krieger oder Priester beherrscht werden"[2] – heute müsste man den Mediziner hinzufügen –, versuchten sich einzelne oder kleine Gruppen dem gesellschaftlichen Disziplinierungsdruck zu entziehen – man denke an Max Stirner, George Sand, Else von Richthofen-Jaffé wie an viele Adlige, die sich der strengen bürgerlichen Moral zu entziehen versuchten, ein Aussteigertum, das in Arbeiterkreisen gar nicht gepflegt wer-

---

[1] de Beauvoir, Das andere Geschlecht (1949), 599
[2] Richard Rorty, Solidarität oder Objektivität? Drei philosophische Essays (1983/4), Stuttgart 1988, 66

den konnte, sollten diese ja politisch einsteigen und brauchten dazu Bildung.

Nietzsche kann man wider Willen als Sprachrohr dieser Aussteiger bezeichnen, wenn er den höheren Menschen propagierte und seine untertänigen Zeitgenossen als letzte Menschen bezeichnet. Er war auch von einer Reihe von Aussteigern umgeben, wollte selber dergleichen aber keineswegs sein, umso weniger als er es in den letzten 10 Jahren seines bewussten Lebens wirklich war. Doch diese Außenseiter würden – so Georg Simmel um die Jahrhundertwende – immer am kulturellen Druck scheitern. Carlo Michelstaedter, den man als einen Wegbereiter des Existentialismus bezeichnen kann und der Heideggers *Sein und Zeit* antizipiert, bestätigt Simmel, wenn er schreibt: „Alle Fortschritte der Gesellschaft sind Rückschritte des Individuums."[1]

Nach Charles Taylor entsteht im ausgehenden 19. Jahrhundert eine Ethik der Authentizität, die nach dem Zweiten Weltkrieg eine zunehmende Verbreitung finden wird, deren unmittelbarer Wegbereiter und früher Träger der Existentialismus war und die durch Rock- und Pop-Musik globalisiert wurde. Taylor bemerkt dazu: „Es wird gang und gäbe, die ‚eigenen Angelegenheiten' selbst erledigen zu wollen."[2]

Sartre hat das bereits 1943 auf eine berühmt gewordenen Formel gebracht: Die Existenz geht der Essenz voraus. Der Mensch ist in die Welt geworfen und muss sich sein Wesen, seinen Lebenssinn, seine Lebensform überhaupt erst schaffen. Daher ist er nicht gezwungen, das Leben fortzusetzen, das ihm seine Älteren vorexerzieren oder das ihm von Traditionalisten und heute vor allem von diversen Institutionen nahegelegt wird. Das betrifft dann natürlich auch die unterwürfige Rolle der Frau im Patriarchat. Für den Marxismus wird der einzelne

---

[1] Carlo Michelstaedter: Überzeugung und Rhetorik (1910), Frankfurt/M. 1999, 109

[2] Charles Taylor, Ein säkulares Zeitalter (2007), Frankfurt/M. 2009, 792

durch seine Klassenlage bestimmt. Für den Katholizismus kommt der Mensch in eine göttliche Weltordnung, der er sich selbstredend anzupassen hat. Für die Medizin wird der Mensch durch seinen genetischen Code und die Daten seiner Körperfunktionen bestimmt, denen entsprechend er zu leben hat, was die Medizin zunehmend auch durchsetzt, indem sie es denn auch immer stärker zu kontrollieren vermag. Das verbindet sich dann mit einer Reihe von Ansprüchen an das Individuum, die in eine medizinisch begründete Ethik auslaufen.

Doch welcher vorgegebenen Struktur auch immer, der Mensch kann sich ihr widersetzen, weil er durch sein Bewusstsein, das sich immer auf etwas anderes richtet, fähig ist, das Sein zu nichten, sich dem, was ist, zu entziehen, es zu negieren, auch wenn es wissenschaftlich propagiert wird. Dem Bewusstsein bietet sich durch das Nichts die Chance, das Leben nach eigenen Vorstellungen zu führen. Es kann schwerlich Zufall sein, dass diese Freiheit gerade von den Wissenschaften fleißig dementiert wird – man denke an die Libet-Experimente, an Peter Sloterdijks Züchtungsträume, in denen „mit Hilfe von Systemen der symbolischen Führung" „jedes einzelne Menschenjunge"[1] entsprechend gelenkt wird. Oder an Yuval Harari: „Soweit wir heute wissen, haben Determinismus und Zufälligkeit den gesamten Kuchen unter sich aufgeteilt und der ,Freiheit' nicht einen Krümel übrig gelassen."[2] Mit solchen Theorien sollen die Menschen so präsentiert werden, als bedürften sie der autoritären Führung. Doch sie können sich dagegen schlicht selbst jeder für sich subversiv zur Wehr setzen.

Denn mit dem Bewusstsein des Menschen tauchen die Möglichkeit der Nichtung und damit die Freiheit in der Welt auf, die es ansonsten in der Natur nicht gibt. Der Mensch kann sich etwas vorstellen, das es nicht gibt, das es noch nicht gibt,

[1] Peter Sloterdijk, Was geschah im 20. Jahrhundert? Unterwegs zu einer Kritik der extremistischen Vernunft, Berlin 2016, 49
[2] Yuval Noah Harari, Homo Deus – Eine Geschichte von Morgen, München 2017, 381

und das er aber in die Tat umsetzen kann. So konstatiert Sartre „der Mensch ist das Sein, durch das das Nichts zur Welt kommt."[1] Weil der Mensch, jeder Mensch, ein solches Bewusstsein hat, ist jeder zumindest indirekt gezwungen, sich mit seiner Freiheit auseinanderzusetzen, auch wenn er sie vielleicht nicht nutzt, um etwas in der Welt zu verändern, sondern sich in die traditionellen Strukturen einfügt.

Ein junger Mann erklärte Sartre, er könne an der Résistance nicht teilnehmen, weil er sich um seine Mutter kümmern müsse. Das ist für Sartre indes kein Zwang, sondern eine Wahl. Der besagte Mann entscheidet sich für seine Mutter. Aber er hätte trotzdem die Freiheit gehabt, sich der Résistance anzuschließen. Man entgeht also seiner Freiheit nicht.

In seiner Romantrilogie *Die Wege der Freiheit*, die zwischen 1945 und 1949 erscheint, vertrödelt die Hauptfigur Mathieu Delarue seine Freiheit, anstatt sie zu nutzen und sich zu engagieren. Für Sartre hat Freiheit nämlich nicht den Sinn, einfach zu tun und zu lassen, wozu man gerade Lust hat. Sie bietet aber die Chance, sein Leben bewusst zu gestalten und sich politisch zu engagieren. Allemal ist man dieser Freiheit ausgesetzt und was man immer für sich selbst wählt, also das, was man am Ende unternimmt beruht letztlich auf dieser Freiheit.

Sartre betont sogar, der Mensch sei noch vor dem Henker frei. Vermutlich hatte er Camus' *Der Fremde* im Sinn, der sich vor seiner Hinrichtung überlegt, auf seinem letzten Gang vielleicht das Blümchen am Wegesrand zu bewundern. Später hat Sartre diese Aussage zurückgenommen. Allerdings insistiert er darauf, dass Zwangslagen nicht das Ende der Freiheit bedeuten, schließlich ist diese Konzeption vor dem Hintergrund der deutschen Besatzung und der Erfahrung der Résistance entstanden, also der Möglichkeit von Widerstand auch in absolut aussichtsloser Lage.

---

[1] Sartre, Das Sein und das Nichts (1943), 1993, 83

2. Die Freiheit und ihre Feinde

Aus der Freiheit, sein Leben nach eigenem Gutdünken gestalten zu können, folgt indes keine Verantwortungslosigkeit. Im Gegenteil, wer sein Leben nach eigenen Vorstellungen zu führen vermag, hat damit auch die Verantwortung für sein Leben, muss er für sein Scheitern geradestehen, sich gegenüber seinen Mitmenschen gegebenenfalls rechtfertigen. Auch und gerade in der Résistance musste man sich über die Folgen von Widerstandshandlungen im Klaren sein und somit dafür auch die Verantwortung übernehmen. Es wäre zu einfach gewesen, Rachehandlungen der Deutschen diesen einfach alleine in die Schuhe zu schieben. In Sartres Drama *Tote ohne Begräbnis* aus dem Jahr 1946 präsentieren sich die Widerstandskämpfer gerade nicht als besonders moralisch. De Beauvoir problematisiert Fragen des Widerstands, der Kollaboration und der Rache nach der Befreiung in ihrem großen Roman *Die Mandarins von Paris* (1954). So gehören Freiheit und Verantwortung für Sartre und de Beauvoir unabdingbar zusammen.

Nietzsche und Max Weber, die die Verantwortungsethik zuvor auf den Weg bringen, sehen anders als der Existentialismus nur diverse Aristokratien bzw. die herrschenden Eliten in der Verantwortung für die Folgen ihres Handelns. Als Verantwortliche im Staat wie in der Wirtschaft entscheiden sie, was politisch und ökonomisch und damit sozial zu tun ist. Sie haben dazu die Macht und damit die Freiheit, politisch und ökonomisch zu handeln, wie ein Leitender anzuführen und nicht nur wie ein Weisungsgebundener auszuführen. Das führt heute der Ausnahmezustand vor. Dann aber, so Max Weber, müssen sich diese führenden Politiker und Manager an den Folgen des Handelns orientieren, nicht an den Maximen, an denen man sich orientiert. Einerseits gerät der heutige Ausnahmezustand dabei in Schwierigkeiten; denn er beruft sich auf wissenschaftliche Erfahrungen, aus denen Regeln abgeleitet werden, was logisch ein Widerspruch ist. Andererseits kann ein solches

Regime sein Scheitern als unvorhersehbare Nebenwirkung abtun. Denn für Weber ist man nur für die überschaubaren Folgen verantwortlich, mehr nicht.

Sartre dehnt diese Verantwortung im Geist des Jahrhunderts schier unendlich aus. Man kann sich der Situation, in die man geworfen wurde nicht entziehen, dem Krieg, auch und gerade wenn man ihn nicht selbst erklärt oder zumindest nicht befürwortet hat, als wenn dieser Krieg mich gar nichts anginge – eine während des Krieges sicherlich weit verbreitete Haltung. Dagegen heißt Freiheit gerade nicht, keine Verantwortung zu tragen. In der Tat, man kann die Verantwortung nicht auf politische Führer abschieben, wie es damals und vor allem nach dem Krieg massenhaft geschah: Verantwortlich sind immer die anderen, nur man selbst ist das nicht. So machen Benjamin Libet, Sloterdijk und Harari aus den Menschen wieder gehorsame Untertanen, die sich brav dem Ausnahmezustand unterwerfen. Und Sloterdijk freut sich.

Freilich muss man fragen, ob solcherart Verantwortung nicht doch zu weit geht. Aber Sartres Nachfolger in der Verantwortungsethik, Emmanuel Lévinas und Hans Jonas werden die Verantwortung genauso unendlich ausdehnen: Es gehört zum Stil des 20. Jahrhunderts, alle für alles verantwortlich zu machen.

Wenn Sartre den Menschen für den Krieg verantwortlich macht, in den er geworfen wurde, dann geht es dabei freilich nicht nur um die Verantwortung, sondern auch darum, dass die Freiheit im Gegensatz zur Verantwortung keineswegs unendlich ist. Vielmehr muss sie sich mit der Situation einrichten, in der sich der Mensch vorfindet. So schreibt Sartre: „Denn frei sein heißt nicht die geschichtliche Welt, in der man auftaucht, wählen – was keinen Sinn hätte –, sondern sich in der Welt, was sie auch sei, wählen."[1]

Die existentialistische Freiheit ist keinesfalls jene große göttliche Freiheit, von der die Philosophie voll ist und die ent-

---

[1] Sartre, Das Sein und das Nichts (1943), 1993, 898

weder nur Gott oder gottähnlichen, also erleuchteten bzw. wissenden Menschen eignet, allemal nicht der Herde, jedem einzelnen, die vielmehr regelmäßig den großen Freien zu gehorchen hat. Nein, auch der Gott ist in die Welt geworfen und kann sie sich nicht aussuchen. Der Mensch trägt Verantwortung immer nur für die Situation, in der er sich befindet. Freiheit, wie sie dem Menschen ob seines Bewusstseins eignet, realisiert sich immer nur in einer konkreten Situation. Sie ist nie abstrakt.

Umgekehrt, weil es die große göttliche Freiheit nicht gibt, ist alle Verantwortung gerade nicht aufgehoben, sondern in den einzelnen verlegt und zwar in alle einzelnen. Dazu bemerkt de Beauvoir: „Indessen erlaubt die Abwesenheit Gottes keineswegs jede Freiheit, sondern im Gegenteil: weil der Mensch auf der Erde verlassen ist, sind seine Handlungen endgültige, absolute Verpflichtungen."[1] Just einen ähnlichen Gedanken wird Hans Jonas aus gnostischer Perspektive in die ökologische Debatte einbringen: Weil Gott seine Schöpfung nicht vor der Umweltzerstörung retten kann, müssen die Menschen selbst diese Verantwortung übernehmen, sind sie jetzt für die Biosphäre verantwortlich wie die Gesundheit ihrer Körper – auch wenn es nur die nackten sind, um ein Wort Giorgio Agambens zu persiflieren: der Weg von der Medizinisierung zur Ökologisierung und zurück.

De Beauvoir geht noch einen Schritt weiter, wenn es an der obigen Stelle weiter heißt: Der Mensch „trägt die Verantwortung für eine Welt, die nicht die Schöpfung einer fremden Macht, sondern sein eigenes Werk ist, eine Welt, die seine Niederlagen wie seine Siege bezeugt." Die Welt, in die sich der Mensch geworfen findet, ist keine göttliche, sondern in jeder Hinsicht eine menschliche Schöpfung, das Ergebnis einer Jahrtausende langen Kulturentwicklung. Diese kann der Mensch nicht wählen. In dieser muss sich der einzelne vielmehr orientieren und sich in ihr engagieren.

---

[1] de Beauvoir, Für eine Moral der Doppelsinnigkeit (1947), 1997, 85

Aber dazu ist er auch in der Lage, zum Schrecken der Herrschenden wie der Götter, lässt Sartre doch in seinem Drama *Die Fliegen* 1943 Jupiter mit dieser Einsicht Ägist erschrecken: Die Menschen sind frei in ihrer jeweiligen Situation und könnten die Paläste jederzeit anzünden. Nur wissen sie um diese Freiheit nicht. Es hilft auch nichts, dass Sartre ihnen das verraten hat. Das wussten damals zumindest alle, die sich gegen den Nazi-Terror wehrten. Heute ist das weitgehend in Vergessenheit geraten, wozu die verschiedenen technischen politischen und religiösen Lehren fleißig beitragen, allen voran heute die Medizin, die die Menschen wieder wie Untertanen lenken wollen, indem sie ihnen die Verantwortung wie die Mündigkeit abzunehmen versuchen. Nicht mehr die Individuen gestalten ihr eigenes Leben, sondern das Leben wird von der Medizin viel nachhaltiger geprägt. Wie bemerkt doch Ivan Illich 1975: „Lebenslange ärztliche Beaufsichtigung (..) macht das Leben zu einer ununterbrochenen Folge gefährlicher Altersstufen, von denen jede ihre eigene Form der Bevormundung braucht."[1]

---

[1] Ivan Illich, Die Nemesis der Medizin – Von den Grenzen des Gesundheitswesens, (1975) Reinbek 1981, 95

3. Die Situationsabhängigkeit der Verantwortung

Doch in welcher Situation auch immer, die individuelle Freiheit lässt sich nicht zerstören, nur unterdrücken. Aber diese Freiheit ist keine unendliche so wenig wie eine beliebige. Sartre: schreibt programmatisch auf: „So bin ich absolut frei und für meine Situation verantwortlich. Doch deshalb bin ich frei *nur in Situation*."[1] Kein Mensch lebt in einer Allgemeinheit, im Universellen, in der Menschheit als solcher, schon gar nicht in Platons Himmel der Ideen. Mit solchen Vorstellungen versuchen die Eliten die Untertanen zu lenken. Dagegen kümmert sich das freie Individuum um die Dinge um es herum und es kann dadurch Lenkungsversuchen Widerstand leisten oder sie zumindest auch ablenken. Denn es vermag diese Situation zu beeinflussen, weil es daran teilhat. In diesem Sinn wird der späte Foucault dem Menschen, der der Macht ausgesetzt ist, attestieren, dass er an der Umsetzung der Macht beteiligt ist und damit darauf auch Einfluss nehmen kann. Man kann die Maßnahmen des Ausnahmezustands, die man zu befolgen hat, boykottieren, so dass sie wirkungslos werden.

Dazu hat Sartre als Vordenker der Résistance den Weg bereitet. Er erklärt, „dass der Mensch, dazu verurteilt, frei zu sein, das Gewicht der gesamten Welt auf seinen Schultern trägt: er ist für die Welt und für sich selbst als Seinsweise verantwortlich."[2] Jeder Mensch nimmt an der Welt teil, ob er will oder nicht. Weil er das nicht bloß gezwungenermaßen muss, sondern weil er frei ist, darauf nach eigenem Gutdünken Einfluss zu nehmen, trägt er Verantwortung. Sartre folgt dabei dem Gebrauch des Wortes Verantwortung von Nietzsche und Weber, wenn er weiterschreibt: „Wir nehmen das Wort ‚Verantwortlichkeit' in seinem banalen Sinn von ‚Bewusstsein (da-

---

[1] Sartre, Das Sein und das Nichts (1943), 1993, 879
[2] Ebd., 950

von), der unbestreitbare Urheber eines Ereignisses oder eines Gegenstands zu sein'." Es geht Sartre also auch um die Folgen des Handelns, die man zu verantworten hat.

Aber aus dem nichtenden Bewusstsein, der Transzendenz, somit der Freiheit folgt für jeden einzelnen, dass er für sein Leben vollständig verantwortlich zeichnet. Man kann sich weder über schlechte Zeiten noch über eine böse Umwelt beklagen, die dem Individuum die Perspektiven rauben würden. Da das Individuum fähig ist, daran zu drehen, solche Einflüsse zu transzendieren, kann es sich der Verantwortung für seine Situation nicht entziehen, also vor allem Widerstand zu leisten. Sartre schreibt an der obigen Stelle weiter: „In diesem Sinn ist die Verantwortlichkeit des Für-sich drückend, (…). Es ist also unsinnig, sich beklagen zu wollen, weil ja nichts Fremdes darüber entschieden hat, was wir fühlen, was wir leben oder was wir sind." Sartre lässt damit das gängige Lamento darüber nicht zu, dass andere Schuld daran haben, wie man lebt.

Dem kann man eigentlich auch nicht mit ausladenden Geschichten widersprechen, die beispielsweise psychoanalytisch das Individuum in eine ödipale Struktur einbinden, für die es unmöglich verantwortlich gemacht werden kann, sowenig wie dafür, dass nach Freud das kulturell bedingte Leiden unüberwindbar sei. An der entscheidenden Stelle lässt Sartre solche Ausreden nicht zu, wenn er weiterschreibt: „Diese absolute Verantwortlichkeit ist übrigens kein Akzeptieren: sie ist das bloße logische Übernehmen der Konsequenzen unserer Freiheit."

Weil das Bewusstsein strukturell die Freiheit schafft, folgt logisch daraus, dass jeder für sich, für sein Leben die volle Verantwortung trägt. Das gilt auch und besonders für den Untertan, ohne dessen Gehorsam es den Holocaust nicht gegeben hätte. So schreibt Sartre weiter: „Was mir zustößt, stößt mir durch mich zu, und ich kann weder darüber bekümmert sein noch mich dagegen auflehnen, noch mich damit abfinden." Wenn man für sein Leben die volle Verantwortung trägt, dann gilt das natürlich auch für Handlungen, die man auf Geheiß anderer begeht.

Ein solches Verständnis hat sich im 20. Jahrhundert langsam verbreitet, zunächst bei den Nürnberger Kriegsverbrecher-Prozessen. Der SSler Priebke, der sich am Massaker in den Ardeatinischen Höhlen bei Rom beteiligte, bei dem die SS am 24. März 1944 335 Geiseln ermordete, wurde 1996 von einem italienischen Militärgericht freigesprochen, er habe nur Befehle befolgt. In zwei weiteren Prozessen nach weltweiten Protesten wurde er schließlich 1998 von einem Militärberufungsgericht zu einer lebenslangen Haftstrafe verurteilt. Auch wenn diese später nicht wirklich durchgesetzt wurde, so musste das Militärgericht doch die individuelle Verantwortung anerkennen, die es zunächst abgelehnt hatte, passt diese schließlich nicht zur militärischen Gehorsamsstruktur. Das Bewusstsein der Verantwortung machte also auch nicht vor dem Militär halt. Aber das könnte im fortschreitenden Ausnahmezustand natürlich wieder anders werden. Dann befindet man sich wieder in einer Situation wie Dr. Rieux in Camus' *Pest* (1947).

De Beauvoir hat Sartre indes in ihrem Aufsatz *Pyrrhus und Cineas* 1944 direkt widersprochen, also ein Jahr nach *Das Sein und das Nichts*. Sie teilt nicht die unendliche Verantwortung. Nicht dass sie die Verantwortung für das eigene Leben ablehnen würde. Aber die konkrete Verantwortung ähnelt doch eher wieder Max Webers Position, dass man nur für die überschaubaren Folgen verantwortlich ist. Sie schreibt: „Ich setze ein Kind in die Welt: wenn es zum Verbrecher wird, bin ich deshalb kein Übeltäter."[1] Man ist nicht für alles verantwortlich, an dem man irgendwie beteiligt ist. Dann ist man natürlich auch nicht für die Welt oder den Krieg verantwortlich, in den man geworfen wurde und den man nicht erklärt oder befürwortet hat.

---

[1] de Beauvoir, Pyrrhus und Cineas (1944); in: dies., Soll man de Sade verbrennen? – Drei Essays zur Moral des Existentialismus, Reinbek 1997, 231

Das ist eine erheblich realistischere Position. Und de Beauvoir verschärft ihre Distanzierung gegenüber Sartre noch, wenn sie weiterschreibt: „Wenn ich die Folgen meiner Handlungen bis ins Unendliche auf mich nehmen wollte, könnte ich nichts mehr wollen. Ich bin endlich und muss meine Endlichkeit bejahen." Damit formuliert sie genau das Problem jeglicher unendlicher Verantwortung. Wie soll man für unabsehbare Folgen verantwortlich sein. Dann dürfte man in der Tat gar nicht mehr handeln und wäre zur Passivität verurteilt, höbe sich die Freiheit auf. Im Grunde ist die Unendlichkeit der Verantwortung sehr gefährlich, macht sie den Menschen zum Untertan.

De Beauvoir kommt Sartre aber wieder näher, wenn sie weiterschreibt: „Dennoch ist es mein Wunsch, ein Ziel zu wählen, das nicht überschritten werden kann, ein Ziel also, das wirklich Ziel und Endpunkt ist." Sartres Idee weitreichender Entwürfe, ja konstitutiver Entwürfe, die das Leben prägen, spielt auch bei de Beauvoir eine wichtige Rolle. Denn beiden geht es darum, dass man sein Leben nicht von der Vergangenheit dominieren lässt. Damit man sich davon befreien kann, sollte man sich ein Lebenskonzept entwerfen, das der Tradition auch standhält.

3. Die Situationsabhängigkeit der Verantwortung

Man hat dem französischen Existentialismus vorgeworfen, er gehe von einem isolierten, einsamen Individuum aus, das keine Solidarität mit seinen Mitmenschen kennen würde. Das gilt eventuell für den Sartre der dreißiger Jahre, vor allem in seinem ersten Roman *Der Ekel* aus dem Jahr 1938. Schon der Titel scheint die Verachtung seiner Mitmenschen auszudrücken ähnlich wie man es durchgängig beim rumänisch französischen Autor Cioran findet, den man durchaus als Randgänger des Existentialismus bezeichnen kann. Noch 1979 stößt er in seinem Buch *Gevierteilt* die Worte aus: „Sobald man auf die Straße geht, ist *Ausrottung* das erste Wort, das einem beim Anblick der Leute einfällt."[1] In der deutschen Fassung 1993 streicht er diesen Aphorismus, möchte er nicht wieder wie im *Nouvel Observateur* mit Pol Pot verglichen werden. Doch Cioran hasste nicht nur Sartre und Camus. Er war vielmehr befreundet mit dem katholischen Existentialisten Gabriel Marcel, ebenfalls ein Gegner von Sartre und Camus und ein Vertreter einer theokratischen Monarchie.

Doch in deutscher Kriegsgefangenschaft lernt Sartre die Solidarität mit seinen Kameraden kennen, die ihn zuvor wenig interessierten und zwar durch den Blick der deutschen Bewacher, der ihn den anderen zuordnete. Der Blick der Deutschen machte ihn gemein mit den anderen, reduzierte ihn auf einen mit diesen gleichen, raubte ihm auch noch psychologisch die Freiheit des Anderssein. Aber dieser Blick solidarisierte ihn auch mit seinen Mitgefangenen. Aus der Kriegsgefangenschaft zurück in Paris bemüht er sich 1941 vergebens darum, eine Widerstandszelle aufzubauen. Dann schreibt er 1942 die Philosophie des Widerstands. *Das Sein und das Nichts* hat die solipsistische Position der dreißiger Jahre verlassen. D.h. aber nicht, dass Sartre nicht weiterhin die Philosophie des Individuums schreibt, was selbst noch in sein zweites marxistisch orientiertes Hauptwerk hineinreicht, die *Kritik der dialektischen Vernunft* aus dem Jahr 1960.

In *Das Sein und das Nichts* verarbeitet er seine Kriegsgefangenenerfahrung in einer Theorie des Blicks, die de Beauvoir für die originellste Seite seines Denkens hält. Doch Jacques Lacan hat bereits in den dreißiger Jahren in seiner Schrift *Das Spiegelstadium als Bildner der Ichfunktion* die Rolle des Anderen für das Selbstverständnis des Individuums beschrieben. Und Sartre und Lacan kannten sich.

Grundsätzlich reduziert der Blick des Anderen das Individuum darauf, als was es gesehen werden kann, wie es gerade

---

[1] Zit. in: Bernd Mattheus, Cioran – Portrait eines radikalen Skeptikers, Berlin 2007, 14

phänomenologisch betrachtet dem Anderen erscheint. Wenn man bei einer Peinlichkeit ertappt wird, dann ist man peinlich berührt, nützt es nichts, zu was man es sonst in seinem Leben gebracht hat. Man ist dann eben nur jemand in einer peinlichen Lage. Sartre konstatiert: „Es genügt, dass der Andere mich anblickt, damit ich das bin, was ich bin."[1] Damit reduziert der Blick des Anderen den Betroffenen auf seine Faktizität und raubt ihm seine Transzendenz, die schließlich nur im Bewusstsein aufgehoben ist und nicht gesehen werden kann.

Im Angesicht des Anderen spielen Entwürfe, Pläne, Träume keine Rolle, die ja die Freiheit des Individuums konstituieren. Immer wieder wird auf einen Satz aus Sartres Drama *Bei geschlossenen Türen* (1944) verwiesen, in dem es heißt, dass die anderen die Hölle wären. Das betrifft indes nur die Situation, die das Theaterstück beschreibt.

Ansonsten erweitert der Blick des Anderen nicht nur den jeweils eigenen Horizont. Vielmehr verbindet dieser Blick das Individuum mit den anderen Menschen. Der Mensch lernt durch den Blick des Anderen, dass er nicht alleine existiert, dass er seine Welt mit anderen teilen muss, vor allem aber, dass der Andere nicht das Produkt der eigenen Phantasie ist, sondern ihm als autonomes Wesen begegnet. Sartre schreibt: „Die Existenz des Anderen hat nämlich (…) die Natur eines kontingenten und unreduzierbaren Faktums. Man *begegnet* dem Andern, man konstituiert ihn nicht."[2]

Der Mensch kann gar nicht ohne andere Menschen leben. Schon gar nicht kann er diese auf seine eigene Vorstellung reduzieren, selbst wenn er dem Anderen dessen Transzendenz und Freiheit raubt, wenn er diesen anblickt. Der Andere ist unabhängig vom eigenen Bewusstsein, besitzt aber keine Notwendigkeit, die ihm vielleicht die Religion oder eine politische Ideologie verleiht: Der Proletarier ist nur Proletarier als Teil seiner Klasse. Menschen, die einem begegnen besitzen keine

---

[1] Sartre, Das Sein und das Nichts (1943), 1993, 473
[2] Ebd., 452

derartige Notwendigkeit. Sie bleiben vielmehr immer kontingent. Es könnte auch ein anderer Proletarier sein. Man begegnet Menschen gemeinhin durch schlichten Zufall. Nur religiöse Phantasien versuchen das aufzuheben, natürlich vergebens. Für Leute, die von der Notwendigkeit überzeugt sind, gilt das natürlich nicht.

Andererseits aber sieht sich der einzelne selbst durch den Blick des Anderen als jemanden, der mit anderen zusammenlebt. Damit hebt Sartre den Solipsismus seiner frühen Jahre auf. Der einzelne erlebt durch den Anderen, dass er nicht alleine auf der Welt lebt, dass die Welt nicht von ihm alleine bestimmt wird, wie es ihm manchmal anmuten möchte, wenn er die Welt um sich herum auf sich selbst bezieht und durch sich selbst bestimmt.

Aber das Auftauchen des Anderen in seiner Welt entfremdet ihm dieselbe. Er lernt, dass er die Welt nicht alleine bestimmen kann, sondern nur im Austausch mit anderen Menschen. Das hat seine Grundlage in der eigenen Körperlichkeit, die sich in der Erotik mit anderen Körpern konfrontiert sieht, ja gerade diese Begegnung sucht und das bedeutet auch eine Verbindung, wiewohl Sartre klar ist, dass es in der Erotik auch um Machtausübung geht: „Die Natur *meines* Körpers weist mich also auf die Existenz Anderer hin und auf mein Für-Andere-sein."[1]

Körperlich lernt der einzelne, dass er nicht alleine lebt, sondern mit anderen zusammen, so dass sein Sein immer auch eine Dimension besitzt, die sich durch den Anderen konstituiert. Durch den Anderen, schreibt Sartre weiter, „entdecke ich für die menschliche-Realität einen anderen Existenzmodus, der ebenso fundamental wie das für-sich-sein ist und den ich das Für-Andere-sein nenne." Der Mensch lebt mit anderen zusammen und das ist eine entscheidende Dimension seines Lebens. Denn er kann nun mal nicht alleine leben, was nach Aristoteles nur Götter oder wilde Tiere können, denen Nietzsche noch in

---

[1] Sartre, Das Sein und das Nichts (1943), 1993, 400

Selbstverblendung den Philosophen hinzugesellt, der das gar nicht kann, braucht er doch um so mehr die Kommunikation mit den Anderen, klagt gerade Nietzsche über seine Einsamkeit.

Und vor allem benötigt er deren Urteil. Wie bei Lacan sich das Kind im Spiegel erkennt, also den anderen im Spiegel als den denselben davor, und an die Stelle des Spiegels später die anderen Menschen treten, deren Urteil man braucht, um zu einer angemessenen Selbsteinschätzung zu gelangen, so ist es bei Sartre gleich der Blick des anderen Menschen, genauer ebenfalls dessen Urteil, ohne das man sich selbst nicht hinlänglich einschätzen kann. Man ist also gerade hinsichtlich des eigenen Selbstverständnisses von den anderen Menschen abhängig. Der Mensch lebt nicht nur nicht für sich allein. Er braucht vielmehr elementar den anderen Menschen, um zu sich selbst zu gelangen.

Das ist die Grundlage der Solidarität bei Sartre, die im einzelnen selbst liegt, nämlich in seinem Begehren des Anderen, um seiner selbst willen. Das sehen gemeinschaftsorientierte Ideologien oder Religionen gemeinhin nicht gerne. Aber Sartre denkt die Gemeinschaft vom Individuum aus, setzt diese nicht immer schon als existierend voraus, wie er sich auch in der *Kritik der dialektischen Vernunft* um die Gruppenbildung von unten bemüht, also Bottom-up und nicht Top-down.

Insofern ist Sartre der antielitäre Denker schlechthin und damit der originär demokratische, wenn der Sinn von Demokratie Partizipation mündiger Individuen bedeutet, die man nicht bevormunden darf, auch nicht in vermeintlicher Notlage. Dann kann Solidarität nicht von oben verordnet werden, sondern muss von den einzelnen her entwickelt werden. Einen ähnlichen Gedanken formuliert Richard Rorty 1989: „Solidarität muss aus kleinen Stücken aufgebaut werden, sie wartet

nicht schon darauf, gefunden zu werden, in Form einer Urspra-
che, die wir alle wiedererkennen, sobald wir sie hören."[1]

5. Individualismus und Universalismus

Auch de Beauvoir entwickelt einen ähnlichen Ansatz, der der
pragmatischen bzw. neopragmatischen Position nahe kommt.
So konstatiert John Dewey 1920: „Die Gesellschaft besteht aus
Individuen: Diese offensichtliche und grundsätzliche Tatsache
kann keine Philosophie in Frage stellen oder ändern, mit welchen Ansprüchen auf Neuheit sie auch immer auftritt."[2], Das ist
auch die Voraussetzung im Existentialismus. Ideen und ethische Ideale entstehen zwischenmenschlich und lassen sich
nicht autoritär vorschreiben, wie es das Christentum seit seinen
Anfängen betreibt. So schreibt de Beauvoir 1947 „Für den
Existentialismus hingegen gehen die Werte nicht vom unper-
sönlichen, universellen Menschen aus, sondern von der Vielzahl konkreter, einzelner Menschen, die sich aus Situationen
heraus, deren Besonderheit ebenso vollkommen, ebenso unauf-
hebbar ist wie die Subjektivität, auf die von ihnen gesetzten
Ziele hin entwerfen."[3] Wenn sich Menschen gemeinsame Ziele
setzen, entfalten sich auch gemeinsame Orientierungen.

Wenn sie sich indes unterwerfen und selbsternannten Führern folgen, dann lassen sie sich zu Opfern machen. Ernst Jünger hat in anderen Zeiten, nämlich 1932, nicht zu Unrecht darauf hingewiesen: „Das tiefste Glück des Menschen besteht
darin, dass er geopfert wird, und die höchste Befehlskunst
darin, Ziele zu zeigen, die des Opfers würdig sind."[4] Das ent-

---

[1] Richard Rorty, Kontingenz, Ironie und Solidarität (1989), Frank-
furt/M. 1992, 161

[2] John Dewey, Die Erneuerung der Philosophie (1920), Hamburg
1989, 231

[3] de Beauvoir, Für eine Moral der Doppelsinnigkeit (1947), 1997, 86

[4] Ernst Jünger, Der Arbeiter – Herrschaft und Gestalt (1932), Stuttgart 1982, 81

spricht der Begeisterung, mit der diese untertänige Generation in den ersten Weltkrieg gezogen ist. Dergleichen betreiben alle politischen und religiösen Lager, so dass de Beauvoir 1955 aufschreiben kann: „Man opfert das Heute dem Morgen, die Minderheit der Mehrheit, die Freiheit des Einzelnen den kollektiven Verwirklichungen. Die logische Folge dieser Verleugnung sind das Gefängnis und die Guillotine."[1]

Die Unterwerfung des Individuums unter allgemeine Vorstellungen hat natürlich immer schon stattgefunden. Alle Versuche, das zu ändern, sind gescheitert, sei es in der amerikanischen, der französischen oder der russischen Revolution. Trotzdem lassen sich de Beauvoir und Sartre zunächst von der kubanischen Revolution faszinieren, wiewohl sie Fidel Castro damals bereits warnten.

Das Mittel aller Revolutionen ist Gewalt, sind diverse Verbrechen, die von vornherein die großen revolutionären Ideale verschmutzen. So schreibt de Beauvoir weiter: „Vollendet wird diese verlogene Brüderlichkeit durch Verbrechen, in denen die Tugend ihr abstraktes Antlitz wiedererkennt. ‚Nichts gleicht der Tugend mehr als ein großes Verbrechen', hat Saint-Just gesagt." Wenn man die Tugend hat, dann ist jedes Mittel naturrechtlich legitimiert, dient die Guillotine wie der Gulag dem historischen Fortschritt, verteidigt in *Humanismus und Terror* Maurice Merleau-Ponty 1947 die Moskauer Prozesse der dreißiger Jahre als für Revolutionäre durchaus nachvollziehbar und verständlich.

Beinahe könnte man meinen, dass Tugend und traditionelle Moral mit brutaler Gewalt immer das schlechthin Böse realisieren. Aber Saint-Just sah das natürlich genau umgekehrt: „Unser Ziel ist, eine solche Ordnung der Dinge zu schaffen, dass eine allgemeine Neigung zum Guten sich einstellt."[2] Wie will man die Gewalt aus der Geschichte anders verbannen als durch

---

[1] de Beauvoir, Soll man de Sade verbrennen? (1955) – Drei Essays zur Moral des Existentialismus, Reinbek 1997, 75

[2] Zit. in: Camus, Der Mensch in der Revolte, (1951), 1969, 100

Gewalt. Die Französische Revolution gibt den Ton vor, den das 19. Jahrhundert vielfältig variieren wird. Wer den Fortschritt will, der muss sich der Gewalt bedienen, die sich solcherart legitimiert.

De Beauvoir ist sich dieser Problematik durchaus bewusst, wenn sie 1947 schreibt: „Damit stehen wir vor dem Paradox, dass nichts für die Menschen getan werden kann, das sich nicht gleichzeitig gegen sie richtet."[1] Es gibt kein Mittel zum Zweck, bzw. jedes Mittel hebt seinen Zweck auf. In gewisser Hinsicht war das die Erfahrung der Résistance, die gegenüber den Deutschen vergleichsweise hilflos war. Doch das muss man auch auf die Revolution übertragen. So ist das Scheitern aller revolutionären Gewalt vorprogrammiert.

Sartre setzt sich in den späten vierziger Jahren ebenfalls und vor allem umfänglich mit dem Verhältnis von Moral und Gewalt auseinander. Am Ende von *Das Sein und das Nichts* stellt Sartre die Frage: Wird sich die Freiheit „um so genauer und um so individueller situieren, […] je mehr sie als Existierendes […] ihre Verantwortlichkeit übernimmt?"[2] Der Beantwortung dieser Frage möchte er 1943 sein nächstes Buch widmen. Doch die Arbeit an den *Entwürfen für eine Moralphilosophie* stellt er 1949 ein. Denn er muss sich eingestehen, dass die Moral das Problem der Gewalt nicht lösen kann: „In Wahrheit vollzieht sich die Moral in einer Atmosphäre des Scheiterns. Sie muss scheitern, weil es immer zu spät oder zu früh für sie ist."[3] De Beauvoir bemerkte das bereits ein paar Jahre früher.

Angesichts der Kolonialkriege wird Sartre auf die Gewalt setzen. Aber der Horizont der Befreiungskriege vom europäischen Kolonialismus bleibt ja auch beschränkt, geht es nicht um die proletarische Weltrevolution. Sartre wird dem antikolo-

---

[1] de Beauvoir, Für eine Moral der Doppelsinnigkeit (1947), 1997, 147

[2] Sartre, Das Sein und das Nichts (1943), 1993, 1072

[3] Sartre, Entwürfe für eine Moralphilosophie (1948/9, 1983), Reinbek 2005, 39

nialistischen Kampf 1961 trotzdem eine höhere Weihe verleihen, wenn er im Vorwort zu Frantz Fanons antikolonialistischem Manifest *Die Verdammten dieser Erde* schreibt: „Diese ununterdrückbare Gewalt ist, wie er <Fanon> nachweist, kein absurdes Unwetter, auch nicht das Wiederaufleben wilder Instinkte, ja nicht einmal die Wirkung eines Ressentiments: sie ist nichts weiter als der sich neu schaffende Mensch."[1]

6. Das Spiel mit Gender und Sex

De Beauvoir problematisiert die Frage der Gewalt auch 1955 bei ihrer Verteidigung des Marquis de Sade, als diesem noch ein ziemlich schlechter Ruf eignete. Aber sie erkennt bereits, dass die von de Sade beschriebenen Gewaltorgien eine Gesellschaft anklagen, in der solche Gewalt weit verbreitet ist. So kann sie feststellen: „Sades Verdienst ist es nicht nur, mit lauter Stimme verkündet zu haben, was jeder Mensch sich verschämt eingesteht, sondern auch, sich damit nicht abgefunden zu haben."[2] In der Tat, was de Sade in den *120 Tagen von Sodom* (1789) an Gewalttaten beschreibt, hat er selber nicht begangen. Als Revolutionsrichter der Jakobiner rettete er vielmehr seine Schwiegermutter vor der Guillotine, obwohl ihn diese als Gerichtspräsidentin 11 Jahre ins Gefängnis brachte, wo er auch gestorben wäre, hätte ihn nicht die Französische Revolution befreit.[3]

De Beauvoir und Sartre waren zeitlebens mit dem Thema Gewalt konfrontiert, die der Résistance, der Revolution, der antikolonialistischen Befreiungskriege, der gewalttätigen Proteste von 1968. Freiheit, Verantwortung und Solidarität führen immer wieder in die Frage, welche Mittel dazu eingesetzt wer-

---

[1] Sartre, Vorwort zu: Frantz Fanon, Die Verdammten dieser Erde (1961), Reinbek 1969, 18

[2] de Beauvoir, Soll man de Sade verbrennen? (1955), 1997, 75

[3] Vgl. Volker Reinhardt, De Sade oder Die Vermessung des Bösen – Eine Biographie, München 2014, 66

den dürfen. Vor allem: lässt sich die Solidarität, die in diesem Zusammenhang primär von der sozialen Frage aufgeworfen wird, ohne den Einsatz von Gewalt befördern?

Die Revolutionäre bejahen regelmäßig diese Frage, wobei ihnen de Beauvoir und Sartre höchstens in der einen oder anderen Situation folgen. Aber am Grundproblem wird de Beauvoir festhalten: „Welche Probleme dem Menschen auch gestellt werden, welche Fehlschläge er auch hinnehmen muss, mit welchen Schwierigkeiten er auch zu kämpfen hat: die Unterdrückung muss er um jeden Preis ablehnen."[1]

Wo sich die Frage der Gewalt wenig stellte, dort aber war der Kampf gegen Unterdrückung jedenfalls besonders erfolgreich, nämlich bei der Emanzipation der Frauen. In gewisser Hinsicht kam de Beauvoir 1949 mit ihrem Buch *Das andere Geschlecht* zum falschen Zeitpunkt. Trotzdem hat sie wesentlich dazu beigetragen, dass die Unterscheidung zwischen Sex und Gender sich verbreitete und zwar mit ihren berühmten Worten: „Man kommt nicht als Frau zur Welt, man wird es. (…) Die gesamte Zivilisation bringt dieses als weiblich qualifizierte Zwischenprodukt zwischen dem Mann und dem Kastraten hervor. Nur die Vermittlung anderer kann ein Individuum zum *Anderen* machen."[2] Was als Frau verstanden wird, ist ein kulturelles Produkt und nicht Natur. Judith Butler wird 1990 diesen Gedanken noch radikalisieren und zum Spiel mit Sex und Gender auffordern, was die strikten Differenzen auflösen soll. Butler schreibt: „Die parodistische Wiederholung der Geschlechtsidentität deckt zudem die Illusion der geschlechtlich bestimmten Identität (*gender identity*) auf, die als unergründliche Tiefe und innere Substanz erscheint. Als Effekt einer subtilen und politisch erzwungenen Performanz ist die Geschlechtsidentität gleichsam ein ‚Akt', der für Spalten, Selbstparodie, Selbstkritik und hyperbolische Ausstellungen

---

[1] de Beauvoir, Für eine Moral der Doppelsinnigkeit (1947), 1997, 147

[2] de Beauvoir, Das andere Geschlecht (1949), 334

,des Natürlichen', die gerade in ihren Übertreibungen ihren grundsätzlich phantasmatischen Status offenbaren, offen ist."[1] In der Transgender-Bewegung wird dergleichen praktiziert.

1949 war de Beauvoir noch sehr optimistisch hinsichtlich der Lage der Frau und im Grunde hat sie damals recht behalten, wenn sie schreibt: „Es sieht so aus, als sei das Spiel gewonnen. Die Zukunft kann nur zu einer immer tiefgreifenderen Integration der Frau in die einst männliche Gesellschaft führen."[2] Das ist in der westlichen Welt passiert, wiewohl nicht so schnell als es de Beauvoir damals erhoffte.

23 Jahre später war sie nicht mehr so optimistisch, wiewohl sich ab dieser Zeit die Erfolge vervielfachten – zwischenzeitlich hatte sie auch mal die soziale Revolution der Frauenemanzipation vorgezogen. In ihren Memoiren schreibt sie 1972: „Heute verstehe ich unter Feminismus, dass man für die speziellen Forderungen der Frauen kämpft (…) und bezeichne mich selbst als Feministin. Nein wir haben die Partie nicht gewonnen: in Wirklichkeit haben wir seit 1950 so gut wie nichts erreicht."[3] Sie hätte ob der sechziger Jahre doch etwas optimistischer sein dürfen.

Freilich erst in den siebziger Jahren entwickelte die Frauenbewegung die Dynamik, mit der sie bis heute das erreichte, was de Beauvoir bereits 1949 propagierte. Sie hat dabei die existentialistische Ethik umgesetzt, ohne dass das weder den Feministinnen noch den sich emanzipierenden Frauen bewusst gewesen wäre. Die Frauen haben sich einfach als freie erkannt, die fähig sind, ihr Leben nach eigenen Vorstellungen zu gestalten, oder ohne zu fragen, sich einfach befreit. Seither tragen sie natürlich für ihre Lebensform auch die Verantwortung. Aber in der westlichen Welt wollen heute nicht viele Frauen zurück in ihre unterwürfige Position des 19. Jahrhunderts.

---

[1] Judith Butler, Das Unbehagen der Geschlechter (1990). Frankfurt/M. 1991, 215

[2] de Beauvoir, Das andere Geschlecht (1949), 179

[3] de Beauvoir, Alles in Allem (1972), Reinbek 1976. 462

IV. KAPITEL

MORAL UND GEWALT: SARTRE UND CAMUS

Als der große Moralist unter den französischen Existentialisten gilt Albert Camus, nicht zuletzt weil er sich anders als Sartre von vornherein vom sowjetischen Gulag-System wie den Kommunisten distanzierte. Das ist freilich etwas wenig, um ihn zum Moralisten zu machen, verdankt sich eher der antikommunistischen Gestimmtheit in den fünfziger Jahren.

1. Der ethische Relativismus

Trotzdem ist Camus in der Tat der große Moralist, weil er als erster die Philosophie des Widerstands auf den Begriff brachte: die Auflehnung im Angesicht ihrer Aussichtslosigkeit, weil er dabei um die Nuance kämpfte. Und weil er damit die Philosophie des Widerstands gegen jedwede Diktatur begründete. Welche Moral kann es ansonsten geben, die ihrem Namen zur Ehre gereicht? Bestimmt nicht die Herdenmoral, die heute auf der Herdenimmunität basiert!

Auch gegen die Revolution, deren notorisches Abgleiten in die Diktatur er 1951 in seinem Hauptwerk *L'Homme révolté* diagnostizierte, als seine Existentialisten-Kollegen das noch gar nicht wahrnehmen wollten. Wie schrieben doch Sartre und Merleau-Ponty in der *Les*

Temps Modernes: „Welches auch die Natur der gegenwärtigen sowjetischen Gesellschaft ist, die UdSSR befindet sich grosso modo in dem Gleichgewicht der Kräfte auf der Seite derer, die gegen die uns bekannten Ausbeutungsformen kämpfen."[1] Dem wird Camus in *L'Homme révolté* entgegenhalten: „Die Proletarier haben gekämpft und sind gestorben, um die Macht Militärs oder Intellektuellen, zukünftigen Militärs, zu geben, die sie ihrerseits knechteten."[2] Der Mensch, der gegen die Übermacht des Staates revoltiert, der sich auflehnt und seine Freiheiten erkämpft, ist kein Revolutionär, der nur einen anderen Staat errichten will, der den Menschen genauso wie der alte vorschreiben will, wie sie zu leben haben. Sartre und Merleau-Ponty haben ja auch den existentialistischen Anspruch auf Mündigkeit gegen Ende der vierziger Jahre hintangestellt und sich weitgehend auf die Seite der Kommunisten geschlagen. Sartre wird diesen sogar noch etwas länger nachhängen als Merleau-Ponty. Camus war aber nie konservativ, wiewohl ihn die Konservativen versuchten einzugemeinden, teilweise naive Versuche, die bis in die jüngste Zeit stattfinden.

Camus war auch kein Pazifist; wie hätte er dergleichen auch sein können angesichts der terroristischen Nazi-Herrschaft. Aber im Unterschied zu Sartre, erwartete er von der Gewalt keine Wunder, die Welt in eine humane Richtung zu lenken. Nein, Wunder erwartete Sartre davon auch nicht. Aber vielleicht war er ihr in dieser Hinsicht eine Nuance geneigter als Camus, eine Nuance näher der Hoffnungen des 19. Jahrhunderts, die keine Auswege jenseits der Gewalt sahen. Camus zweifelte eine Nuance mehr als Sartre an der Gestaltbarkeit der Welt durch Gewalt. Gewalt war für ihn ein Symbol der Auflehnung, der Revolte. Sartre dachte noch eher daran, dass Gewalt konstruktive Effekte nach sich ziehen würde.

---

[1] Maurice Merleau-Ponty, Sartre, Leitartikel; in: Les Temps Modernes, Nr. 1, Januar 1950, 50
[2] Camus, Der Mensch in der Revolte (1951), Reinbek 1969, 177

Während sich also Camus in *L'Homme révolté* mit der symbolischen Kraft der Gewalt bescheidet, fragt Sartre in seinen *Cahiers pour une Morale* nach dem konstruktiven Beitrag der Gewalt zur Moral. Er ist mit dem Ergebnis am Ende so unzufrieden, dass er die ca. 1000 Seiten in die Schublade verbannt.

In einer Hinsicht sind sich beide indes einig: es gibt keine universelle Moral, keine universellen Normen. Beide sind ethische Relativisten, so dass man sie beide letztlich in der praktischen Philosophie nicht anerkannte. Im Grunde hatten beide damit auch gar kein Problem, wollten beide mit einer solchen Philosophie auch nichts zu tun haben, die sich um die Begründung abstrakter Normen bemüht.

Dagegen fragt Sartre nach solchen ethischen Normen, die sich der jeweiligen Situation anpassen und die dem einzelnen nicht bloß abstrakt unabhängig von seiner Situation sagen, was er zu tun oder zu lassen hätte, was von Sokrates über Christus bis zu Kant ein naives Unterfangen ist, das glaubt, die Welt einem Diktat unterwerfen zu können, was Paulus trotzdem erstaunlicherweise gelungen ist, und zwar ja sehr nachhaltig.

Sartres Programm seiner *Cahiers pour une Morale* heißt dagegen: „Es gibt keine abstrakte Moral. Es gibt nur eine Moral in Situation, also eine konkrete Moral. Denn die abstrakte Moral ist die des guten Gewissens. Sie setzt voraus, dass man in einer von Grund aus amoralischen Situation moralisch sein kann. (. . .) Die Moral ist die Idee, (. . .) dass man ‚sein Gewissen für sich haben' kann.“[1] Moral existiert nur, wenn eine Handlung eine ethische Orientierung entfaltet. Dass von Institutionen ethische Normen propagiert werden, auch wenn sie von vielen anerkannt werden, sie gelten nicht abstrakt in der Wolke, sondern nur in dem Augenblick, wenn sich jemand bei einer Handlung an ethische Normen erinnert. Gleichzeitig werden allgemeine Normen bei Handlungen abgewandelt, was

---

[1] Sartre, Entwürfe für eine Moralphilosophie (1948/9, 1983), Reinbek 2005, 47

den strukturellen Relativismus aller ethischen Orientierungen ausmacht, mögen sie auch noch so universell erscheinen. Universalismus ist letztlich absurd, ein Widerspruch in sich bzw. die Verweigerung zu denken. ‚Wir können dann von einer Moral der Torheit sprechen', um Leo Strauss zu persiflieren.

2. Eine konkrete Moral von Erfahrung und Situation

Fraglos bleibt die konkrete Moral der Verantwortung verpflichtet, muss also auf die realen Wirkungen des Handelns achten und nicht nur Prinzipien hochhalten. Man kann beispielsweise nicht bloß das Prinzip des Lebensschutzes als oberste ethische Norm beschwören und sich wie der Vatikan guten Gewissens der aktiven Mitarbeit bei der Schwangerenkonfliktberatung verweigern – aber Leute wie Spaemann haben damit gar kein Problem: Moral ist „Moral in Situation". Wenn man im anderen Fall womöglich die eine oder andere Abtreibung hätte verhindern können, wäscht man seine Hände einfach in Unschuld: ‚Man konnte ja nichts tun.'

Das würde Sartre mit den Worten kommentieren: „‚Ich habe mein Gewissen.' Das heißt sich von der *Aktion* abwenden, um sich ins Subjektive zu flüchten. Worauf es ankommt, ist die Verwirklichung der Tat." [1] Als Sartre 1948 an den *Cahiers pour une Morale* arbeitet, ist die Erfahrung der Résistance, des Terrors wie der Befreiung noch virulent. Die Welt befindet sich gerade im Umbruch, so dass es darauf ankommt, sie zu gestalten. Sartre will die von Immanuel Kant konzipierte Normenethik in die konkrete Lebenssituation rückführen. Damit muss er sich aber gegen diese Hauptströmung der Ethik wenden. Man kann sich nicht mehr ausschließlich an allgemeinen Prinzipien orientieren, die da z.B. lauten: Du sollst nicht ehebrechen! Sartre schreibt: „Die Ethik ist die Theorie des Handelns. Aber das Handeln ist abstrakt, wenn es nicht Arbeit und

---

[1] Sartre, Entwürfe für eine Moralphilosophie (1948/9), 48

Kampf ist. Beispiel: ein ertrinkendes Kind retten. (. . .) Die konkreten Probleme: durfte Luther die Bauern während des Bauernkrieges im Stich lassen?"[1]

Camus ist dem 1951 nicht so fern. Freilich lehnt er die Revolution ab, die nicht nur eine ungeheure Gewalt entfesselt hat. Vielmehr hat sie den Terrorismus hoffähig gemacht. So schreibt Camus: „Die Revolution geht im Gegenteil von der Idee aus. Sie ist gerade die Einführung der Idee in die geschichtliche Erfahrung, während die Revolte nur die Bewegung ist, die von der Erfahrung des Einzelnen zur Idee führt."[2] Die Revolte stellt dagegen eine praktisch orientierte Widerstandshandlung dar, die sich der Situation verdankt. Allerdings mangelt ihr die Perspektive. Marx und auch Sartre möchten sie kanalisieren und lenken, wie Camus bemerkt: „Die Revolte wird nun aufgefordert, wenn sie nicht nutzlos werden und verjähren will, revolutionär zu werden."[3] Camus verteidigt die Revolte gegen die Revolution. In der Revolte realisiert sich der Geist der Auflehnung. Es kommt gar nicht so sehr auf die revoltierende Handlung an als vielmehr auf den revoltierenden Gedanken. So fordert er: „Für uns alle kann heute nur eine einzige Parole gelten: in nichts nachgeben, was die Gerechtigkeit betrifft, und auf nichts verzichten, was die Freiheit angeht."[4] Damit tritt die Verantwortungsethik eher in den Hintergrund einer Ethik der Auflehnung. Auch Sartre folgt in seinen *Cahiers pour une Morale* der Spur der Verantwortungsethik eher am Rande als sich langsam festigendes Gegenmodell zur traditionellen Normenethik.

---

[1] Sartre, Entwürfe für eine Moralphilosophie (1948/9), 47

[2] Camus, Der Mensch in der Revolte (1951), 88

[3] Camus, Der Mensch in der Revolte (1951), 89

[4] Camus, Brot und Freiheit – Ansprache vom 10. Mai 1953 an der Arbeitsbörse von St-Etienne; in: ders., Verteidigung der Freiheit – Politische Essays, Reinbek 1968, 52

3. Die Moral in der Geschichte

Primär durchziehen zwei andere Themen die über 1000 Seiten, einmal die Frage nach der Geschichte, eine damals nahe liegende Problematik, als der Marxismus noch an den automatischen Fortschritt zum Kommunismus glaubte. Dem hält Sartre seine berühmte Devise aus *Das Sein und das Nichts* entgegen, dass nämlich die Existenz der Essenz vorausgeht. Der Mensch findet sich in die Welt geworfen, er existiert, ohne dass ihm ein Gott sein Wesen vorbestimmt hätte. Seine Essenz, den Sinn seines Lebens, muss er sich vielmehr selber schaffen.

Genauso muss er tatkräftig die Geschichte gestalten, was Sartre in den *Cahiers pour une Morale* durch eine orthographisch Pädagogik unterstreicht: „Auch in der GESCHICHTE geht die Existenz der Essenz voraus. (. . .) Die GESCHICHTE ist das, wozu man sie macht."[1] Zwischenzeitlich hat sich jedoch herumgesprochen, dass man Augenblicke erst viel später als historisch zu erkennen vermag. Welt und Geschichte lassen sich nicht lenken und folgen auch keinem Gesetz. Nicht umsonst interessiert sich heute kaum noch jemand für Geschichtsphilosophie. Geschichte schreiben nun mal nicht die Feldherren, sondern die Historiker, die erst feststellen müssen, ob ein Ereignis historische Dimensionen besitzt.

Und Camus verabschiedet das Fortschrittsdenken bereits 1942, wenn er schreibt: „Nicht in der göttlichen Fabel, die unterhält und blind macht, sondern in Gesicht, Tat und Drama dieser Erde vereinigen sich eine wunderliche Weisheit und eine Leidenschaft ohne ein Morgen."[2] Die göttliche Fabel macht natürlich vor der kommunistischen nicht Halt. Man wird dem, was passiert, schon gar nicht den ungerecht Behandelten gerecht, wenn man sie in eine Geschichte der Sieger einreiht.

---

[1] Sartre, Entwürfe für eine Moralphilosophie (1948/9), 70

[2] Camus, Der Mythos von Sisyphos (1942), Hamburg 1959, 97

Sartre denkt historischer und zunehmend revolutionärer, so dass sich ihm auch aus den jüngsten Erfahrungen heraus in den *Cahiers pour une Morale* die Frage der Gewalt aufdrängt, just inwiefern diese noch in der Moral selbst siedelt – eine in der Tat hochaktuelle Thematik, mit der er die Studien über Macht von Michel Foucault oder Hannah Arendt antizipiert. Denn zunächst fordert ja eine unmoralische Situation die Moral heraus, eine Situation, die von Gewalt durchherrscht wird. Die Moral kann diese Probleme nicht lösen und setzt sich somit einem Risiko des notorischen Scheiterns aus.

Sartre war ein Mann des Krieges. Als der zweite Weltkrieg endete, begann gleich der Indochina Krieg, der 1954 beinahe bruchlos in den Algerienkrieg überging, dem 1963 der Vietnamkrieg folgte. Wie sollte Sartre ein Gegner der Gewalt sein? Gibt es unter den konservativen Philosophen etwa Pazifisten? Leo Strauss und Eric Voegelin sind das jedenfalls nicht. So akzeptiert Sartre die Gewalt auch in der Moral. „Die Moral *heute* muss revolutionär sozialistisch sein"[1], konstatiert er. Für Sartre wird sich die Welt nicht ohne Gewalt ändern lassen. Doch er folgt keiner dogmatischen marxistischen Position, wie sie etwa Lenin propagierte: „Ein Revolutionär, sagte Lenin, hat keine *Moral*, weil sein Ziel konkret ist und seine Verpflichtungen sich durch den Zweck ankündigen, den er sich vornimmt."[2] Just dem würde Camus entgegenhalten: „Die zeitgenössische Revolution glaubt, eine neue Welt zu eröffnen, und ist doch nur der widerspruchsvolle Schluss der alten."[3] Sartre dagegen hofft doch noch auf eine revolutionäre Weltveränderung.

Dabei ist sich Sartre im Klaren, dass am Grunde jeder Moral die Gewalt siedelt, dass es somit das schlechthin Gute nicht gibt. Das führt er in seinen *Entwürfen für eine Moralphilosophie* an zahllosen konkreten Beispielen vor. Er partizipiert mit diesem Verfahren am philosophischen Geist der Zeit, wenn im

---

[1] Sartre, Entwürfe für eine Moralphilosophie (1948/9), 41

[2] Ebd., 188

[3] Camus, Der Mensch in der Revolte (1951), 221

Laufe des 20. Jahrhunderts die große Theorie die Welt nicht mehr hinlänglich zu erfassen vermag und man sich stattdessen um die realen Geschehnisse kümmern muss. Sartre macht das freilich zu einem sehr frühen Zeitpunkt und avanciert damit zu einem Wegbereiter eines veränderten Verständnisses von Theorie und Empirie.

1948 steht er natürlich noch unter dem Alpdruck des Widerstandes gegen Nazi-Deutschland. Genau an dieser Stelle beginnt Sartres ethisches Nachdenken, bei dem Moral und Gewalt unabdingbar zusammengehören: „Was aber heißt, *einem Menschen Gewalt antun*? Zunächst einmal, ihn als Freiheit anerkennen. Da ich von ihm fordere, erkenne ich ihn als frei an. Gleichzeitig jedoch heißt es, ihn zum reinen Determinismus erklären. (. . .) Wenn er spricht, während ich ihn foltere, erkennt er meine Überlegenheit an. Seine Freiheit hat der meinen nachgegeben. Doch da es die Folter ist, die ihn zum Sprechen bringt, hat er sich bis auf die Ebene des determinierten Dings erniedrigt."[1] Sartre bleibt sich somit der Gefahren einer unvermeidbaren Gewalt in der Moral indes bewusst. Anders als konservative Vordenker wie Leo Strauss geht es Sartre um eine Moral, die nicht einfach elitär auf Gewalt zurückgreift, um sich gegenüber der ungebildeten Masse durchzusetzen, weil es sich um die richtige Moral handelt. Wenn sie dabei die eigene Gewalttätigkeit verschweigt, dann droht Moral sogar in den Antisemitismus abzugleiten, in die Ausgrenzung eines vermeintlich Bösen: Manche Menschen „wollen eine *harte* Moral, das heißt eine, die sich mit Kriegen, Tod und Unterdrückung abfindet. Schließlich (. . .) entscheiden sie sogar, man müsse dem Menschen ÜBEL antun, um ihm die Gelegenheit zu geben es zu überschreiten und das GUTE zu schaffen."[2] Dergleichen kann Camus nicht nachvollziehen. Die Moral lässt sich nicht mit Gewalt durchsetzen, auch nicht mit revolutionärer. Er schreibt: „Die Revolution, auch die, vor allem die, welche materialis-

---

[1] Sartre, Entwürfe für eine Moralphilosophie (1948/9), 314
[2] Ebd., 186

tisch zu sein vorgibt, ist nur ein maßloser metaphysischer Kreuzzug."[1] Eben Gewalt im Dienst einer Idee, die sich sogar noch moralisch geriert.

4. Vernünftige und unvernünftige Moral

Die *Entwürfe für eine Moralphilosophie* gliedern sich in ein umfängliches erstes, ein offenbar unvollendetes zweites Heft sowie zwei kurze Anhänge über „Das Gute und die Subjektivität" und eine Studie über die Unterdrückung der Schwarzen in den USA. Intern strukturiert sind die beiden Hefte kaum. Lose Zwischentitel beziehen sich auf ethisch relevante Begriffe wie *Bitte, Forderung, Appell, Zustimmung, Weigerung* und an letztere anschließend *Die Revolte*. Diese Begriffe untersucht Sartre in ihrem Bezug zur Gewalt. Denn selbst wenn ich an einen anderen Menschen eine Bitte stelle, übt das Druck aus. Man denke an die Verführung: „Diese Frau, die mich zurückweist, ist eine Kleinbürgerin, verheiratet, Familienmutter. Sie unterliegt den Zwängen ihres Milieus; (. . .). Sie fürchtet das Urteil ihrer Kinder. Sie befürchtet, ein Ehebruch könnte ihren Mann veranlassen, sich scheiden zu lassen, was sie um ihr Auskommen brächte, sie hat auch Furcht vor der öffentlichen Meinung. Und wenn sie schließlich auch physisch ein wenig erregt ist, findet sie die Kraft, dem (. . .) Begehren des Unmittelbaren in Erwägung *ihrer Entwürfe* zu widerstehen, (. . .). Ich selbst bin etwa ein Großindustrieller aus einem sozialen Milieu, das ich dem ihren als gleich oder überlegen betrachte, im Übrigen halte ich mich für frei von Skrupeln und Ängsten, die sie fesseln. In gewissem Sinn ist sie für mich Objekt, und ich halte ihre Weigerung für unbegründet. Sie widerspricht einer freien und vernünftigen Moral."[2] Camus hätte damit indes wenige Probleme, heißt es bei ihm treffend: „Warum sollte man selten lieben, um

[1] Camus, Der Mensch in der Revolte (1951), 89
[2] Sartre, Entwürfe für eine Moralphilosophie (1948/9), 405

stark zu lieben."[1] Camus galt als Homme des Femmes, dem Sartre indes kaum nachstand.

Doch auch solch eine vernünftige Moral stellt nicht nur eine Form der Nötigung dar, sondern birgt durchaus auch Gewalt. Man kann Kindern, so Sartre, nicht immer die Wahrheit sagen – und sei es nur darum, weil sie sie nicht verstehen: Bereits in solcher didaktischen Lüge steckt ein Moment von Gewalt, weil sie dem Kind die Freiheit raubt, wodurch sich die Moral der Erziehung indes zwangsläufig in Unmoralität kehrt: Erziehung bedient sich derart regelmäßig der Gewalt. Und Pädagogik gegenüber Erwachsenen, wie sie seit 2020 im Ausnahmezustand fleißig betrieben wird, kann sich solchem Gewalt-Vorwurf schon gar nicht entziehen. Diese Pädagogik ist Gewalt und somit die eigentliche Katastrophe des Ausnahmezustands, der die Demokratie zerstört.

Sartre vergleicht nun die Bitte sogar mit der Vergewaltigung: „Halten wir jedoch fest, dass die Bitte hier im selben Moment erscheint, in dem die Gewalt Platz finden könnte. Wir haben es im Grunde genommen mit zwei gleichwertigen Mitteln zu tun, um das zu erreichen, was eine Freiheit definitiv und ohne möglichen Ausweg verweigert. (. . .) Durch Gewalt wollte man eine einwilligende Freiheit besitzen und hält lediglich einen gefesselten Körper, in welchem die Freiheit sich auf den Widerstand versteift. Bei der Bitte wollte man sich eine Freiheit aneignen und in ihr eine Verwirrung erregen, die sie fesseln würde, man wollte Herr sein."[2] Sartre hatte dergleichen nicht nötig, manchmal keinen Termin mehr frei: eine männliche Hure? Aber Huren haben mehr Menschlichkeit als Jungfrauen und treue Gattinnen und Gatten.

Sartre sucht in vielfältigen Situationen nach einer konkreten Moral. Damit führt Sartre als einer der ersten jene philosophische Vorgehensweise in die Ethik ein, die sich dann nicht mehr bloß um die Begründung allgemeiner Normen bemüht, die

[1] Camus, Der Mythos von Sisyphos (1942), 61
[2] Sartre, Entwürfe für eine Moralphilosophie (1948/9), 406

vielmehr mit einzelnen Beispielen und konkreten Fällen operiert – eine Vorgehensweise, die sich bis heute vor allem in der sprachanalytischen Ethik verbreitet. Die *Entwürfe für eine Moralphilosophie* führen Sartre jedenfalls als methodisch avancierten Ethiker vor, der dadurch zu überraschenden Einsichten gelangt – man denke wieder an die Verführung: „Indem ich bitte, unterwerfe ich mich von vornherein ihrer Entscheidung. Damit willige ich übrigens in etwas ein, was ich zu Beginn zurückgewiesen hätte: dass sie durch schlicht und einfachen Beschluss meiner Bitte nachgibt. Hätte sie mir, als ich sie anfangs zu verführen versuchte, gesagt: ‚Schön, ich werde Ihnen helfen. Sie lassen mich kalt, aber schlafen wir zusammen‘, so hätte ich mit Entsetzen abgelehnt. Jetzt ist es genau das, was ich von ihr verlange, (. . .).“[1] Camus würde das wahrscheinlich nicht viel anders sehen. Denn er bemerkt: „Wenn er eine Frau verlässt, so tut er das absolut nicht, weil er sie nicht mehr begehrt. Eine schöne Frau ist immer begehrenswert. Aber er begehrt eine andere, und das ist – wahrlich! – nicht dasselbe.“[2]

Ein zentrales Thema des existentialistischen Sartres ist die Ambivalenz des gesamten menschlichen Lebens, die auch schon de Beauvoir betont. Man steht immer vor Entscheidungen. Freiheit heißt für Sartre nicht, sich von einer vermeintlichen Bevormundung zu befreien. Freiheit heißt vielmehr einzusehen, dass man selber immer sein eigener Maßstab des Guten ist – das gilt umso mehr unter autoritären Bedingungen wie im heutigen Ausnahmezustand. Man ist auf sich selbst zurückgeworfen, man muss selbst entscheiden, aber man darf auch selbst entscheiden – die Erlaubnis gibt man sich selbst. In diesem Sinn ist der Existentialismus ein Hedonismus, wenn man darunter nicht schlichte Orientierung an der eigenen Lust, sondern eine individuelle Autonomie jenseits sozialer Zwänge versteht: eine individuelle Entscheidungskompetenz darüber,

---

[1] Sartre, Entwürfe für eine Moralphilosophie (1948/9), 409
[2] Camus, Der Mythos von Sisyphos (1942), 62

was man für richtig und gut hält. So nimmt die Verführungsgeschichte eine hedonistische Wendung: „In den Augen dieser unbedingten Freiheit habe ich mehr Wert als der Ehemann oder das Kind, die ihr ihre Forderungen auferlegen; sie selbst hat zu wählen zwischen diesem Leben, in welchem ihre Freiheit sich kategorischen Imperativen unterordnet, das heißt einem GUT, das sie entfremdet, und der Entscheidung, selbst das Maß des GUTEN zu werden."[1] Etwa als de Beauvoir *Das andere Geschlecht* schreibt, propagiert Sartre also eine Auflösung der bürgerlichen Moral als emanzipativen Akt. Camus kommt dem sehr nahe, wenn er bemerkt: „Uns geht es darum, zu erfahren, ob der Mensch ohne die Hilfe des Ewigen oder des rationalistischen Denkens, auf sich selbst gestellt, seine eigenen Werte schaffen kann."[2] Das ist nicht nur ethischer, sondern auch politischer Hedonismus.

5. Das Böse und das Gute

Natürlich setzt sich Sartre nicht nur mit den Gewaltformen in den Alltagsbeziehungen der Menschen auseinander, wiewohl diese hoch politisch auf Emanzipationsformen hinauslaufen. Sein Augenmerk richtet sich auch auf die politischen, sozialen und kulturellen Dimensionen. Der Sklave steht vor der Wahl, sich entweder dem Urteil seines Herren anzuschließen und seine Untertänigkeit zu akzeptieren, um auf der Seite der herrschenden Vorstellung vom Guten zu bleiben. Oder, wenn er sich dagegen auflehnt, wenn er die eigene subjektive Fähigkeit zum selbstbestimmten Handeln entdeckt, dann steht er nicht nur auf der Seite der Revolte, vielmehr verkörpert er das Böse, den Terroristen: „Da die Gewalt des Sklaven (. . .) Entdeckung der Subjektivität ist, entdeckt der Sklave seine Subjektivität

---

[1] Sartre, Entwürfe für eine Moralphilosophie (1948/9), 410

[2] Camus, Pessimismus und Mut (ca. 1944/5); in: ders., Verteidigung der Freiheit – Politische Essays, Reinbek 1968, 30

und muss sie im Element des BÖSEN auf sich nehmen. Er muss also wählen zwischen dem Selbstbewusstsein als absolutes BÖSES, d.h. als Freiheit, die das BÖSE wählt und sich in der Dimension des BÖSEN wählt, oder dem Erfassen seiner selbst als Objekt im Blick des HERRN, ein Ding oder Luzifer."[1] Und wenn die Wissenschaften die Diktatur ausrufen – wenn sie sich selbst vergessen haben –, dann gilt dergleichen natürlich auch für die Kritiker des heutigen Ausnahmezustands, die sich darüber nicht grämen sollten, sondern es als Ehre auffassen, als die Bösen diskriminiert zu werden. Wie bemerkt *Der Fremde* Camus' kurz vor seiner Hinrichtung gegenüber dem Priester: „Ich aber wolle mir nicht helfen lassen; mir fehlte einfach die Zeit, mich für das zu interessieren, was mich nicht interessiere."[2]

Durch das Böse konstituiert sich für Sartre erst die Gewalt. Aber was heißt Gewalt überhaupt? Sartre unterscheidet sie von der Kraft: Wenn ich eine Flasche Wein entkorke übe ich Kraft aus, wenn ich ihr den Flaschenhals abbreche dagegen Gewalt. Doch Gewalt ist für Sartre nicht bloß destruktiv und physisch. Gewalt entspringt nach Sartre vielmehr einem moralischen Zusammenhang. Gewalt ist Gewalt als das Böse, das mir von anderen angetan wird, sei es durch eine Lüge, sei es durch einen tätlichen Angriff, immer dann wenn meine Freiheit konkret beeinträchtigt wird. Aber dazu gibt es natürlich keinen übergreifenden, sondern immer nur einen individuellen Standpunkt, nicht das Böse an sich: „Die GEWALT ist ein absolut BÖSES vom Gesichtspunkt des Anderen aus (. . .). Und nur unter diesem Gesichtspunkt konstituiert sie sich übrigens als Gewalt."[3]

Dergleichen bleibt natürlich nicht ohne Konsequenz für das Verhältnis von Recht und Gewalt, in dem sich für Sartre immer die Herrschaft des Stärkeren formuliert und gerade keine Ge-

---

[1] Sartre, Entwürfe für eine Moralphilosophie (1948/9), 701
[2] Camus, Der Fremde (1942), Reinbek 1961, 116
[3] Sartre, Entwürfe für eine Moralphilosophie (1948/9), 708

rechtigkeit, die das Recht mittels Gewalt im Interesse aller durchsetzen würde. Die Oberschicht hat einfach mehr vom Recht als die Unterschicht – so Sartre: „Das Recht ist die Forderung des Stärkeren, als eine Person behandelt zu werden durch den, den er unterwirft."[1] Und kurz darauf heißt es: „Der Mensch, der das Recht aufstellt, gleicht dem (Clown oder Kind), der, nachdem er seinen Kameraden geschlagen hat, den Finger hebt und ‚das Spiel ist aus' sagt, wenn dieser ihn seinerseits schlagen will."[2] Was dann bleibt, das hat Camus ein halbes Jahrzehnt zuvor formuliert: „Diese Auflehnung gibt dem Leben seinen Wert. Erstreckt sie sich über die ganze Dauer einer Existenz, so verleiht sie ihr ihre Größe. Für einen Menschen ohne Scheuklappen gibt es kein schöneres Schauspiel als die Intelligenz im Kampf mit einer ihr überlegenen Wirklichkeit."[3]

Sartre reiht sich mit den *Entwürfen für eine Moralphilosophie* in die Perspektive einer individuellen Ethik ein, die von Kierkegaard über Nietzsche und Sartre zu Lévinas verläuft. Sie entwirft das Sittliche von Individuum aus, das der Gemeinschaft nicht mehr einfach untergeordnet wird. Es war zu hoffen, dass diese deutsche Erstausgabe die Rezeption Sartres in der ethischen Debatte intensiviert, einerseits um Sartres Rolle endlich gerecht zu werden, aber auch um diese Debatte durch Sartres innovatives ethisches Denken zu bereichern. 15 Jahre später muss man bemerken, dass das nicht stattgefunden hat. Die analytische Philosophie beherrscht die Szene und diskriminiert alles, was sich nicht zu ihr bekennt und was nicht alle anderen diskriminiert.

[1] Sartre, Entwürfe für eine Moralphilosophie (1948/9), 254
[2] Ebd. 256
[3] Camus, Der Mythos von Sisyphos (1942), 50

V. KAPITEL

DIE MACHT DES INDIVIDUUMS: SARTRE UND KIERKEGAARD

Martin Heidegger, Jean-Paul Sartre, aber auch Ludwig Wittgenstein berufen sich auf Sören Kierkegaard (1813-1855). Kierkegaards Zeit beherrschen die großen philosophischen Systeme, die glauben, dass man die Welt wissenschaftlich durchschauen, objektiv erfassen und sozial beherrschen kann. Der Mensch in seiner individuellen Lebenssituation spielt dabei keine Rolle mehr: weder als Gegenstand der Wissenschaften noch in der übermächtigen Gesellschaft als Subjekt, das eigentlich eigenständig urteilen und handeln sollte. Vor allem Hegel erklärt die subjektive Frage nach der Moral, die sich jeder einzelne zu stellen hat, als nebensächlich gegenüber dem faktisch geltenden System des Rechts. Die positiven Wissenschaften konzentrieren sich auf den Menschen im Allgemeinen, nicht in der Singularität seiner persönlichen Existenz. In Kierkegaards Hauptwerk *Abschließende unwissenschaftliche Nachschrift* aus dem Jahr 1846 heißt es: „Der Weg der objektiven Reflexion macht das Subjekt zu dem Zufälligen und damit die Existenz zu etwas Gleichgültigem, Verschwindendem. Fort vom Subjekt geht der Weg zur objektiven Wahrheit (. . .).“[1]

---

[1] Sören Kierkegaard, Abschließende unwissenschaftliche Nachschrift zu den philosophischen Brocken (1846), Erster Teil, 3. Aufl. Gütersloh 1994, 184

Kann sich der Einzelne in seiner konkreten Existenz dem Prozess der Verwissenschaftlichung entziehen? Dazu beruft sich Kierkegaard auf das Christentum: „Aber der Unterschied ist bloß der, dass die Wissenschaft lehrt, der Weg sei, objektiv zu werden, während das Christentum lehrt, der Weg ist, subjektiv zu werden, d.h. in Wahrheit ein Subjekt zu werden."[1] Wenn der Mensch - so Kierkegaard – gegenüber der verwissenschaftlichen Welt eine ethische Orientierung zurückgewinnen will, dann darf er sich nicht auf die Gesellschaft berufen, sondern er muss sich auf sich selbst besinnen, um den objektivierenden sozialen Prozessen zu entgehen, die ihn vereinnahmen.

1. Sartres Unterscheidung von Ansich und Fürsich

Bei Sartre muss sich der einzelne gegenüber einer feindlichen Umwelt schützen und vermag das ebenfalls nur durch Besinnung auf sich selbst. Dazu besitzt der Mensch aber die entsprechende Struktur des Bewusstseins. Bewusstsein ist immer Bewusstsein von etwas. Zunächst hat der Mensch Bewusstsein von seiner Existenz, so wie er an sich ist. Der Mensch der sich seines Ansichseins bewusst ist, ist für sich. Sartre spricht von Fürsichsein als Bewusstsein. Das Fürsichsein ist nicht nur nicht dasselbe wie das Ansichsein. Es besitzt vor allem die Möglichkeit, sich zu verändern, sein Leben zu planen, es zu gestalten. Hat aber nicht Marx durchaus zurecht festgestellt, dass das Sein das Bewusstsein bestimmt? Kann das Fürsichsein das Ansichsein wirklich nennenswert überschreiten? Bleibt es nicht letztlich eingebunden in die Existenz? Das ist natürlich auch das Problem der Freiheit. Sartre löst dieses Problem mit dem zweiten großen Begriff, den sein erstes Hauptwerk *Das Sein und das Nichts* im Titel führt: Das Ansich ist, was es ist. Die Welt ist, was sie ist. Meine Existenz reduziert sich gleichfalls

---

[1] Kierkegaard, Abschließende unwissenschaftliche Nachschrift zu den philosophischen Brocken (1846), Erster Teil, 120

darauf, was sich zeigt. Doch zum Menschen gehört auch sein Bewusstsein, was sich aber zunächst verbirgt. Nur wenn das Bewusstsein sich in eine Tat umsetzt, dann veräußerlicht es sich, wird es klar nachvollziehbar, gerät damit aber in das Sein an sich, in die beobachtbare Existenz und ist *nicht* mehr für sich. Solange ich nur meine Existenz reflektiere, bleibe ich für mich. Für mich bin ich also auch nur das, was ich *nicht* an sich bin. So gelangt Sartre zu der paradox erscheinenden Formulierung, in der das Nichts auftaucht: Das Sein für sich ist *nicht*, was es ist: es reduziert sich nicht auf das Ansich, obgleich das Bewusstsein die Existenz spiegelt. Denn als Spiegelung überschreitet das Fürsich gleichzeitig dieses Ansich. Die Spiegelung fällt ja mit dem Gespiegelten nie in eins, bleibt sie ja doch „bloß" eine Spiegelung.

So verlängert sich dann die paradoxe Formulierung: das Fürsich ist, was es *nicht* ist: Das Bewusstsein entwickelt Bewusstsein genau von seiner Existenz, fällt aber nicht mit der Existenz in eins. Das fürsichseiende Bewusstsein *reflektiert* ja nur die ansichseiende Existenz. Nach Sartre „muss das Für-sich folgendes zugleich sein: 1. nicht das sein, was es ist; 2. das sein, was es nicht ist; 3. in der Einheit eines ständigen Verweisens das sein, was es nicht ist, und nicht das sein, was es ist."[1] Oder anders: Der moderne Mensch sieht sich ständig gezwungen, über seine Existenz zu reflektieren, da er mit sich selbst gar nicht im reinen sein kann, weil wir alle Bewusstsein unserer selbst sind, aber unsere Existenz mit unserem Bewusstsein gar nicht in Einklang stehen kann. Weil durch uns immer ein Riss geht, müssen wir ständig über uns, unsere Situation, über unsere Möglichkeiten nachdenken, ohne dass sich das jemals erschöpfte. Sartre erkennt, dass der moderne Mensch in einer reflexionsorientierten Lebensform lebt, die die Menschen im 21. Jahrhundert nur um so mehr herausfordert.

---

[1] Sartre, Das Sein und das Nichts (1943), 1993, 267

2. Kierkegaards Unterscheidung von ästhetischer und ethischer Dimension der Existenz

Diese Struktur hat sicherlich als erster Kierkegaard erkannt, der drei Ebenen der Existenz unterscheidet, die ästhetische, die ethische und die religiöse. Es geht wiederum um die individuelle Existenz. Sie besitzt eine ästhetische Dimension, in der Leidenschaft, Begehren, Sinnlichkeit, Erotik zusammenspielen: Die individuelle Existenz präsentiert sich ästhetisch, wie sie ist – ohne Rücksicht auf ethische Orientierungen und religiöse Ziele: ich existiere so, wie ich da bin: äußerlich, sinnlich, folglich ästhetisch. Ich lebe meinen Alltag, lebe so dahin und kümmere mich nicht um ethische, religiöse oder wissenschaftliche Fragen. Mich quälen viele Probleme. Aber ich suche nach keiner Lösung, sondern richte mich in diesem Dilemma ein und versuche bestenfalls, ihm ein kleines momentanes Glück abzuringen. Während manche Philosophie im 20. Jahrhundert angesichts der Schrecken der Realität in die Ästhetik flüchtet – so Heidegger und Adorno –, nimmt Kierkegaard die Ästhetik in individueller Perspektive eher als negative Folie.

Diese ästhetische Dimension der Existenz entzieht sich aber immerhin der Verwissenschaftlichung der Welt. Denn sie ist zutiefst in die Subjektivität eingelassen. Es handelt sich um meine ganz persönliche Lebensform, meine Sichtweisen, mein Verhalten, das niemals wissenschaftlich erfasst werden kann, von dem man höchstens erzählen oder das man auf dem Theater darstellen kann. Die konkrete Existenz befindet sich zudem in einem dauernden Wandel, in einem permanenten Veränderungsprozess, eben dem Alltag, den man erlebt, gestaltet, in dem man älter wird, den man bedenkt. In der *Unwissenschaftlichen Nachschrift* liest man: „Der Existierende ist beständig im Werden; der wirklich existierende subjektive Denker bildet beständig diese seine Existenz denkend nach und setzt all sein Denken in das Werden."[1] Auch dieser permanente Wandel verhindert – so Kierkegaard –, dass die Wissenschaften die Existenz objektiv durchschauen.

Nicht nur die Ästhetik, auch die Ethik stellt Kierkegaard somit dem wissenschaftlichen Denken entgegen. Sie sollen zur Selbstbesinnung in einer Welt verhelfen, die dergleichen zunehmend verdrängt und für überflüssig erklärt. Aber thematisiert die Ethik nicht primär das Verhältnis zwischen Individuum und Allgemeinheit bzw. der Gemeinschaft? Geht es in der Ethik nicht um die allgemeinen Normen, die der Einzelne als Mitglied einer Gesellschaft zu befolgen hat? Kant verpflichtet das Individuum seiner eingeborenen, aber nichtsdestotrotz allgemeinen und formalen Vernunft, die in ethisch praktischer Hinsicht dem Menschen das Sittengesetz vorgibt. Hegel ordnet gar das Individuum der Gesellschaft prinzipiell unter: Die Allgemeinheit weist dem Einzelnen an, was er tun darf, eröffnet diesem so überhaupt dessen Spielraum. Freiheit und Individualität entspringen für Hegel dem Staat. Das Individuum kann sich nicht auf sich selbst, auf seine Subjektivität berufen, um gegenüber dem Staat rechtliche oder existentielle Ansprüche zu erheben. Kierkegaard akzeptiert diese Struktur der Ethik durchaus. Im Frühwerk *Furcht und Zittern* heißt es: „Unmittelbar sinnlich und seelisch bestimmt ist der Einzelne ein Einzelner, der sein Telos in dem Allgemeinen hat, und es ist seine ethische Aufgabe, sich beständig in diesem auszudrücken, seine Einzelheit aufzuheben, um das Allgemeine zu werden."[2] Doch das ist nur die Aufgabe, die die Ethik bisher dem Menschen stellte, nämlich sich in Einklang mit der Allgemeinheit zu bringen, bzw. die sittlichen Vorschriften und Gebote zu

---

[1] Kierkegaard, Abschließende unwissenschaftliche Nachschrift zu den philosophischen Brocken (1846), Erster Teil, 78
[2] Kierkegaard, Furcht und Zittern (1843), Gesammelte Werke 4. Abteilung, 2. Aufl. Düsseldorf, Köln o.J., 57

befolgen. Das reicht letztlich bis zu einer Aufgabe hin, auch nach dem Ethos der modernen Wissenschaften zu fragen.

Diese Aufgabe bleibt letztlich unzulänglich, verharrt in einer objektivierten Welt. Sie übergeht dabei das lebendige Individuum. Die Aufgabe der Ethik, wie sie sich dagegen für Kierkegaard darstellt, zielt primär darauf ab, dass sich das Subjekt in seiner Existenz selbst erkennt. Damit überschreitet er den allgemeinen, gemeinschaftsorientierten Rahmen der Ethik und öffnet sie in individueller Perspektive. In seinem Buch *Der Begriff Angst* fallen die Worte „Neue Ethik" und „Zweite Philosophie", die die alte „Erste Ethik" erweitert.[1] Hegels Philosophie konzentriert sich auf das äußere rechtliche Verhältnis zwischen Individuum und Sittlichkeit, bei dem die Innerlichkeit des Menschen, das was er denkt und will, kaum noch eine Rolle spielt. Auch bei Kant kommt es ethisch noch primär darauf an, dass der Einzelne seine Handlungsmaxime insoweit überprüft, wie sie mit dem Moralgesetz übereinstimmen. Kierkegaards ‚zweite Ethik' fragt angesichts einer übermächtiger werdenden Gesellschaft nach der Innerlichkeit des Einzelnen, die der wissenschaftliche Geist der Zeit notorisch auf objektive Kategorien reduziert. Ethisch muss sich der Einzelne dagegen vor allem selber finden.

---

[1] Kierkegaard, Der Begriff Angst (1844), 3. Aufl. Frankfurt/M. 1988, 23

3. Die zwei Grundlinien der Ethik: Gemeinschafts- orientierung vs. individuelle Selbstschöpfung

Die absolute Brutalität und Grausamkeit des Nationalsozialismus, der sich auf keinerlei ethische Legitimation mehr berufen konnte, stellt quasi den Katalysator dar, der das Bewusstsein der Freiheit auch und gerade in der vielfältigen Bewegung der Resistance zu sich selbst kommen ließ – um an ein Wort Hegels zu erinnern. Doch während Hegel Freiheit auf der allgemeinen Ebene der Institutionen, speziell im System des Rechts ansiedelt, entbirgt Sartre die individuelle Freiheit, die des Bewusstsein des einzelnen Menschen, wenn jeder im Widerstand gegen Nazideutschland seine eigene Entscheidung trifft. Freilich hat Sartre dabei Kierkegaard als Vorläufer, der die Freiheit von der allgemeinen Ebene Hegels auf die individuelle holt. Kierkegaard Unterscheidung einer ästhetischen Seite der Existenz von der ethischen nimmt Sartres Differenz von Ansich und Fürsich vorweg. Kierkegaard schreibt in seinem frühen Hauptwerk *Entweder/Oder*: „Das Ästhetische in einem Menschen ist das, dadurch er unmittelbar das ist was er ist; das Ethische ist das, dadurch er das wird was er wird."[1]

Die moderne Gesellschaft durchzieht eine tiefe Spaltung. Sie definiert sich seit dem 19. Jahrhundert intensiv durch ihre Wissenschaften. Diese aber lassen für die Freiheit des Individuums immer weniger Spielräume. Im Gegenteil, sie entdecken immer mehr Determinationen, gleichgültig ob natur- oder sozialwissenschaftlich. Andererseits aber wächst das Bewusstsein wie der Anspruch der Freiheit in einer demokratischen Welt – eine Tendenz, die sich in der globalen Zivilgesellschaft Anfangs des 21. Jahrhunderts noch verstärkt hat, während sie in der niedergehenden Kriegergesellschaft des frühen 20. Jahr-

---

[1] Kierkegaard, Entweder / Oder, Zweiter Teil (1843), Gesammelte Werke 2. u. 3. Abteilung, Düsseldorf, Köln 1957, 190

hunderts noch vehement und mit Hilfe der Wissenschaften bekämpft wurde, was freilich im heutigen Ausnahmezustand wiederkehrt. Auf der einen Seite herrscht wieder umso stärker die Idee einer Gemeinschaft und der Allgemeinheit, die in jeder Hinsicht dem Individuellen überhaupt erst den Weg zu bereiten glaubt: Die Menschen müssen sich von den Wissenschaften lenken lassen, ihnen blind gehorchen, wird ihnen wissenschaftlich, besonders medizinisch eine eigene Kompetenz abgesprochen. Dem steht auf der anderen Seite die Idee der individuellen Autonomie gegenüber, die Gemeinschaft bestenfalls als Resultat individueller Handlungen begreift. Die eine Linie erstreckt sich von Hegel über Marx zu Carl Schmitt, die andere von Kierkegaard über Nietzsche zu Sartre und weiter zu Foucault und Agamben.

Die Religion konnte dem Menschen noch metaphysisch die Willensfreiheit attestieren, obgleich sie sich dabei auch in diverse Widersprüche verwickelte: Wie kann es menschliche Freiheit angesichts göttlicher Allmacht geben? In gewisser Hinsicht verlängert denn auch Sartre das religiös an ein Ende gelangte Bewusstsein der Freiheit auf säkulare Art, so dass man seinen theoretischen Konzeptionen wohl eine gehörige Portion Metaphysik attestieren darf. Aber Sartre gelingt es mit seiner phänomenologischen Orientierung die Freiheit des Menschen nicht nur metaphysisch abstrakt, sondern im Detail und beschreibend vorzuführen, womit er sich in die Entwicklung des philosophischen Denkens im 20. Jahrhundert einklinkt, das sich zunehmend von den großen – letztlich metaphysischen – Theorien verabschiedet und sich dem einzelnen Ereignis und individuellen Situationen zuneigt, was wiederum durch das aktuelle Wissenschaftsregime aufgehoben wird. Mag sich das Handeln des einzelnen wissenschaftlich vollständig aus dessen Entwicklung und seiner Situation, in der er lebt, ergeben und keinerlei Platz für die Freiheit lassen. Doch der junge Mann der Sartre um Rat fragte, ob er sich dem Widerstand anschließen soll, obgleich ihn seine kranke alleinstehende Mutter dringend braucht, steht vor einer noch offenen Entscheidung, die auch nicht vorausberechnet werden kann: ein Symbol für die Freiheit.

4. Sartres Freiheit der Wahl im Angesicht der Kontingenzen

Trotzdem, was bleibt von der Freiheit, wenn der Mensch in jeder Hinsicht psychisch wie physisch von seiner Umwelt wie seiner Vergangenheit determiniert erscheint? Für Sartre ist das Bewusstsein immer Bewusstsein von etwas, im Fall der Freiheit Bewusstsein der eigenen Existenz. Das Bewusstsein erhebt sich also grundsätzlich nicht über das Sein. Damit vermeidet Sartre, dass sich das Bewusstsein in idealistische Dimensionen hinein verliert. So entgeht es just nicht dem, was ist, was aber die Möglichkeit der Freiheit in Frage stellt. Derart gehört das Bewusstsein erklärtermaßen dem Sein an. Verliert sich damit die Freiheit nicht an das Ansichsein? Doch das Fürsichsein beherbergt deshalb die Struktur der Freiheit, weil sich Wille und Leidenschaften sowenig wie das Fürsich mit dem Ansich zufrieden geben. Freiheit heißt denn für Sartre nicht mehr, als das, was ist, überschreiten zu wollen und zu können, also auf verschiedene Weise in die Welt unerwartet einzugreifen.

Die Freiheit geht also dem Willen nicht voraus, sondern ist mit ihm identisch. Freiheit eröffnet eine Auswahl zwischen verschiedenen Handlungsoptionen. Es handelt sich also nicht um die Freiheit Kants, wo der rein vernunftbestimmte Wille in die Welt eingreift, ohne dass man dafür eine Ursache angeben könnte. Sartres Freiheitsverständnis ist bescheidener und kennt keine vom Sein unabhängige Ebene des Vernünftigen. Einerseits verbleibt das Fürsichsein im Ansichsein und besitzt daher die Fähigkeit einzugreifen – was für Kant keine Freiheit wäre. Andererseits aber gereicht diese Eingriffsmöglichkeit für Sartre zur Freiheit, weil das Fürsichsein, Wille und Leidenschaft das Ansichsein überschreiten. Gleichzeitig macht das Fürsich das Ansich zu seinem Gegenstand und möchte es umwandeln.

Indem das Fürsich versucht sich in Ansich zu transformieren, eröffnet sich dem Menschen die Chance sich zu verwirklichen.

So liegt die Annahme, dass sich die Freiheit umschlossen vom Sein, umschlossen von Kontingenzen entfaltet, nicht völlig fern. Weil sich solche Freiheit in dieses Sein einbindet, weil sie von ihm nicht unabdingbar getrennt ist, weil ein *Nichts* sie vom Sein trennt, deswegen herrscht sie im Sein als Bewusstsein bzw. Fürsichsein. Ich kann das, was ist, negieren – und zwar deshalb, weil ich das Negierte bin, nämlich meine Existenz. Genau daher kann ich auch auf sie Einfluss gewinnen. Immer wieder stehe ich vor Entscheidungsmöglichkeiten, die ich ergreifen kann oder nicht. Nun, wieweit man Sartre bei solchen Handlungsoptionen folgen will, bleibt dahingestellt. Aber dass der Mensch reflektieren, differenzieren und negieren kann, das wenigstens lässt sich nicht bestreiten, selbst wenn man dergleichen nur als bösen Traum begreifen würde oder von Algorithmen regiert, die freilich ihrerseits eine wissenschaftliche Interpretation sind und nirgendwo in der Natur vorkommen.

5. Kierkegaards Ethik der Entscheidung

Auch für Kierkegaard entfremden die sozialen Lebensumstände den Menschen von sich selbst. Die Realität zeigt ein ganz anderes, denn ein ethisches Gesicht. Wenn sich das Leben zwischen vielen Widersprüchen und Herausforderungen abspielt, dann – so Kierkegaard – kommt es darauf an, eine bestimmte, eine eigene Haltung gegenüber der Welt einzunehmen. Wenn der Mensch ethisch leben will, seine Existenz ethisch gestalten will, dann muss er sich dazu überhaupt erst entscheiden. Er muss das ethische Leben wählen. Er darf nicht bloß so dahin leben, sondern er muss sich entscheiden, sein Leben an ethischen Werten zu orientieren. Auf die Wahl kommt es an, dass überhaupt gewählt wird. Alles Weitere ergibt sich. Aber wer nicht wählt, der lebt bloß so dahin. Ein Brief in *Entweder / Oder* lässt verlauten: „Wer seine Lebensaufgabe sich ethisch bestimmen möchte, hat im Allgemeinen keine gar so große Auswahl; dahingegen hat die Handlung der Wahl für ihn weit mehr zu bedeuten. Wenn Du mich also richtig verstehen willst, so kann ich gerne sagen, es komme beim Wählen nicht so sehr darauf an, das Rechte zu wählen, als vielmehr auf die Energie, den Ernst, das Pathos, mit denen man wählt. Darin macht sich kund die Persönlichkeit in ihrer inneren Unendlichkeit, und damit wiederum wird die Persönlichkeit fest gegründet."[1] Dieses Pathos der Wahl hat freilich einen Impetus wie der religiöse Glaube.

So geht es Kierkegaard auch nicht darum, zwischen Gut und Böse zu wählen: „Es ist daher nicht so sehr die Rede davon, dass man zwischen dem Wollen des Guten und dem Wollen des Bösen wählt, als vielmehr davon, dass man das Wollen wählt, hiermit aber ist wiederum das Gute und das Böse gesetzt. Wer das Ethische wählt, wählt das Gute, aber das Gute ist hier ganz und gar abstrakt, sein Sein ist damit lediglich gesetzt, und daraus folgt keineswegs, dass der Wählende nicht wieder das Böse wählen könnte, obwohl er das Gute gewählt hat."[2]

Trotzdem, wenn der Mensch das Ethische wählt, dann lebt er ethisch und nicht mehr bloß ästhetisch, wo solche Entscheidung ja vermieden wird. Diese Notwendigkeit der Entscheidung führt der Titel *Entweder / Oder* vor. Wo sich die Existenz nur mit ästhetischer Distanz ausdrückt, dort wird ethisch die Entscheidung gefordert: Entweder er lebt nur ästhetisch und damit nur am Rande der Existenz, oder der Mensch wählt sich ethisch und drückt in dieser Entscheidung sich, d.h. seine Existenz, aus.

Trotzdem behält der Mensch ein ästhetisches Leben, wenn er sich ethisch wählt. Diese verschiedenen Dimensionen der Existenz bestehen nebeneinander. Natürlich besitzt die Ethik gegenüber dem Ästhetischen den Vorrang, weist diesem eben nur eine relative Bedeutung zu. „Indem die Persönlichkeit sich

---

[1] Kierkegaard, Entweder / Oder, Zweiter Teil (1843), 178
[2] Ebd., 180

selbst wählt, wählt sie sich selbst ethisch und schließt in absoluter Rücksicht das Ästhetische aus; da aber der Mensch sich
selbst wählt, und durch die Wahl seiner selbst nicht etwa ein
andres Wesen wird, sondern er selbst wird, so kehrt das gesamte Ästhetische wieder in seiner Relativität."[1]

So wählt der Mensch mit der Entscheidung nicht bloß ein
ethisches Leben, sondern damit primär sich selbst. Es handelt
sich um eine Selbstwahl, aus der sich seine Identität ergibt, die
andernfalls entleert wäre. Der Einzelne realisiert sich überhaupt
als Subjekt durch die Wahl: Er wählt und demonstriert dadurch
seinen Willen und seine Leidenschaft, was ihn zum Subjekt
erhebt, anders als jene, die bloß vor sich hinleben.

Der Augenblick der Entscheidung, das – so Kierkegaard –
das ist die Freiheit, die Sartre genauso übernehmen wird. Die
Freiheit kommt folglich nicht wie bei Hegel von außen, wird
nicht vom Staat dem Menschen zugebilligt. Sie liegt in der
Innerlichkeit des Menschen. Im angeführten Brief aus *Entweder / Oder* liest man: „Ja wäre mein kleiner Sohn in solchem
Augenblick schon so alt, dass er mich recht verstehen könnte,
und meine letzte Stunde wäre gekommen, so würde ich zu ihm
sprechen: ‚Ich hinterlasse dir nicht Vermögen, nicht Titel und
Rang; aber ich weiß, wo ein Schatz begraben liegt, der dich
reicher machen kann als die ganze Welt, und dieser Schatz
gehört dir, (..); dieser Schatz ist niedergelegt in deinem eignen
Innern."[2]

Für Kierkegaard erfolgt die Entscheidung bewusst, ist keine
intuitive Entscheidung, keine Wahl des Herzens: „Wähle, und
Du wirst sehen, welch eine Gültigkeit in der Wahl liegt, o ja,
kein junges Mädchen kann so glücklich sein dank der Wahl
ihres Herzens, als ein Mann es ist, der es verstanden hat zu
wählen."[3]

---

[1] Kierkegaard, Entweder / Oder, Zweiter Teil (1843), 189
[2] Ebd., 187
[3] Ebd., 179

6. Sartres Zwang zu Freiheit und Verantwortung

Für Sartre eröffnet sich eine ähnliche Situation. Wenn aber die Autoritäten erschüttert sind, dann muss sich der Mensch selber zwischen den sich ihm bietenden Optionen entscheiden, eine Wahl, die er dann selber zu verantworten hat. Die Wahl lässt sich auch nicht aus den vorliegenden Informationen ableiten. Letztlich muss man doch selber entscheiden, was man wirklich tun will. Insofern erscheint die Wahl in letzter Konsequenz willkürlich. Auch wenn es zunächst überraschen mag, genau dadurch, nämlich weil der Mensch selber und für sich die Entscheidung treffen muss, sich dabei letztlich auf nichts berufen kann, auf keine Autorität und auf keine Information, die bestenfalls als Ratgeber fungieren, ist er für sie verantwortlich.

Da die Entscheidung selbstverständlich vor der Tat fallen muss, die Entscheidung aber mangels Begründung an der Tat bzw. deren Folgen gemessen werden muss, gewährleistet nichts die Güte der Entscheidung von vornherein, keine Orientierung an Normen. Insofern gibt es keine ethischen Sicherheiten mehr, mit einer Entscheidung auf der Seite des Guten zu stehen. Was Gut oder was Böse ist, entscheidet sich selbst erst nach der Tat.

Denn die Wahl trifft der Mensch für sich allein. Niemand nimmt sie ihm ab. Doch er entwickelt seine Entwürfe vor dem Hintergrund der anderen Menschen wie der Umwelt, also in der Kommunikation mit Anderen. Insofern propagiert Sartre gerade keinen Dezisionismus, sondern antizipiert die komplexe postmoderne Selbstkonstitution des Ichs à la Lacan.

Damit überschreitet er jene Konzeption Kierkegaards, die der Take off der individualistischen Ethik war. Für Kierkegaard beruhen Moral und Glauben auf einer letzten Entscheidung, die das Individuum zur höchsten Autorität erheben. Abraham, so Kierkegaard, setzt sich über äußere sittliche Ordnungen der Familie hinweg, als er bereit ist, seinen Sohn Isaak auf Geheiß seines Gottes zu opfern. Denn er diskutiert das nicht mit seiner Frau. Kierkegaard schreibt in *Furcht und Zit-*

tern: „Dem Glauben ist einerseits der Ausdruck für den höchsten Egoismus eigen (das Furchtbare, das er tut, um seiner selbst willen tun), andererseits der Ausdruck für die absoluteste Hingabe: es um Gottes willen tun."[1] Für Kierkegaard bleibt der Mensch bei seinen letzten Entscheidungen für sich, kann er seine Entscheidungen nur um seiner selbst und alleine treffen. Er ist nur für sich selbst bzw. gegenüber Gott verantwortlich, während für Sartre der Mensch für sich gegenüber Anderen verantwortlich wird.

Freiheit erkämpft sich der Mensch nicht, sowenig der Staat sie ihm auch nicht erst verleiht. Das menschliche Bewusstsein selbst beruht vielmehr auf der Nichtung eröffnet damit die Freiheit. Insofern stellt Freiheit auch kein Recht dar, das dem Menschen von Natur aus eignen würde, wie es liberale Naturrechtstheorien behaupten. Nicht aufgrund eines realen oder hypothetischen Naturzustandes, in dem der Mensch einst tun und lassen konnte, was er wollte, eignet ihm die Freiheit, aus der sich dann entweder ein berechtigter und gegenüber dem Staat zu verteidigender Handlungsspielraum ergeben würde, oder ein Schutzrecht, das der Staat zu erfüllen habe.

Der Mensch ist nach Sartre frei, ob er will oder nicht. Freiheit hängt nicht von seinem Willen, von seinem Selbstverständnis oder den politischen und sozialen Verhältnissen ab. Freiheit gehört zu seinem Sein, stellt somit eine ontologische Eigenheit des Menschen dar, der er nicht zu entgehen vermag. Der Mensch kann sich auch nicht von der Freiheit befreien, nicht nicht frei sein. Vor Individualisierungsprozessen, in denen sich eine solche Struktur zumindest ansatzweise diagnostizieren lässt – wiewohl Ulrich Beck Individualisierung sicher anders verstand –, bewahrt den Menschen kein Sozialstaat und keine Kirche, höchstens vielleicht eine militante Sekte – und das auch nur unter Einsatz schärfster Kontrollen, damit letztlich physischer und psychischer Gewalt. Vielmehr erweist sich die Freiheit als eine Obsession des Menschen, die ihn nicht

---

[1] Kierkegaard, Furcht und Zittern (1843), 78

verlässt und der er nicht entgeht, wie untertänig er sich auch benimmt. Der Sozialstaat wie die großen Volkskirchen ebnen vielmehr noch den Weg von Individualisierungsprozessen, so dass man sich heute mit seiner ontologischen Freiheit unweigerlich konfrontiert sieht. Ich kann meine Freiheit nicht aufheben. Vielmehr bin ich diese Freiheit. Und weil vielen diese Freiheit eine Last ist, unterwerfen sie sich 2020 bereitwillig dem Ausnahmezustand, der sie von dieser Last befreit, dem hintergründig Sozialstaat und Ökologisierung den Weg ebneten.

Indem der Mensch dazu verurteilt ist, frei zu sein, lastet aber das gesamte Gewicht der Welt auf ihm. Der Mensch ist nicht nur für sich selbst, sondern für das Geschehen um ihn herum verantwortlich. Der Mensch befindet sich immer in Situation die er mit allen Widrigkeiten annehmen muss, selbst wenn sie noch so unerträglich erscheinen. Wenn ich mich jedenfalls einem Krieg nicht entzogen habe, dann ist er mein Krieg, dann habe ich eine Entscheidung für ihn getroffen. Ich forme mich nach seinem Bild und ihn nach meinem. Ich kann mich nicht mehr über ihn beklagen. Daher heißt Freiheit, dass der Mensch in seine Epoche vollständig integriert ist, dass er ihren Sinn als den seinen wählt, weil er gar nicht anders kann, als sich in ihr zu engagieren, was aber auch eine Distanz impliziert, ein Nichts, das die Freiheit vor jeglichem wissenschaftlichen Zugriff bewahrt, wie es sich Harari vorstellt. Sartre hat mit seinem Freiheitsverständnis vor Emmanuel Lévinas und Hans Jonas das Bewusstsein des 20. Jahrhunderts formuliert und er hat mit seinem Freiheitsverständnis im Anschluss an Kierkegaard der Verantwortungsethik den Weg gewiesen.

VI. KAPITEL

FREIHEIT ALS TRANSZENDENZ
SARTRE UND NIETZSCHE

„Ich habe nicht eher die Hände frei, bevor ich nicht den jungen Kaiser, samt Zubehör in den Händen habe"[1], schreibt Nietzsche sche am 26. Dezember 1888 an Franz Overbeck. Das versteht dieser als Wirrnis, die eine Woche später schwerlich zu leugnen ist. Und Sartre schreibt am 9. September 1944 in den *Lettre francaise* jenen scheinbar ominösen Satz: „Niemals waren wir freier als unter der deutschen Besatzung"[2], Kann man diese These mit dem Satz Nietzsches vergleichen?

Sartres Behauptung lässt sich als Provokation entbergen, dem durchaus eine gewisse Erfahrung zu Grund liegt. Dagegen erweist sich das Problem bei Nietzsche als erheblich schwieriger. Um zu zeigen, dass die Franzosen unter nazi-deutscher Besatzung frei waren, ist es nicht mal nötig, auf Sartres Philosophie zurückzugreifen. Grundsätzlich konnte unter der Besatzung praktische jede kleinste Handlung, die von den Regeln der Besatzungsmacht abwich, schon als ein Akt des Widerstands betrachtet werden. Dazu war jeder in der Lage und konnte das beliebig tun, was man sich auch im heutigen Aus-

---

[1] Friedrich Nietzsche, Sämtliche Briefe, Kritische Studienausgabe in 8 Bänden, hrsg. v. Giorgio Colli, Mazzino Montinari, München 1986, Bd. 8, Nr. 1212, 551

[2] Sartre, Die Republik des Schweigens; in: ders., Paris unter der Besatzung – Artikel und Reportagen 1944-1945, Reinbek 1980, 37

nahmezustand zu Herzen nehmen könnte, ist die Wirkung nämlich genau dieselbe.

1. Wirrnis oder Größenwahn

Bei Nietzsche erscheint seine Äußerung gegenüber Overbeck dagegen als blanke Wirrnis, auf den ersten Blick zumindest. In den Briefen vom November, Dezember klingt solcher Größenwahn an vielen Stellen an. Man kann das dann als selbstironisches Wunschdenken bis Größenwahn oder als Anfang eines richtigen Wahns verstehen, wiewohl das ja mit dem Wahn nicht so einfach ist, wie Foucault gezeigt hat. Spricht aus dem Wahn womöglich die Wahrheit und wenn ja, welche?

Indem ich mich auf die Formulierung fokussiere ,den jungen Kaiser in den Händen zu haben' möchte ich dieser Wahrheit des Wahns nachspüren. Ist der Satz wirklich blanker Wahn oder treibt Nietzsche damit seine Philosophie zu ihrem Höhepunkt, indem der Wahn deren Kern enthüllt? Zumindest entsprechen sie dem Trend seiner letzten Werke, die. von ihm teilweise noch direkt vor seiner Abreise aus Turin überarbeitet wurden.

Wann geriet Nietzsche zunehmend in die Wirrnis? Dass am 3. Januar die Pferdegeschichte stattfand, ist nach dem Zeugnis der Familie Fino unwahrscheinlich. Sie passierte – wenn überhaupt - viel früher, als die Finos einen berühmten Psychiater um Hilfe baten. Wann er das erste Mal kam, ist auch nicht bekannt. Aber Nietzsche durfte wahrscheinlich auf sein Geheiß hin spätestens ab dem 18. Dezember 1888 das Haus nicht mehr verlassen. Denn an diesem Tag beobachtet Nietzsche von seinem Zimmer bei den Finos aus den Trauerzug des verstorbenen Prinzen Eugenio Emanuele di Savoia-Villafranca. Er hält sich selbst für den Toten. Ein anderes Mal behauptet er, er trüge den Namen Vittorio Emmanuele und sei im Palazzo Carignano geboren. Das passt auf den ersten König Italiens von 1861 bis 1878. Daraus ergibt sich, dass der Zustand des Wahns schon Wochen vor dem 3. Januar 1889, auch schon einige Zeit vor dem 18.12.1888 einsetzt. Das ist zweifellos Wahn, wiewohl er sich als Größenwahn präsentiert.

Und Größenwahn gehört nicht selten zu Eigenschaften von Intellektuellen: Sartre und de Beauvoir verabreden am Ende ihres Studiums, die Philosophie neu zu schreiben. Rousseaus *Les Rêveries du Promeneur Solitaire* präsentiert vergleichbare Selbstbeweihräucherungen wie Nietzsches *Ecce Homo*: „So wurde durch einhelligen Beschluss, der geselligstes und leutseligste Mensch von allen geächtet. (. . .) Ich hätte die Menschen geliebt, trotz allem. Meiner Zuneigung konnten sie sich nur entziehen, indem sie: keine mehr sind."[1] Die Abneigung gegenüber seinen Zeitgenossen durchzieht bei Rousseau sein ganzes Werk, was letztlich dessen Dynamik ausmacht.

Auch in den Briefen während der letzten Monate diffamiert Nietzsche die Deutschen, die ihn genauso wenig achteten, wie sich Rousseau verfolgt fühlte. Folglich formuliert Nietzsche seinen Wunsch, ,den jungen Kaiser in den Händen zu haben', einerseits im Prozess geistigen Verfalls, andererseits aber auch eines sich steigernden Größenwahns. Das dreizehnte von neunzehn letzten Fragmenten unter dem Titel ,Todkrieg dem Hause Hohenzollern' fasst dasselbe schärfer: „Ich werde nicht eher die Hände frei bekommen, als bis ich den christlichen Husaren von Kaiser, diesen jungen Verbrecher samt Zubehör in den Händen habe – mit Vernichtung der erbarmungswürdigsten Missgeburt von Mensch, die bisher zur Macht gelangt ist."[2] Jener Brief an Overbeck präsentiert sich also als vergleichsweise moderat. Damit hatte sich Nietzsche aus der Kommunikation noch nicht völlig ausgeklinkt, ahnt er noch davon, dass er manches denn doch nicht schreiben darf.

---

[1] Jean-Jacques Rousseau, Träumereien eines einsam Schweifenden (1776-1778), Berlin 2012, 50

[2] Nietzsche, Nachlass, Kritische Studienausgabe (KSA) Bde. 7-13, München, Berlin, New York 1999, Bd. 13, 643

Am 31.12. klingt das in einem Brief an Strindberg indes noch schärfer: „ich will den jungen Kaiser füsillieren lassen."[1] Späte Briefe steigern den Größenwahn weiter. Am 26.11. schreibt er an Deußen: „Mein Leben kommt jetzt auf seine Höhe: noch ein paar Jahre, und die Erde zittert von einem ungeheuren Blitzschlage. – Ich schwöre Dir zu, dass ich die Kraft habe, die Zeitrechnung zu verändern. – Es gibt Nichts, das heute steht, was nicht umfällt, ich bin mehr Dynamit als Mensch."[2]

Tolldreist dehnt sich der Größenwahn auch auf sein Werk aus. Nietzsche, der den Druck des vierten Teils des *Zarathustras* selber bezahlen musste – heute gang und gäbe –, schwadroniert von Millionenauflagen und Übersetzungen durch berühmte Leute. In einem Entwurf eines Briefes an Brandes schreibt er Anfang Dezember auf: „Ich habe Übersetzungen in alle europäischen Hauptsprachen nötig: wenn das Werk erst heraus soll, so rechne ich eine Million Exemplare in jeder Sprache als erste Auflage."[3] Das gipfelt in seinem letzten Brief vom 3. Januar an Meta von Salis-Marschlins in der für den Verkünder des Todes Gottes bemerkenswerten These, die einen Christus-Vergleich anklingen lässt: „Gott ist auf der Erde. Sehen Sie nicht, wie alle Himmel sich freuen. Ich habe eben Besitz ergriffen von meinem Reich"[4]. Wahn oder Größenwahn? Aber mit wem soll man sich den sonst vergleichen? Wie man sich in demokratischen Zeiten – wenn diese 2021 überhaupt noch bestehen – natürlich mit der englischen Königin vergleicht, warum nicht als Elitarist mit einem Religionsstifter ob als Gott oder als Mensch? Wer könnte mehr Gott als Nietzsche sein. Von Demut zeugt das selbstredend nicht. Aber warum sollte man nicht seinen Stolz demonstrieren? Das macht Nietzsche doch sympathisch, Demut nicht. Gefährlich ist der

---

[1] Nietzsche, Sämtliche Briefe, Bd. 8, Nr. 1229

[2] Ebd., Nr. 1159

[3] Ebd., Nr. 1170

[4] Ebd., Nr. 1239

Stolz freilich, weil dieser unpopulär machen könnte. Doch Nietzsche wollte keine Wahlen gewinnen.

Auch Sartre hat eine zumindest sehr aggressive Ader, die sich von den dreißiger Jahren sogar bis in die späten vierziger erstreckt. Im Roman *Der Ekel* aus dem Jahr 1938 hasst der Helden Roquentin seine Umwelt, die bürgerliche Gesellschaft. In seiner Erzählung *Herostrat* steigert sich Sartres Abscheu gegenüber der Gesellschaft, indem er einen Amokläufer schildert, den er allerdings nicht allzu viel Schaden anrichten lässt. Man könnte diese Erzählung für sich betrachtet nicht als Sartres eigene Perspektive verstehen, sondern nur als die Schilderung einer möglichen, wiewohl abartigen Haltung gegenüber der Gesellschaft. Doch eine ähnliche private Rache nimmt Mathieu Delarue im Roman *Der Pfahl im Fleische*. Und der Protagonist kommt doch der Person Sartres recht nahe. Obwohl Frankreich den Krieg gegen Nazi-Deutschland bereits verloren hat, beschließt Delarue endlich etwas zu tun: „Er schoss auf den schönen Offizier, auf alle Schönheit dieser Erde, auf die Straße, auf die Blumen, auf die Gärten, auf alles, was er geliebt hatte. Die Schönheit machte einen obszönen Kopfsprung, und Mathieu schoss immer noch. Er schoss: er war rein, er war allmächtig, er war frei."[1] Als Sartre das publiziert, war er etwa so alt wie Nietzsche, als dieser den Kaiser in der Hand halten wollte. Und ein Hauch von Allmachtphantasie schwingt dabei mit, wenn auch reflektiert – ein Traum im Alptraum.

---

[1] Sartre, Der Pfahl im Fleische (1949), Gesammelte Werke Romane und Erzählungen Bd. 4, Reinbek 1987, 220

2. Neue Werte schaffen oder sich transzendieren

Sowohl Sartre als auch Nietzsche lehnen ihre Umwelt aus teilweise ähnlichen Gründen ab. Beide verachten den Untertan, Nietzsches letzten Menschen, wie den ‚Obertan‘, freilich aus gegensätzlichen Motiven. Nietzsche verachtet den Untertan, weil dieser sich nicht in seine Rolle fügt, Sartre, weil der Untertan nicht dagegen aufbegehrt. Den ‚Obertan‘ verachtet Nietzsche, weil er die Unteren nicht gewaltsam unterwirft, sondern sogar einen sozialen Ausgleich anstrebt, und Sartre, weil sich der ‚Obertan‘ als Unterdrücker aufführt. Nietzsche propagiert ein elitäres Programm, nach dem die zeitgenössischen Eliten beseitigt und die Welt nach Nietzsches Vorstellungen gestaltet werden soll: ein göttlicher Plan. Sartre konzipiert eine Philosophie des Widerstands jedes einzelnen Menschen gegen jegliche Elite, nicht allein die deutsche Terrorherrschaft – eine Philosophie, die im heutigen Ausnahmezustand auch wieder dringend gebraucht wird.

Was verbindet beide dann noch außer dem Ekel und dem Dünkel? Nietzsche fordert dazu auf, die traditionellen ethischen Orientierungen des Christentums zu überwinden und neue Werte zu schaffen, was einer Erfindung gleichkommt. Diese neuen Werte sollen sich nicht am Himmel, sondern an der Erde ausrichten und das Leben wertschätzen. Sartre attestiert dem Menschen ein Bewusstsein, das in der Lage ist, die eigene Situation zu reflektieren und sie dadurch umzugestalten, ist man nicht gezwungen ein vorgegebenes Leben zu verlängern, sondern man kann auch an Zwangs- bzw. Gewaltmaßnahmen individuell drehen, wie sie heute vorliegen.

Was dabei beiden gemeinsam ist, zeigt sich nicht in der Ausgangslage, sondern bei gewissen Perspektiven, deren Parallelität indes ebenfalls verschwimmt. Die Ausgangslage unterscheidet sich insoweit, als Nietzsche eher der Empiriker, Sartre der Theoretiker bleibt. Nietzsche fehlt nämlich ein philosophischer Background, so dass er letztlich über Erfahrungen schreiben muss. So hat Nietzsche im Anschluss an Schopenhauer vielerlei psychologische Einsichten, mit denen er manches traditionelle wie wissenschaftliche Verständnis brillant hinterfragt. Aber Nietzsche beschreibt damit keine allgemeinen Fähigkeiten, sondern bietet spannende Einblicke in wissenschaftliche Probleme, wie in solche des täglichen Lebens.

Sartre bringt im Anschluss an Husserl das Bewusstsein auf einen theoretischen Begriff, womit er weniger an dessen *Logische Untersuchungen* aus dem Jahr 1900 anschließt, als an dessen *Ideen zu einer reinen Phänomenologie und phänomenologischen Philosophie* von 1913. Das Bewusstsein ist nicht das, was es ist, ist nie bei sich selbst, sondern immer bei etwas anderem, was es nicht ist, so dass es die Fähigkeit der Negation entwickelt. Daraus ergibt sich die Möglichkeit, die Faktizität der Existenz zu durchdenken, um sie dadurch transzendieren zu können. Transzendenz ist eine konstitutive Struktur des Bewusstseins, indem das Bewusstsein sich immer auf etwas anderes als sich selbst bezieht. Diese Bewusstseinsstruktur eignet jedem Menschen.

Mit Hilfe seiner Genealogie von Christentum und Aufklärung, also mit einer Art Destruktion, ebnet Nietzsche den Weg zu einer Neu-Erfindung des menschlichen Lebens, zu der indes nur gewisse Zeitgenossen in der Lage sein sollen, keinesfalls alle. Er führt vor, dass die herrschenden christlichen Werte keine Werte mehr sind, sich jedenfalls heute überall verflüchtigen, weil die Zeitgenossen ihnen nicht mehr huldigen, nicht mehr an sie glauben. Fast ist das eine religiöse Klage. Aber wenn es keine gemeinsamen Werte mehr gibt, muss man neue erfinden.

Dagegen entdeckt oder erfindet Sartre mit der Transzendenz eine Fähigkeit des Menschen, d.h. jedes Menschen, sich selbst aus seiner Situation zu befreien, sich zu emanzipieren. Jeder kann sein Leben selbst gestalten. Damit kann man sich von einer bevormundenden Tradition befreien. Das überträgt de Beauvoir 1949 auf die Frauen. Derart antizipiert sie die spätere Emanzipation der Frauen in den siebziger Jahren. Frau muss so wenig wie man den traditionellen Lebenswegen folgen bzw. entsprechende Rollen ausfüllen im Gegensatz zur Gemeinschaftsorientierung, die bestimmte Rollenverteilungen verlangt. Für den konservativen Kommunitaristen Alasdair MacIntyre „bedeutet ein Mensch zu sein, eine Vielzahl Rollen einzunehmen, die alle ihr Ziel und ihren Zweck haben: Familienmitglied, Bürger, Soldat, Philosoph, Diener Gottes."[1] Offenbar heißt für MacIntyre Mensch sein denn auch primär Mann sein.

Sowohl Nietzsche als auch Sartre und de Beauvoir entwerfen andere Perspektiven des Lebens als die vorgegebenen überlieferten. De Beauvoir und Sartre entwickeln sie parallel zur theoretischen Einsicht in die Bewusstseinsstruktur sowie aus der jeweiligen Situation heraus, in der sich Menschen befinden, sei es die Lage der Frauen, der Terror der deutschen Besatzung oder die drakonischen Strafen im heutigen Ausnahmezustand.

Bei Nietzsche bleibt dagegen die Frage unbeantwortet, woher denn die Fähigkeit dazu kommen soll, neue Werte zu erfinden. Daraus erwächst sogar ein noch größeres Problem, das Nietzsche letztlich auch nicht lösen kann. Keinesfalls haben wie bei Sartre alle Menschen diese Fähigkeit, eigentlich nur jene, die sich die Lehren Nietzsches aneignen, also die Verkünder der ewigen Wiederkunft, die er ja zu einem Bund vereinigen möchte. Er schreibt 1884: „Ich will einen neuen Stand schaffen: einen Ordensbund höherer Menschen, (. . .)."[2] Was aber zeichnet diese höheren Menschen aus? Was macht sie zu höheren Menschen?

Nietzsche gibt nur vage an, was sie tun und was sie für wahr halten müssen, z.B. die Lehre von der ewigen Wiederkehr des Gleichen und andererseits sollen sie dem Übermenschen den Weg bereiten, ihn also verkündigen. Ihre Triebfeder muss der Wille zur Macht sein.

---

[1] Alasdair MacIntyre, Verlust der Tugend – Zur moralischen Krise der Gegenwart (1981), Frankfurt/M. 1987, 85
[2] Nietzsche, Nachlass, KSA Bd. 11, 195

Nur ist das die metaphysische Grundlage Nietzsches. Man kann sie positiv und versuchsweise nicht metaphysisch interpretieren als Mangel jeglicher Grundlage, somit als Grundlosigkeit. Aber dann fragt sich, wie der Wille zur Macht Triebfeder sein kann, wenn er irgendwie in der Luft hängt, eine Performanz entwickelt, ohne dass sie sich weiter beschreiben ließe. Die Lehren von Wiederkunft und Übermensch sind zwar phantastische Szenarien. Aber dass das so ist bzw. sein wird, dafür gibt es nicht allzu viele gute Argumente, handelt es sich eher um Mutmaßungen. Kommt der Übermensch? Die weltweit verbreitete Untertänigkeit in den Jahren 2020 und 2021 stoppt jene Entwicklung, seit sich viele Menschen in der westlichen Welt – aber nicht nur dort – ab den 1960er Jahren nicht mehr bevormunden lassen wollten. Da sind nicht mehr viele übrig. Überhaupt wären das kaum jene gewesen, auf die Nietzsche als Verkünder des Übermenschen setzt. Heute hat sich die Untertänigkeit geradezu epidemisch ausgebreitet. Für diesen neuen Prototyp des letzten Menschen hätte Nietzsche nur die große Verachtung übrig gehabt. Das wäre sicher etwas arg flächendeckend, gerade gegenüber jenen, die man medizinisch, medial und politisch im machiavellistischen Stil in Angst und Schrecken versetzt, nicht aber gegenüber den Intellektuellen. Der notorisch kranke Nietzsche bemerkt, dass man die Gesellschaft nicht am Kranken orientieren und nicht auf die Krankheit stützen soll. Das Gegenteil ist heute der Fall.

An die Stelle dieser Erzählungen in Nietzsches Lehren treten bei Sartre Strukturen, vor allem jene, dass die Existenz der Essenz vorausgeht. Wenn auch die Metaphysik das anders sieht, theoretisch wie empirisch lässt sich schwerlich behaupten, dass ein Mensch immer schon eine Essenz hätte, die ihn prägt. Dazu muss er überhaupt erst einmal existieren und erwachsen werden. Kinder haben keine Essenz, mögen das viele auch anders sehen. Vor allem sind dazu keine bestimmten Lehren notwendig, wie es sich Nietzsche vorstellt. Hier ist Sartre postmoderner, während sich Nietzsche in die Tradition philosophisch essentialistischer Metaphysiken einreiht.

3. Genie oder Autor

Aber was befähigt die Jünger Nietzsches, die es zu seinen Lebzeiten sowieso praktisch kaum gab, seine Lehren zu verkünden? Die Vernunft wäre sokratisch und aus dieser Tradition will Nietzsche aussteigen. Der Wille zur Macht, der Egoismus, den Nietzsche schätzt, wären indes z.B. vom homo oeconomicus kaum zu unterscheiden. Jedoch findet sich bei ihm noch eine andere Lehre, die den Willen zur Macht ergänzt, nämlich der Genius, der Nietzsches Anfänge nicht nur mit seinen letzten Bemerkungen verknüpft, der vielmehr wie ein roter Faden sein Werk durchzieht.

Bereits in *Die Geburt der Tragödie* entwickelt Nietzsche den Gedanken, dass der künstlerische Genius herausragende Werke schafft, die die antike Kultur begründen, indem sie Götter wie Menschen herausfordern. So schreibt er über Aischylos und Sophokles: „Der titanische Künstler fand in sich den trotzigen Glauben, Menschen schaffen und olympische Götter wenigstens vernichten zu können: und dies durch seine höhere Weisheit, die er freilich durch ewiges Leiden zu büssen gezwungen war. Das herrliche ‚Können‘ des grossen Genius, (. . .), der herbe Stolz des Künstlers."[1] Die Frage aber, woher das Genie kommt, was das Genie zum Genie macht, bleibt offen.

Bei Sartre spielt die Kunst, genauer die Literatur ebenfalls eine wichtige Rolle, freilich eine kommunikative zwischen Autor und Leser. Der Autor predigt nicht, sondern entwickelt zum Leser eine kommunikative Beziehung. Literatur sollte engagiert und kritisch sein und den Leser zum Denken anregen, was auch in umgekehrter Richtung passiert. Denn Sartre weiß, dass die zwischenmenschliche Beziehung eine rückkoppelnde Rolle spielt, ohne die das Engagement des Autors verhallt.

---

[1] Nietzsche, Die Geburt der Tragödie aus dem Geiste der Musik (1872), KSA Bd. 1, 68

Genialität allein würde nicht helfen, spielt im Existentialismus keine Rolle. Genialität würde im Gegenteil womöglich die Kommunikation mit dem Leser erschweren, würde der geniale Autor letztlich von der Kanzel predigen. Dagegen hätte Nietzsche nichts einzuwenden.

Nietzsche reagiert vielmehr gereizt darauf, dass er nicht genügend rezipiert wird, wie es Sartre in den dreißiger Jahren erging, als er seine ersten Texte publizierte. Anders als Sartre verlangt Nietzsche gar blinde Gefolgschaft, man denke an seine Aversion gegenüber Wagner, die er auch von Freunden fordert und durch die manche Freundschaft endete. Er bildet sich ein, durch Schriften im predigenden und aggressiven Tonfall den Erfolg erzwingen zu können. Ironischer Weise ist ihm das posthum über die Maßen gelungen, avanciert er zu einem der wirkungsmächtigsten Autoren des 19. Jahrhundert, was man über Sartre für das 20. Jahrhundert ähnlich sagen kann.

Sartre konnte aber seinen Erfolg noch zu Lebzeiten genießen und den Nobelpreis ablehnen – gleichermaßen die größte Autonomie und die höchste Arroganz. Von Nietzsche kann man sich kaum ähnliches vorstellen. De Beauvoir avanciert zur Grande Dame der zweiten Frauenbewegung seit den siebziger Jahren, an der sie selbst teilnimmt und die sie nicht nur maßgeblich inspiriert, der sie vielmehr in ihrem Opus Magnum *Das Andere Geschlecht* den Weg zur Emanzipation vorzeichnet, in dem sie bereits 1949 über die Frau schreibt: „Heutzutage wird es ihr möglich, ihr Schicksal selbst in die Hand zu nehmen, statt es dem Mann zu überlassen. Wenn sie sich von ihrem Studium, ihren sportlichen Aktivitäten, ihrer Berufsausbildung, ihrem politischen oder sozialen Engagement voll ausgelastet fühlt, kann sie sich von ihren zwanghaften Gedanken an den Mann befreien, ist sie weniger in sentimentalen oder sexuellen Konflikten befangen. Dennoch hat sie viel größere Schwierigkeiten als der junge Mann, sich als autonomes Individuum zu vollenden."[1] Weil die Frauenbewegung womöglich die erfolg-

---

[1] Simone de Beauvoir, Das andere Geschlecht (1949), 450

reichste Emanzipationsbewegung des 20. Jahrhunderts war, darf man de Beauvoir als die wirkungsmächtigste Person in der Philosophie dieses Jahrhunderts bezeichnen. Insofern muss man sie nicht nur neben Nietzsche stellen, mehr noch als Sartre, sondern auch neben Marx.

Dagegen kritisiert Nietzsche bereits 1872 in seinen Basler Bildungsvorträgen die Bemühungen um eine allgemeine Schulbildung, die längst noch nicht realisiert war. Er beklagt: „Hier wird jeder ohne Weiteres als ein literaturfähiges Wesen betrachtet, das über die ernstesten Dinge und Personen eigne Meinungen haben dürfte, während eine rechte Erziehung gerade nur darauf hin mit allem Eifer streben wird, den lächerlichen Anspruch auf Selbständigkeit des Urteils zu unterdrücken und dem jungen Menschen an einen strengen Gehorsam unter dem Zepter des Genius zu gewöhnen."[1] Gegensätzlicher kann es zwischen Nietzsche und dem französischen Existentialismus kaum zugehen.

Überhaupt behindert für Nietzsche der zeitgenössische Staat mit seiner Schulstruktur, dass sich das Genie entfalten kann. Dazu trägt vor allem die Massenbildung bei, weil sie die dumme Masse und nicht das Genie fördert. Nietzsche fragt: „Wozu diese auf die Breite gegründete Volksbildung und Volksaufklärung? Weil (. . .) man die aristokratische Natur der wahren Bildung fürchtet, weil man die großen Einzelnen dadurch zur Selbstverbannung treiben will, dass man bei den Vielen die Bildungsprätension pflanzt und nährt, weil man der strengen und harten Zucht der großen Führer damit zu entlaufen sucht, dass man der Masse einredet, sie werde schon selbst den Weg finden – unter dem Leitstern des Staates!"[2] Letzteres postulieren de Beauvoir und Sartre, freilich jenseits des Staates. Der Einzelne kann sich dem Staat widersetzen, wie sich die

---

[1] Nietzsche, Über die Zukunft unserer Bildungsanstalten. Vortrag II (1872), KSA Bd. 1, 680

[2] Nietzsche, Über die Zukunft unserer Bildungsanstalten. Vortrag III (1872), KSA Bd. 1, 710

Frauen aus ihrer Unterwürfigkeit selber befreien können: Schreckgespenster für Nietzsche.

An den Universitäten verhindert nach Nietzsche die wissenschaftliche Spezialisierung, die auch einem weniger erleuchteten Geist eine Hochschultätigkeit erlaubt, dass sich dort allein die wahren Genies tummeln, die doch als einzige an die Universität gehören. Denn die Universität hat für Nietzsche folgenden Sinn: „Diese Einzelnen sollen ihr Werk vollenden, das ist der Sinn ihrer gemeinschaftlichen Institution – und zwar ein Werk, das gleichsam von den Spuren des Subjekts gereinigt und über das Wechselspiel der Zeiten hinausgetragen sein soll, als lautere Wiederspiegelung des ewigen und unveränderlichen Wesens der Dinge. Und alle, die an jenem Institute teilhaben, sollen auch mit bemüht sein, durch eine solche Reinigung vom Subjekt, die Geburt des Genius und die Erzeugung seines Werkes vorzubereiten."[1] Immerhin versucht er anzugeben, woraus sich das Genie speist, das sich vom positivistischen wissenschaftlichen Geist des 19. Jahrhunderts abkehrt. Es handelt sich um das Ewige, was indes nicht für Klarheit, sondern tiefe Dunkelheit sorgt, was Nietzsche im Grunde auch beabsichtigt.

Unter dem Einfluss von Jacob Burckhardt, der die Idee eines politischen Genius entwirft, überträgt Nietzsche seine Genie-Vorstellung von der Kunst auf die Politik, was sich zunächst in den besagten Basler Bildungsvorträgen zeigt. Er kritisiert den wissenschaftlichen Geist des 19. Jahrhunderts, der nicht nur an den Universitäten, sondern auch an den Schulen vorherrscht, den er selber miterlebt und an dem er schließlich auch scheitert, als *Die Geburt der Tragödie* unter den Fachkollegen auf Ablehnung stößt, was ihn in der Philologie isoliert und ihn zur Flucht in die Philosophie veranlasst. Dem stellt er einen ‚echten deutschen Geist' entgegen, der aus Reformation, Musik und Philosophie bestehen soll und der das Genie zum Genie zu machen scheint. Doch genauer erklärt ihn Nietzsche

---

[1] Nietzsche, Über die Zukunft unserer Bildungsanstalten. Vortrag IV (1872), KSA Bd. 1, 729

nicht und somit stellte sich weiterhin die Frage, wie das Genie zu ihm gelangt, um Genie zu werden. Über den ‚deutschen Geist' darf man jedenfalls lächeln, wenn er nicht solche brutalen Auswüchse gehabt hätte. Auch der Geniebegriff in der Ästhetik des 18. Jahrhunderts füllt diese Leerstelle nur scheinbar, weil man eben nicht angeben kann, was das Genie befähigt, ein Kunstwerk zu schaffen, außer dass es ein Genie sein soll.

Außerdem verbreitet sich zu seinen Zeiten mit dem Journalismus ein aktualitätsheischender Trend, der „an die Stelle des großen Genius, des Führers für alle Zeiten, des Erlösers vom Augenblick getreten ist."[1] Wenn sich doch das von der Ewigkeit umwehte Genie durchsetzt, dann passiert folgendes: „Es ist als ob dieses Genie in blitzartiger Seelenwanderung in alle diese halben Tierleiber gefahren sei und als ob jetzt aus ihnen allen wiederum nur das eine dämonische Auge herausschaue."[2] Die Geführten stehen nur im Dienste des Führers, sieht letzterer indes das ewige Wesen der Dinge, durch das die Geführten den Sinn ihres Lebens in der völligen Hingabe an das führende Genie erkennen. Dann ergäbe sich „eine prästabilierte Harmonie zwischen Führer und Geführtem"[3] somit eine festgefügte, weil von der Ewigkeit her beseelte Ordnung des Lebens. Nur was diese Ewigkeit bedeutet, danach fragt Nietzsche nicht und damit verbleiben seine Genies im luftleeren Raum. Noch dazu schreibt er die Ewigkeit der Lust zu. Wie heißt es doch im *Zarathustra*: „Doch alle Lust will Ewigkeit -, / ' - will tiefe, tiefe Ewigkeit!"[4] Wenn die Lust mit Foucaults *Gebrauch der Lüste* zu tun haben sollte, dann ist eine ewige Lust ein Widerspruch in sich. Ansonsten findet im romantischen Verständnis

---

[1] Nietzsche, Über die Zukunft unserer Bildungsanstalten. Vortrag I (1872), KSA Bd. 1, 671

[2] Nietzsche, Über die Zukunft unserer Bildungsanstalten. Vortrag V (1872), KSA Bd. 1, 751

[3] Ebd., 752

[4] Nietzsche, Also sprach Zarathustra (1882-84), KSA Bd. 4, 404

Liebe erst im Jenseits Erfüllung, dann freilich ewig. Nur soll es gemäß der Kirchenväter im Paradies gerade keine Wollust gegeben haben, was eine ziemlich langweilige Ewigkeit produziert, die dieser Langeweile denn auch nicht entginge, wenn sich die Wollust ständig wiederholte.

4. Unterwerfung oder Widerständigkeit

Damit lässt sich seine nur scheinbar paradoxe These erklären, warum er eine neue, eine andere Elite der Wiederkünftigen fordert, eine abgehobene Elite fern der Niederungen des Alltags, die herrschenden Eliten im kaiserlichen Deutschland aber ablehnt, seien es die politischen oder die wissenschaftlichen. Denn die herrschenden Eliten sind nun mal gerade nicht abgehoben. Vielmehr stützen sie sich auf die an den Universitäten sich verbreitende, zunehmend positivistischer werdende Bildung. Darauf darf sich Nietzsches Elite der Genien nicht berufen. Und mit profanen Tätigkeiten sollen sie sich auch nicht beschäftigen, wie Nietzsche knapp 10 Jahre später in der *Morgenröte* schreibt: „Alle politischen und wirtschaftlichen Verhältnisse sind es nicht wert , dass gerade die begabtesten Geister sich mit ihnen befassen dürften und müssen: ein solcher Verbrauch des Geistes ist im Grunde schlimmer als ein Notstand. Es sind und bleiben Gebiete der Arbeit für die geringeren Köpfe, und andere als die geringen Köpfe sollten dieser Werkstätte nicht zu Diensten stehen: möge lieber die Maschine wieder einmal in Stücke gehen!"[1]

Damit deutet sich eine Antwort auf die naheliegende Frage an, warum er ‚den jungen Kaiser in der Hand haben' will, anstatt ihn zu beraten und derart zu lenken. Denn das war schon seit Jahrhunderten die eigentliche politische Aufgabe von Gelehrten, unter denen besonders Leibniz als Fürstendiener herausragt. Und Max Weber, der in vieler Hinsicht an Nietzsche

---

[1] Nietzsche, Morgenröte (1880/81), , KSA Bd. 3, 157

anschließt wird der Wissenschaft just die Funktion der Politikberatung zuschreiben. Leibniz wollte den Fürsten lenken, natürlich im rationalen Geist der Aufklärung, wiewohl religiös gemäßigt und selbstredend in keiner Weise radikal. Er glaubte dabei fast ähnlich wie Nietzsche, dass sich mit der Macht des absoluten Fürsten seine Vorstellungen einfach durchsetzen lassen. Wie heißt es doch an einer berühmten Stelle in Schillers *Don Carlos*: „Gehen Sie Europens Königen voran./ Ein Federzug von dieser Hand, und neu/ Erschaffen wird die Erde. Geben Sie/ Gedankenfreiheit!"[1] Ähnlich träumt Nietzsche vom Federzug, dass er mit einer absoluten Macht seine Ideen umsetzen kann, wenn er erst ‚den jungen Kaiser in der Hand' hätte.

Schwerlich hätte er sich von Leibniz' Enttäuschungen warnen lassen. Denn wie schreibt der Leibniz-Biograph Hirsch: „Überglücklich ging Leibniz hinaus, gewiss auch voller Hoffnungen, weil ihm das gegebene Wort eines Herrschers immer auch das letzte Wort zu sein schien. Ein Befehl, ein Federstrich würde genügen . . . ! So pflegte er zu sagen, es war eine feste Vorstellung bei ihm. Dass es meist ganz anders kam, konnte der Gelehrte nie begreifen."[2] Letztlich musste die Bürokratie die Weisungen umsetzen. Wenn dazu kein Geld zur Verfügung stand und niemand da war, der das durchgesetzt hätte, nützt der königliche Federstrich nichts.

Also warum träumt Nietzsche nicht von Politikberatung? Lagen ihm Leibniz' Erfahrungen etwa nahe? Entwickelt er deshalb ein anderes Konzept, mit dem sich der Federstrich-Traum wirklich realisieren lässt? Nietzsches politische Thesen werden in der Schrift *Der griechische Staat* quasi untermauert. Hier formuliert Nietzsche seine politische Grundunterscheidung, dass Staat und Gesellschaft auf der Trennung von Oben

---

[1] Friedrich Schiller, Don Carlos (1787/88), Werke Bd. 1. München 1976, 445

[2] Eike Christian Hirsch, Der berühmte Herr Leibniz – Eine Biographie, München 2016, 411

und Unten beruhen – viel mehr hat er nicht zu bieten, um dem Genius auf seine genialen Sprünge zu verhelfen. Nur die strikte kompromisslose Unterwerfung der Unteren durch geniale politische Führer eröffnet dem Genie den größtmöglichen Spielraum, der doch nicht am Geldmangel oder der Bürokratie scheitern darf. Daher kann er nur mit dem ‚militärischen Genius' aufwarten, dem er die zentrale Rolle zuschreibt, um hierarchische Strukturen und absoluten Gehorsam durchzusetzen, was die Oberen von den Unteren scheiden soll. Warum wohl? Könnten sie sich zu ähnlich sein? Jedenfalls schreibt er: „Wer den Krieg und seine uniformierte Möglichkeit, den *Soldatenstand*, in Bezug auf das bisher geschilderte Wesen des Staates betrachtet, muss zu der Einsicht kommen, dass durch den Krieg und im Soldatenstande uns ein Abbild, oder gar vielleicht das *Urbild des Staates* vor Augen gestellt wird. Hier sehen wir, als allgemeinste Wirkung der Kriegstendenz, eine sofortige Scheidung und Zerteilung der chaotischen Masse in *militärische Kasten*, aus denen sich pyramidenförmig auf einer allerbreitesten sklavenartigen untersten Schicht, der Bau der kriegerischen Gesellschaft erhebt."[1] Und noch in seiner späten Schrift *Zur Genealogie der Moral* preist er dementsprechend den Krieg: „Eine Rechtsordnung souverän und allgemein gedacht, nicht als Mittel im Kampf von Macht-Komplexen, sondern als Mittel gegen allen Kampf überhaupt, […] wäre ein *lebensfeindliches* Prinzip, eine Zerstörerin und Auflöserin des Menschen, (. . .)."[2]

Von dieser Grundlage ausgehend fasst er sein Verständnis vom Menschen noch präziser als in den Bildungsvorträgen. Es gibt weder naturgegebene Menschenrechte noch eine derartige Würde des einzelnen. Vielmehr ist der Mensch von Natur aus Untertan und nur als Untertan erhält er einen Wert, der nicht in ihm selbst liegt, sondern im Dienen genialer Führer, die sich

[1] Nietzsche, Der griechische Staat (1872) – Fünf Vorreden zu fünf ungeschriebenen Büchern – Nachgelassene Schriften, KSA Bd. 1, 775
[2] Nietzsche, Zur Genealogie der Moral (1887), KSA Bd. 5, 313

weder von den Wissenschaften noch von der Bürokratie beinträchtigen lassen dürfen. Nietzsche schreibt: „Jeder Mensch, mit seiner gesamten Tätigkeit, hat nur so viel Würde, als er, bewusst oder unbewusst, Werkzeug des Genius ist; woraus sofort die ethische Konsequenz zu erschließen ist, dass der ‚Mensch an sich', der absolute Mensch, weder Würde, noch Rechte, noch Pflichten besitzt: nur als völlig determiniertes, unbewussten Zwecken dienendes Wesen kann der Mensch seine Existenz entschuldigen."[1]

In der Antike, bevor Sokrates den Rationalismus in die Welt setzte und damit das dionysisch geprägte Leben kanalisierte, sollen die Herrschenden die Masse einfach unterworfen haben, so die Nietzschesche sicherlich falsche These, die wahrscheinlich nicht mal für das mythologische Zeitalter galt, wiewohl die Gefährten des Odysseus namenlos bleiben und untergehen, während er nach Ithaka zurückkehrt. Denn niemals konnten die Herrschenden auf die Kooperation der Masse verzichten. Und Nietzsche selbst hofft am Ende auf Millionen Leser, was nichts anderes nach sich gezogen hätte, als dass er es mit einem Massenpublikum zu tun gehabt hätte.

Sartre hat dazu eine mögliche Begründung geliefert. Aus der Fähigkeit des Bewusstseins zur Transzendenz, aus dem Fürsich, das das Ansichsein überschreitet, indem es dieses reflektiert, ergibt sich für Sartre die Fähigkeit zum Widerstand, zu dem jeder auch unter dem grausamsten Tyrannen fähig ist – Sartres Philosophie der Résistance. Zuvor entwirft Camus in *Der Mythos von Sisyphos* sein berühmtes ‚Trotzdem', indem er die Auflehnung im Angesicht ihrer Aussichtslosigkeit propagiert: „Eine der wenigen philosophisch stichhaltigen Positionen ist demnach die Auflehnung. (. . .) Sie stellt die Welt in jeder Sekunde in Frage."[2]

---

[1] Nietzsche, Der griechische Staat (1872), KSA Bd. 1, 776

[2] Albert Camus, Der Mythos von Sisyphos (1942), Hamburg 1959, 49

Nach Nietzsche muss eine solche Widerständigkeit der Unteren, die für ihn keine natürliche Anlage sein kann, von den Eliten unbedingt gebrochen werden, lässt sich Nietzsche von der Arbeiterbewegung offenbar in Angst und Schrecken versetzen. So beobachtet er mit Argwohn, dass sich die preußisch deutschen Eliten darum bemühen, die Arbeiterklasse in die Gesellschaft zu integrieren, schreibt er im *Zarathustra*: „Und den Herrschenden wandt' ich den Rücken, als ich sah, was sie jetzt Herrschen nennen: schachern und markten um Macht – mit dem Gesindel!"[1] In Adelskreisen nannte man um 1900 herum Aufständische Gesindel. Je mehr Nietzsche soziale Kooperation zu diagnostizieren glaubt, umso mehr wird er diese Eliten hassen, wie den Staat, den sie prägen und zwar durch dessen Bürokratien, die sich der lebensfeindlichen Rationalität der Wissenschaften wie des Rechts bedienen. Denn Leben heißt Herrschen und Beherrschtwerden: „Die Menschen-Gesellschaft: die ist ein Versuch, so lehre ich's, ein langes Suchen: sie sucht aber den Befehlenden!" [2] Der bekennende Untertan sehnt sich nach einem Obertan, der seinem Leben Sinn gibt. Wie schreibt doch Ernst Jünger 1932: „Das tiefste Glück des Menschen besteht darin, dass er geopfert wird, und die höchste Befehlskunst darin, Ziele zu zeigen, die des Opfers würdig sind."[3] In diesen Zusammenhang rücksichtsloser Herrschaft und blinder Unterwerfung gehört auch jener Satz, den man gerne individualistisch interpretiert: „Dort, wo der Staat aufhört, da beginnt erst der Mensch, der nicht überflüssig ist."[4] Das nicht überflüssige Individuum sind keinesfalls die vielen – wie könnten sie –, sondern die wenigen genialen Wegbereiter des Übermenschen. Also macht Beratung Wilhelms II. für Nietzsche keinen Sinn, bleibt somit nur seine Gefangennahme.

---

[1] Nietzsche, Also sprach Zarathustra (1882-84), KSA Bd. 4, 125

[2] Ebd., 265

[3] Ernst Jünger, Der Arbeiter – Herrschaft und Gestalt (1932), Stuttgart 1982, 81

[4] Nietzsche, Also sprach Zarathustra (1882-84), KSA Bd. 4, 63

Das ist natürlich Irrsinn, träumerische Großmannssucht, entspricht aber seinem Verständnis des Genius. Lange vor seinem Wahn will er eine Elite schaffen, in der sich die Genien zusammenfinden. Oder ist das nicht derselbe Wahn? Entbirgt sich der Wahn am Ende durch seine Übersteigerung? Die Wahrheit des Wahns? Oder der Wahn der Wahrheit?

So schreibt er in der ersten *Unzeitgemäßen Betrachtung* den preußischen Sieg über Frankreich im gerade beendeten Krieg nicht einer deutschen Kultur zu, für die er nur Verachtung übrig hat, sondern allein dem militärischen Geist: „Strenge Kriegszucht, natürliche Tapferkeit und Ausdauer, Überlegenheit der Führer, Einheit und Gehorsam unter den Geführten, kurz Elemente, die nicht mit der Kultur zu tun haben, verhalfen uns zum Siege über Gegner, denen die wichtigsten dieser Elemente fehlten."[1]

Aber Nietzsches Kritik an der zeitgenössischen Gesellschaft beschränkt sich keineswegs auf die Eliten. Wie 15 Jahre später ertönt schon eine bittere Klage über die Deutschen im Allgemeinen. Überraschend nur, dass er plötzlich den Mangel gar nicht mehr bei den Führern, sondern bei den Untertanen diagnostiziert: „Denn an den einsichtigsten und kühnsten Führern und Feldherrn hat es den Deutschen nie gemangelt – nur dass diesen oftmals die Deutschen fehlten."[2] Wahrscheinlich meint er jene Untertanen, die politische und soziale Ansprüche stellen. Sind es dann keine Deutschen mehr? Es ist klar, dass die Untertanen das nicht dürfen, müssen diese mit aller Gewalt unterdrückt werden. Und dahinter der Traum vom Federstrich!

Für Sartre entsteht die soziale Frage erst nach dem zweiten Weltkrieg, je mehr er sich der KPF annähert. Maurice Merleau-Ponty stellt die soziale Frage bereits 1945 in seinem frühen Hauptwerk *Phänomenologie der Wahrnehmung* und rückt damit den französischen Existentialismus nach links: „Vor

---

[1] Nietzsche, Unzeitgemäße Betrachtungen (1873-76), KSA Bd. 1, 160

[2] Ebd., 161

allem Bewusstwerden existiert das Soziale auf dumpfe Weise als stumme Forderung. (. . .) Trotz allen Unterschieden der Kultur, der Sitten, des Berufs und der Weltanschauung verbanden sich die russischen Bauern 1917 dem Kampf der Petrograder und Moskauer Arbeiter, da sie ihr Los als ein gemeinsames fühlten; die Klasse ist konkret erlebt, ehe sie noch zum Gegenstand eines wohlerwogenen Wollen wird. Ursprünglich existiert das Soziale nicht als Gegenstand und in dritter Person."[1] Dagegen werden die Eliten als konservativ und kapitalistisch kritisiert – Nietzsche in gewisser inhaltlicher Weise nicht mal so fern, aber mit gegensätzlicher Intention. Die Klassenunterschiede sollen nicht wie für Nietzsche unauflöslich festgezurrt, sondern für die französischen Existentialisten um Sartre abgebaut werden. Es geht dieser Gruppe um diverse Emanzipationsprozesse speziell der Arbeiter und der Frauen. Beides ist Nietzsches Sache gar nicht.

5. Wer trägt Verantwortung?

Nietzsche kritisiert aber nicht nur die politischen Vorstellungen der Aufklärung, sondern auch deren wissenschaftliche, was in eine fundamentale Ablehnung des Rationalismus der Aufklärung und damit dessen, was man im 20. Jahrhundert das naturwissenschaftlich technische Weltbild nennen wird. Nietzsches Kritik ist so treffend wie nachhaltig. Er weist den Naturwissenschaften nach, dass sie die Natur nicht erfassen, wie sie wirklich ist, sondern dass sie die Natur nur mit ihren Mitteln verstehen: „Wir operieren mit lauter Dingen, die es nicht gibt, mit Linien, Flächen, Körpern, Atomen, teilbaren Zeiten, teilbaren Räumen –, wie soll Erklärung auch nur möglich sein, wenn wir Alles erst zum *Bilde* machen, zu unserem Bilde!"[2] Für Nietz-

[1] Maurice Merleau-Ponty, Phänomenologie der Wahrnehmung (1945), Berlin 1966, 414
[2] Nietzsche, Die fröhliche Wissenschaft (1881-82), KSA Bd. 3, 472

sche verlängert sich in den Naturwissenschaften nur der lebens-
feindliche sokratische Rationalismus. Jedenfalls lässt sich dergleichen heute auf die Medizin anwenden, wiewohl Sokrates
dafür bestimmt nicht verantwortlich zeichnet, sondern Bacon
und Galilei.

Eine solche wissenschaftskritische Einstellung findet sich
im emanzipatorischen Existentialismus höchstens am Rande,
wenn beispielsweise Camus das mittelmeerische Denken skizziert, das sich aber auf einen Relativismus beschränkt. Er
schreibt in *L'Homme révolté*: „Wenn die Revolte hingegen eine
Philosophie begründen könnte, wäre es eine Philosophie der
Grenzen, der berechneten Unwissenheit und des Wagnisses."[1]
Oder wenn de Beauvoir vorführt, wie bestimmte wissenschaftliche Perspektiven das patriarchalische Denken verlängern.
Aber grundsätzlich stehen Wissenschaften und Technologien
nicht in ihrem Fokus. Das findet sich dagegen beim katholischen Existentialisten Gabriel Marcel und zwar vergleichbar
mit Nietzsche. So schreibt Marcel in seinem programmatischen
Buch *Sein und Haben*: „In der Tat sehen wir, dass die außerordentliche Vervollkommnung der Technik mit einer maximalen
Verarmung des inneren Lebens verbunden ist."[2]

Freilich spielt aber das Leben als solches eine durchaus ori-
entierende Rolle, nicht im Sinne Nietzsches als eine dionysi-
sche dunkle, womöglich ewige Kraft, sondern konkret bei
Camus als körperliches Erlebnis des Meeres am Strand von
Algier oder als erotisch sexuelle Begegnung bei de Beauvoir
und Sartre. Wie heißt es in den *Mandarins von Paris*:
„„Wenn man mit einem schläft, bricht man das Eis. Man versteht sich doch dann besser als vorher, oder nicht?'"[3] Dergleichen möchte die Medizin heute unbedingt verhindern und Sex
nur noch geimpft, mit Gummi und Handschuhen, eigentlich am

---

[1] Albert Camus, Der Mensch in der Revolte (1951), 1969, 234

[2] Gabriel Marcel, Sein und Haben (1935), 2. Aufl. Paderborn 1968,
202

[3] de Beauvoir, Die Mandarins von Paris (1954), Reinbek 1965, 52

besten per Zoom zulassen. Verglichen mit Camus hat bei Nietzsche das Naturerlebnis weniger körperlichen als vielmehr romantischen Charakter, wenn die Natur abstrakt und fern bleibt und wie bei den Spätromantikern auf die Ewigkeit verweist. So entwickelt die Medizin ein romantisches, dem Jenseits zugekehrtes Menschenverständnis, das zutiefst religiös geprägt ist.

Wenn Nietzsche den rationalistischen wissenschaftlichen Geist kritisiert und ihn aus der Bildung fernhalten will und wenn diese Bildung nicht allgemein verbreitet sein soll, dann betrifft das die Masse, die nicht verbildet werden soll, um dann womöglich soziale Ansprüche zu erheben, nach Aufstiegsperspektiven zu schielen, anstatt sich brav zu unterwerfen und ihren mediokren Tätigkeiten willig nachzugehen. Die sozialistischen Bemühungen um Arbeiterbildung hatten in der Tat zum Ziel, die Arbeiter politikfähig zu machen. Dann aber würden sie anfangen, sich einen eigenen Sinn im Leben zu suchen, anstatt sich den Eliten von Lenins kommunistischer Partei zu unterwerfen und im Dienst für einen starken Genius den Sinn ihres Lebens zu erhalten: der Kampf des Proletariats, das die Interessen der ganzen Menschheit vertritt natürlich nur unter der Bedingung der entsprechenden Führung, Väterchen Stalin.

Absolut gegensätzlich dazu stehen die emanzipatorischen französischen Existentialisten spätestens nach 1945. Je mehr sich de Beauvoir und Sartre indes dem Marxismus annähern, umso mehr stellt sich ihnen auch die Frage der Gewalt, wie sie nicht nur in der proletarischen Revolution, sondern auch in den kolonialen Befreiungskriegen unvermeidlich scheint. Wenn Sartre in seinem Vorwort zu Frantz Fanons *Die Verdammten dieser Erde* die antikoloniale Gewalt als schöpferische Tätigkeit preist, dann scheint er Nietzsche nicht so fern. Freilich bleiben die Ziele gegensätzlich.

Mit Gewalt Unterworfene, so Nietzsches ziemlich abwegige Vorstellung, geben sich mit ihrer Unterwürfigkeit zufrieden, ja erkennen, dass sie selber zu gar keinem Sinn im Leben gelangen können, wenn nicht ein Genius, der sie unterworfen hat, sie in seine Ziele einspannt. Damit macht Nietzsche sicherlich eine richtige Beobachtung, dass sich viele Zeitgenossen nämlich gerne vor einen politischen oder medizinischen Karren spannen lassen, wenn deren Führung als charismatisch erscheint und zugleich mit fetter Beute winkt oder wissenschaftlich fundiert mit Gesundheit, langem Leben, wenn nicht gar ziemlich langem: die Unsterblichkeit taucht dabei auch auf, eben als neue Religion, der die Politik als das weltliche Schwert zu gehorchen hat.

Just dieses Modell übernimmt Max Weber in seinem Idealtypus des charismatischen Führers, zu dem auch Nietzsches Konzept des genialen politischen Führers passt. Der Rationalist Weber spricht denn von einer außeralltäglichen, übernatürlichen oder explizit sogar übermenschlichen Qualität dieser Person. Für den französischen Existentialismus ist das höchstens ein Problem, das durch Emanzipation gelöst werden kann.

Die Untertanen, die einem charismatischen Führer folgen, überlassen dabei die Verantwortung für ihr Leben wie für das Zutuende dieser Führung, eröffnet Nietzsche en passant die Debatte um die Verantwortungsethik, die im 20. Jahrhundert Karriere machen wird. Für Nietzsche ist Verantwortung eine Tugend des ‚souveränen‘, ‚autonom übersittlichen‘ folglich freien Individuums, das seine Wertvorstellungen aus sich selbst heraus entwickelt und dementsprechend denjenigen, die dazu nicht in der Lage sind, mit Herablassung und Verachtung begegnet. Er schreibt 1887 in *Zur Genealogie der Moral*: „Das stolze Wissen um das außerordentliche Privilegium der *Verantwortlichkeit*, das Bewusstsein dieser seltenen Freiheit, dieser Macht über sich und das Geschick hat sich bei ihm <dem souveränen Individuum> bis in seine unterste Tiefe hinabgesenkt und ist zum Instinkt geworden, zum dominierenden Instinkt.“[1]

Sehr ähnlich spricht dann Max Weber explizit von Verantwortung der führenden Staats- und Wirtschaftsleute, für die

---

[1] Nietzsche, Zur Genealogie der Moral (1887), KSA Bd. 5, 294

absehbaren Folgen ihres Handelns, an der sich ihre Sittlichkeit misst, nicht daran ob sie sich an obersten ethischen Normen orientieren. Dagegen haben die Untertanen nach Weber nur zu gehorchen und tragen dabei auch keinerlei Verantwortung: das Genie-Modell Nietzsches, das Weber mit dem Wort Charisma umschreibt. Freilich erläutert er das viel präziser als Nietzsche seinen Genius.

Sartre setzt als nächster die Debatte um die Verantwortungsethik fort, attestiert aber nicht nur jedem Menschen die Freiheit, sein Leben nach eigenen Vorstellungen zu entwerfen. Dafür muss er wie für seine ganze Existenz vielmehr selber die Verantwortung übernehmen – also längst nicht nur für die absehbaren Folgen seines Handelns. Aus der Freiheit folgt eine weitreichende individuelle Verantwortung, der niemand entgeht – damit letztlich auch für die eigene Gesundheit. Das sehen Nietzsche und Weber natürlich völlig anders, ebnen sie den Weg zu *Eichmann in Jerusalem*. Zur Direktwahl des Präsidenten der Weimarer Republik hat Weber in der verfassunggebenden Versammlung ja massiv beigetragen – und zwar genau aus Abneigung gegenüber den Eliten – wie bei Nietzsche – und aus dem Glauben an einen genialen Führer.

Bei Nietzsche verbindet sich mit dem Privileg der Verantwortung am Ende gar eine Allmachtsvorstellung, die Leibniz' und Schillers Federstrich-Idee verlängert. Denn wenn der Kaiser und die Eliten nicht auf ihn hören – das war ihm trotz Wirrnis klar –, meint er vom Größenwahn getrieben, dass er selbst die Macht hätte, mit einem Federstreich durchzusetzen, was er für richtig hielt. So träumt er bereits lange vor dem Wahn in *Jenseits von Gut und Böse* davon, „durch das Mittel einer neuen über Europa herrschenden Kaste, einen langen furchtbaren eigenen Willen, der sich über Jahrtausende Ziele setzen könnte"[1] umzusetzen. Das tausendjährige Reich lässt grüßen.

Natürlich muss er, um solche Ideen zu realisieren, ‚den jungen Kaiser in der Hand haben', der freilich Mitte der achtziger

---

[1] Nietzsche, Jenseits von Gut und Böse (1884-85), KSA Bd.5, 140

Jahre noch gar nicht regierte. Aber das junge Alter von Wilhelm II. könnte ihn dazu animiert haben, diesen zu seinem Spielball machen zu wollen. Der Wahnsinn, auf den der Zusammenbruch seines Denkens hinausläuft, der trotzdem jenem Satz über den jungen Kaiser einen Sinn verleiht, hat also mit seinem Genie-Verständnis doch eine lange Vorgeschichte in seinem Denken. An ihm scheiden sich von Anfang an seine Wege und die des emanzipatorischen Existentialismus, der manchen Illusionen nachhängen mag, aber keinesfalls solchen naiven. Es sei denn man hält die Emanzipation als solche und den Anspruch auf Mündigkeit für einen gefährlichen Unsinn, den man heute medizinisch bekämpft. Wie schreibt doch Paul Mason: „Die gesammelten Daten unseres Lebens – zu denen in naher Zukunft unsere Fahrgeschwindigkeit, unsere Ernährungsgewohnheiten, unser Body-Mass-Index und unsere Herzfrequenz zählen werden – könnten selbst eine sehr wirksame ‚soziale Technologie' sein."[1]

---

[1] Paul Mason, Postkapitalismus – Grundrisse einer kommenden Ökonomie, Berlin 2016, 343

VII. KAPITEL

MAUVAISE FOI UND RHETORIK
SARTRE UND MICHELSTAEDTER

„Ungefähr im Dezember 1910 änderte sich die menschliche Natur"[1], so die berühmten Worte von Virginia Woolf. Dann hat sich Carlo Michelstaedter am 17. Oktober 1910 auch in dieser Hinsicht zu früh erschossen, Otto Weininger bereits 1903, beide im Alter von 23 Jahren. Werk und Tod Michelstaedters haben mit dieser Veränderung des Menschen zu tun. Hat er sie angekündigt, unmittelbar bevor sie stattfindet? Just am Tag zuvor hat er seine Doktorarbeit *Überzeugung und Rhetorik* vollendet und er sagt Tschüss am Geburtstag seiner Mutter.

Den Weg zu dieser Veränderung bereitet vermutlich am Ende des 18. Jahrhundert die Salonkultur. Beispielsweise betreibt Rahel Varnhagen zwischen 1790 und 1806, dem Einzug Napoleons in Berlin, einen Salon, in dem Mitglieder des preußischen Hochadels, Künstler, Intellektuelle, Literaten, Bürger jenseits ethnischer und ständischer Grenzen miteinander frei verkehrten, Lesungen und Aktionen veranstalteten: die Morgenröte von anderen Lebensformen, als den traditionellen. Max Stirner, Sören Kierkegaard oder Friedrich Nietzsche entwickeln diese Perspektiven philosophisch. Kleine avantgardistische Gruppen versuchen sich dem sozialen und kulturellen Anpassungsdruck an die vorherrschenden Umgangs- und Lebensformen einer militarisierten Kriegergesellschaft zu entzie-

---

[1] Zit. bei Charles Taylor, Ein säkulares Zeitalter (2007), Frankfurt/M. 2009, 792.

hen. Georg Simmel prophezeit ihnen ebenfalls 1910 noch das Scheitern: individualistische Bestrebungen unterliegen dem Druck der Kulturentwicklung. Allerdings wehrt sich Michelstaedter gegen einen oberflächlichen Individualismus, während es Simmel darum geht, dass sich das Individuum selbst moralisch in die Gesellschaft integriert. Damit deutet sich an, dass zwischen Michelstaedter und Sartre eine historische Verbindung besteht. Ähneln sich folglich auch philosophisch deren Gedanken?

1. *Sein und Zeit*: Ein Plagiat? Michelstaedter und Heidegger

Dazu gibt es seit 2019 noch ein nicht zu unterschätzendes Zwischenglied, hat nämlich Thomas Vašek in seinem Buch *Schein und Zeit* auf enge Verbindungslinien zwischen Michelstaedter und Heidegger hingewiesen. So ist die die These von Vašeks Buch durchaus geeignet, eine kleine Revolution in der Philosophie anzuzetteln. Denn zumindest der harte Kern der Heidegger-Gemeinde, nämlich jene, die sein Frühwerk *Sein und Zeit* (1927) als das wichtigste Werk des 20. Jahrhunderts betrachten, könnte die These schockieren. Vašek stellt nämlich nicht nur abschließend fest: „Das Beste aus *Sein und Zeit* steht, wie ich meine, schon bei Michelstaedter."[1]

So unterstellt Vašek darüber hinaus, dass die zentralen Gehalte von *Sein und Zeit* weitgehend jenen entsprechen, die zuvor schon Michelstaedter in *Überzeugung und Rhetorik* entwickelt. Damit raubt er *Sein und Zeit* dessen viel gepriesene Originalität. So diagnostiziert Heidegger bei Platon und Aristoteles den Beginn der abendländischen Onto-Theologie, also der Metaphysik und wendet sich der Parmenideischen Einheit von Denken und Sein zu. Einen ähnlichen Ansatz entwickelt jedoch

---

[1] Thomas Vašek, Schein und Zeit – Martin Heidegger und Carlo Michelstaedter. Auf den Spuren einer Enteignung, Berlin 2019, 244

bereits Michelstaedter, wenn mit Aristoteles die Welt zunehmend rational beherrscht werden soll, das Seiende auf den Begriff gebracht wird, ohne dass man sich darüber Gedanken macht, was Sein denn eigentlich heißt.

Ein wichtiger gemeinsamer Begriff ist die Sorge, die man sich nach Michelstaedter darum macht, dass man leben kann. Heidegger versteht das Dasein – der zentrale Begriff in *Sein und Zeit* – als die Sorge selbst, die sich ähnlich um Vorsorgen bemüht. So konstatiert Vašek: „Die ‚Daseinsanalysen' Michelstaedters und Heideggers ähneln einander sowohl in begrifflicher als auch in argumentativer Hinsicht. Der Grundcharakter des Lebens liegt in der ‚Sorge' um unser Sein, die in unserer Endlichkeit, in unserer Bedürftigkeit gründet."[1]

In einem Anhang stellt Vašek schematisch und trotzdem sehr aufschlussreich Begriffe und Konzeptionen von Michelstaedter und Heidegger direkt gegenüber, teilweise kommentierend und in einer Schautafel. Michelstaedters Überzeugung entspricht Heideggers Entschlossenheit, die Rhetorik dem Man, der Selbstbesitz der Eigentlichkeit, die Todesfurcht dem Sein zum Tode, während Sorge, Welt und Angst bei beiden gleich lauten.

Für Vašek bestehen die Ähnlichkeiten zwischen Michelstaedter und Heidegger indes weniger in gemeinsamen Begriffen als vielmehr in ähnlichen Themen und Denkbewegungen. Für Michelstaedter ist das Leben der Rhetorik verfallen, d.h. den sozialen Gepflogenheiten, bei denen der einzelne nicht zu sich selbst, zu seiner Überzeugung gelangt. Genauso entfremdet ist der Zeitgenosse durch Heideggers ‚Man', wenn man sich dem anpasst, was auch die anderen sagen und tun. Dann gelangt man nicht zur Eigentlichkeit, zu sich selbst. So ist *Überzeugung und Rhetorik* nach Vašek „ein ontologischer Entwurf: Eine Analyse des menschlichen Daseins, die Heideggers epochales Hauptwerk in vielem vorwegzunehmen scheint."[2]

---

[1] Vašek, Schein und Zeit, 2019, 51

[2] Ebd., 62

Aber Vašek geht noch einen Schritt weiter, wenn er andeutet, dass diese Parallelen sich womöglich nicht bloß einem epochalen Zeitgeist verdanken könnten. Auch schon in den zwanziger Jahren, bevor *Sein und Zeit* erscheint, bemerkt Vašek im Denken Heideggers Parallelen zu Michelstaedter, der vom ‚Entbehren seines Lebens‘ spricht, so dass das Leben nicht als ganz erscheint. Kurz nach der Publikation der deutschen Übersetzung von *Überzeugung und Rhetorik* 1922 heißt es in Heideggers *Phänomenologischen Interpretationen zu Aristoteles*, dass der ‚Seinssinn von Leben‘ als „Darbung" zu verstehen sei.

Könnte es sein, dass Heidegger Michelstaedters Manuskript kannte? Das lässt sich nicht beweisen. Aber Vašek skizziert gewisse Wege, auf denen Michelstaedters Werk um 1920 über dessen Doktorvater, Göttingen und Husserl schließlich in die Hände Heideggers geraten sein könnte. Sollte Husserl Michelstaedters Text zur deutschen Veröffentlichung begutachten und gab er das Manuskript an seinen Assistenten Heidegger weiter? Das ergäbe doch einen glatten Plagiatsfall und Heidegger müsste als Philosoph zurücktreten.

Vašek verfolgt bei seiner Interpretation von *Sein und Zeit* indes eine andere Absicht. Er schließt an das Buch von Thomas Sheehan *Making Sens of Heidegger* an, für den Heideggers großes Thema nicht das Sein sondern die Endlichkeit ist. Damit rückt er einen zentralen Aspekt von *Sein und Zeit* in die Mitte von Heideggers Gesamtwerk, nämlich den Vorlauf zum Tode, der von den Zeitgenossen verdrängt wird, indem man dem Erlebnis, dem Vergnügen verfällt, den Illusionen des ‚Man‘. Das ist für Michelstaedter ebenfalls eine Degeneration, die den Zeitgenossen benommen macht, die den „Besitz seiner selbst" verhindert, während bei Heidegger derart das Dasein nicht zu seinem Sein gelangt, sondern in die Seinsvergessenheit abgleitet.

So stehen Überzeugung und Rhetorik bei Michelstaedter Heideggers Eigentlichkeit und Uneigentlichkeit gegenüber. Die Gegenwärtigkeit des Todes wird rhetorisch verdrängt, während nur der Überzeugte wirklich dem Tod ins Gesicht zu sehen vermag und jederzeit bereit ist zu sterben. Das „Sein zum Tode" entbehrt auch bei Heidegger jenen, die uneigentlich leben, während der Tod nur in der Sorge adäquate Beachtung findet. So gehört für beide der Tod unmittelbar zum Leben.

Nur wer darauf achtet, übernimmt für Michelstaedter die Verantwortung für sein Leben. Für Heidegger ‚überantwortet' der Vorlauf zum Tod sein eigentliches Dasein. Wie bei Michelstaedters Überzeugung bedarf es bei Heidegger dazu der Entschlossenheit, um die Existenz, wie sie ist, zu übersteigen und um dem eigenen Selbst treu zu bleiben. So kann Vašek konstatieren: „Die Ähnlichkeiten zu Heideggers ‚Vorlaufen in den Tod' haben Michelstaedter-Forscher immer wieder bemerkt."[1]

Doch Vašek geht im Anschluss an Sheehan noch einen wesentlichen Schritt weiter: „*Sein und Zeit* handelt nicht primär vom ‚Sein'. Es handelt – wie vielleicht sogar sein gesamtes Denken – von einer Verwandlung, einer Wiedergeburt des Menschen – von einer Wiedergeburt als sterblicher Gott. Man kann darin ein spätes Echo auf Nietzsches Übermenschen sehen, vielleicht auch eine charakteristische Denkfigur seiner Zeit."[2] Damit erhebt er *Sein und Zeit* zum Organon von Heideggers Gesamtwerk. Gerade die Poststrukturalisten, die sich gerne auf Heidegger beziehen, rezipieren damit nicht nur indirekt *Sein und Zeit*, sondern in der Konsequenz eigentlich Michelstaedter.

Doch nicht nur hat Heidegger selbst das Programm von *Sein und Zeit* für gescheitert erklärt – gut, der Autor ist nicht Herr seiner Interpretationen. Man könnte in des auch fragen, ob Heidegger vielleicht befürchtete, dass die Zusammenhänge zu Michelstaedter bekannt werden könnten.

Zudem hält Heidegger Nietzsches Übermenschen wie dessen Willen zur Macht bereits in den dreißiger Jahren für metaphysisch. Dass der späte Heidegger gar vom Menschen selbst

---

[1] Vašek, Schein und Zeit, 2019, 145
[2] Vašek, Schein und Zeit, 2019, 241

die Rettung vornehmlich vor der technischen Gefahr erwartete, dem widerspricht allein jener Satz Heideggers, „Nur noch ein Gott kann uns retten", aus dem Jahr 1966, der zum Titel des Spiegel-Gesprächs avancierte, das im Jahr 1976 publiziert wurde.

Gerade auch die poststrukturalistische Heidegger-Rezeption, nimmt dessen Abkehr von *Sein und Zeit* ernst, bei der gerade die Gedanken der Eigentlichkeit, des Daseins und des Seins zum Tode hinter sich gelassen werden, nicht zuletzt weil diese zu sehr im Bannkreis des ersten Weltkriegs stehen. Existentialismus und Poststrukturalismus stehen sich zwar nicht so fern, wie gerne von beiden Seiten getan wird. Aber so nahe sind sie sich doch auch wieder nicht.

2. Individuum und Gesellschaftsmaschine

Ein Grundthema von Philosophie und Literatur am Anfang des 20. Jahrhunderts ist die Einsamkeit, wirft die moderne Welt für viele Zeitgenossen mehr Fragen auf, als dass sie Antworten zu geben vermag. Die damals unlängst erst entstandene Massengesellschaft höhlt die zwischenmenschlichen Beziehungen aus, so dass sich die einzelnen just in der Masse verloren fühlen. Es wundert daher nicht, wenn Einsamkeit sowohl beim jungen Sartre in den dreißiger Jahren, speziell in seinem ersten Roman *Der Ekel* aus dem Jahr 1938 eine wichtige Rolle spielt, als auch Carlo Michelstaedter seinen Text *Überzeugung und Rhetorik* damit anheben lässt.

Die Zeitgenossen sind nicht mehr bei sich selbst, sind sie sich vielmehr selbst fremd geworden, wenn letzterer schreibt: „Die Menschen klagen über diese ihre Einsamkeit, aber wenn sie ihnen beklagenswert ist – ist sie es deshalb, *weil sie sich einsam fühlen, wenn sie bei sich selbst sind*; sie haben das Gefühl, bei niemandem zu sein und es mangelt ihnen an allem."[1] Sie leben nicht aus sich selbst heraus, sondern sind sich selbst fremd geworden. Die Einsamkeit verdankt sich somit primär gar keinem Mangel an Zwischenmenschlichkeit. Stattdessen erscheint sie als eine innerliche Verfassung, als innerliche Leere, als ein leeres Selbst. Allerdings verdankt sich diese Leere bei Michelstaedter den äußeren sozialen und kulturellen Umständen, somit auch einem Mangel an Zwischenmenschlichkeit, wenn auch nicht direkt, aber indirekt.

Sartre wird diese Einsamkeit als ein Element der Fremdheit mit sich selbst letztlich zu einer ontologischen Struktur des Bewusstseins erheben, wenn er am Ende seines frühen Aufsatzes „Die Transzendenz des Ego" aus dem Jahr 1936 schreibt: „Tatsächlich *ist* mein *Ich für das Bewusstsein nicht gewisser als das Ich anderer Menschen. Es ist lediglich vertrauter.*"[2] Just dieses Vertrauen, das Selbstvertrauen gibt, das mangelt den Zeitgenossen auch für Michelstaetter. Daher können sie letztlich nicht mehr mitteilen, was sie eigentlich wollen, haben sie keine Überzeugungen mehr – so sein Grundthema. Das präexistientialistische Denken Sartres der dreißiger Jahre reflektiert diese Einsamkeit und Selbstfremdheit noch ohne soziale Rückkoppelung wie später in den Vierzigern, was nicht nur eine zeitliche, sondern auch eine konzeptionelle Nähe zu Michelstaedter ergibt. Offen bleibt dabei zunächst, ob sich diese Nähe denn halten wird, wenn Sartre unter nazi-deutscher Besatzung seine eigentliche existentialistische Philosophie entwickelt.

Zunächst erinnert Antoine Roquentin, Sartres Held in *Der Ekel*, an dessen eigene Einsamkeit in jenen jungen Jahren, in denen Sartre als Gymnasiallehrer an eine Schule in Le Havre versetzt war. Er ist wie Roquentin mit sich selbst nur insoweit nicht im Unreinen, wie ihn seine belanglosen Mitmenschen

---

[1] Carlo Michelstaedter, Überzeugung und Rhetorik (1913), Frankfurt/M. 1999, 14
[2] Sartre, Die Transzendenz des Ego – drei Essays (1936-1939), Reinbek 1964, 42

anwidern – eine Haltung die er in jenen Jahren mit Cioran teilt, den man auch gerne mit Michelstaedter vergleicht: Nur dass Cioran diese Ablehnung der Zivilisation bis ins hohe Alter nicht aufgibt.

Jedenfalls fühlt sich Sartre selbst ähnlich eingebunden in eine absurde überflüssige Existenz, die keinerlei Sinn oder Notwendigkeit zeichnet. In *Der Ekel* heißt es: „Wir waren ein Häufchen Existierender, die sich genierten, die sich selbst im Wege standen; wir hatten nicht den kleinsten Grund, da zu sein, die einen nicht, und nicht die anderen; jeder Existierende – verwirrt und leicht beunruhigt – fühlte sich überflüssig im Verhältnis zu den anderen. *Überflüssig*: das war das einzige Verhältnis, das ich festlegen konnte zwischen diesen Bäumen, Gattern und Steinen."[1]

Michelstaedter ruft dementsprechend der Mehrheit seiner Zeitgenossen, den Massenmenschen, zu: „Was soll euch das Leben, wenn ihr in jeder Gegenwart auf das Leben verzichtet aus Sorge um das Mögliche. Wenn ihr in der Welt seid und nicht in der Welt seid, schlaft und müde seid, liebt und euch Gewalt antut, wenn ihr ihr seid und nicht ihr seid."[2] Michelstaedter und Sartre eint somit eine Zeitdiagnose, dass sich die Mehrheit der Menschen im Zustand der Entfremdung befinden und ein sinnentleertes Leben führen – eine Diagnose, die nicht nur Cioran teilt, sondern vor allem Martin Heidegger, von dem sowohl Sartre und Cioran lernen. Nach Heideggers Analysen aus *Sein und Zeit* leben die modernen Zeitgenossen im Zustand der Uneigentlichkeit, sehen sie sich nicht nur einer anonymen Öffentlichkeit preisgegeben, sondern vor allem auch ihrer eigenen Geschäftigkeit, Naturferne und ihrem Egoismus verfallen.

Das hat für Michelstaedter nur teilweise strukturale Gründe. Dem unvermeidlich auf die Zukunft ausgerichteten Leben

---

[1] Sartre, Der Ekel (1938), Gesammelte Werke Romane und Erzählungen Bd. 1, Reinbek 1987, 146

[2] Michelstaedter, Überzeugung und Rhetorik (1913), 49

mangelt es von Hause aus an Sattheit in der Gegenwart. Es treibt daher immer über sich hinaus, womit er einen ähnlichen Gedanken formuliert wie vor ihm schon Henri Bergson, der auch Sartre tief beeinflusst. Das Leben selbst als ein auf die Zukunft ausgerichtetes geistiges Prinzip drängt als Lebenstrieb, als *élan vital*, nach Bergson das Leben immer weiter. Notorische Zukunftsorientierung, die zumeist in Zukunftsangst ausläuft, verhindert Ruhe und Gelassenheit im Alltag.

Dabei beschränken sich die Zeitgenossen auf ihr kleines Leben, das zudem in die gesellschaftlichen Strukturen um so mehr eingebunden bleibt, wie es keine eigenen Vorstellungen umsetzt, dem es an eigenen Überzeugungen mangelt. Michelstaedter gelingt hier ein Spagat von der Vorstellung eines lebendigen Lebens zur Unterwerfung unter eine Gesellschaftsmaschine, die die Einzelnen mit betreiben und die sie ihrerseits versorgt, um diese zugleich dadurch zu versklaven: „dabei dreht sich jeder um seine Achse und spürt nach und nach in den Zähnen seines Rades die Zähne der angeschlossenen Räder (. . .), bewegt und bewegend zugleich, (. . .)."[1] Die Gesellschaftsmaschine spielt dabei eine ähnliche Rolle wie bei Simmel die Kultur, die die Zeitgenossen ihrer Individualität beraubt und sie zu fügsamen Rädchen im gesellschaftlichen Getriebe formt.

Eher indirekt taucht bei Sartre ein vergleichbarer Gedanke auf, wenn er in seinem Roman *Der Aufschub* die Zeitgenossen den politischen wie gesellschaftlichen Entwicklungen hilflos ausgeliefert vorführt, weil sie letztlich in ihr Leben versponnen sind, was sie darüber nicht hinaussehen lässt. Ansonsten beschäftigt sich Sartre weniger als Michelstaedter mit den fatalen Auswirkungen von Wissenschaft, Industrie und Technik auf Gesellschaft und Individuen.

Michelstaedter klinkt sich damit denn auch in die pessimistische, zumeist konservative, häufig religiöse Kulturkritik zwischen 1850 und 1950 ein, zu der neben Nietzsche und Bergson, Max Scheler, Gabriel Marcel und Eric Voegelin zählen. Sartre

---

[1] Michelstaedter, Überzeugung und Rhetorik (1913), 100

bleibt in dieser Hinsicht der Moderne treu, findet sich bei ihm weder eine Kultur- und Technikkritik, noch sprachphilosophische Überlegungen, die den Aufklärungsoptimismus erschüttern könnten. Hinsichtlich der Rhetorik antizipiert Michelstaedter mehr als Sartre den späteren sprachphilosophischen Geist des 20. Jahrhundert.

Daher erweist sich Michelstaedter als Wegbereiter nicht nur des Existentialismus, sondern auch des Poststrukturalismus. Denn Deleuze und Guattari greifen den Gedanken der Gesellschaftsmaschine auf, wenden den Maschinenbegriff aber auch auf den Menschen an – und zwar generalisierend: Das Naturwesen Mensch ist selbst ein Maschinenwesen. Michelstaedter beschränkt dagegen diese Vorstellung noch auf den Menschen, wie er sich selbst in der modernen umgreifenden Gesellschaft konstituiert: „*Virtuosität* ist gleichbedeutend mit Spezialisierung: Ich wiederhole, übertreibe, entwickle ungeheuer eine bestimmte Handlung, eine ganze Reihe von Handlungen – und schon habe ich eine ansehnliche Person. Ich habe aus mir eine hervorragende Maschine gemacht."[1]

Fast wie im *Anti-Ödipus* wünscht das Individuum seinen Anschluss an die Gesellschaftsmaschine und betreibt diesen denn auch eigenständig. Zwar wird der späte Sartre, der sich dem Marxismus annähert, die Abhängigkeit des Menschen von den sozialen Systemen und der historischen Entwicklung thematisieren. Doch dabei geht es ihm eher darum, die Schwierigkeit des individuellen Handelns angesichts diverser Zwänge vorzuführen, nicht um die Angeschlossenheit der Zeitgenossen an die Gesellschaft.

Insoweit wie Michelstaedter indes primär von der subjektiven, weniger einer ontologischen Eingebundenheit in die Gesellschaft ausgeht – also anders als Deleuze und Guattari – wie Michelstaedter auch die Möglichkeit der Überzeugung denkt, besteht eine Option, sich der Maschinenwerdung zu entziehen, wie für Sartre der Mensch durchaus zur Handlung fähig ist,

---

[1] Michelstaedter, Überzeugung und Rhetorik (1913), 88

auch wenn das Handeln notorisch gefährdet bleibt. Wenn sich der Zeitgenosse um diese Option nicht bemüht – so Michelstaedter – „geht ihm die Herrschaft über *das eigene Leben* verloren, (. . .) das (. . .) nicht (. . .) zum aktuellen Besitz seiner selbst gelangen kann: zur *Überzeugung*.“[1] Ohne eine eigene Überzeugung folgt der Mensch anderen, lässt sich von diesen lenken, plappert nach, was diese vorplappern: „Auf dem Klavier spielt er nicht seine Melodie – sondern die von den anderen vorgeschriebenen Phrasen.“[2] Man könnte meinen, Michelstaedter antizipiert Herbert Marcuses Medienkritik der Lenkung der Menschen durch eine mediale und politische Sprache.

Ohne Überzeugung ist der Einzelne nicht Herr seiner selbst, hat er sich nicht, bestimmt er sich nicht selbst. Ein ähnlicher Gedanke findet sich denn auch bei Gabriel Marcel, dem katholischen Existentialisten und Gegner Sartres. Für Marcel ergibt sich aus dem Haben ein eher geheimnisvolles Besitzverhältnis des eigenen Körpers. Von meinem Körper bin ich nicht getrennt. Wie schreibt doch Marcel 1935 in seinem bekanntesten Text *Sein und Haben*: „Ich kann nicht ernsthaft sagen: ich und mein Körper.“[3] Wenn die moderne Medizin den Menschen entweder somatisch oder psychisch betrachtet, dann spaltet sie diese mystische Einheit des Menschen mit seinem Körper auf und verfehlt derart den Menschen in seinem Sein.

Wenn Michelstaedter die Entfremdung des Menschen der Entwicklung moderner Wissenschaft und Technik zuschreibt, so bestehen in dieser Hinsicht größere Parallelen zu Marcel denn zu Sartre, der damit ja erheblich geringere Probleme hat. Sartre thematisiert den Körper dagegen stärker in zwischenmenschlicher phänomenologischer Perspektive, stellt der Körper doch eine Art Faktizität dar, die den Einzelnen zu dem macht, was er hier und jetzt ist, während es Sartre just vor diesem Hintergrund darum geht, wie man diese faktisch gege-

---

[1] Michelstaedter, Überzeugung und Rhetorik (1913), 26
[2] Ebd., 117
[3] Marcel, Sein und Haben (1935), 15

bene Existenz überschreiten, also verändern kann, wie das auch in sexuellen Beziehungen möglich ist.

3. Michelstaedter als Wegbereiter der Verantwortungsethik

Bestehen hinsichtlich der Gegenwartsanalyse, also der Situation des modernen Menschen zwischen Michelstaedter und Sartre bereits zahlreiche Parallelen, fragt sich als nächstes, inwieweit beide daraus auch ähnliche Konsequenzen ziehen. Wie reagiert der moderne Mensch auf Einsamkeit und Entfremdung, auf das Ausgeliefertsein an die sozialen Bedingungen?

Als Konsequenz dieser Entfremdung ergibt sich für Michelstaedter eine Art falsches Bewusstsein, oder besser ein verdrehtes Bewusstsein. Indem der Mensch sich als Maschine konstituiert, schreibt er sich selbst einen künstlichen Wert zu, den er sich einbildet. Dementsprechend wirft er ein künstliches Licht auf die Dinge, bzw. die Welt, verleiht dieser eine relative Bedeutung, die er für eine absolute hält, weil er sich selbst als absolut setzt, eben als denjenigen, der erkennt, urteilt und schätzt. Dazu bemerkt Michelstaedter: „Er will sich ‚eine Person aufbauen' mit der Behauptung der absoluten Person, die er nicht hat: *es ist die unangemessene Behauptung der Individualität: die Rhetorik.*"[1]

Rhetorik spielt bei Michelstaedter eine ambivalente Rolle, nämlich die des Verbergens wie die des Entbergens. Im Kontext dieses verdrehten Bewusstseins spielt sie eine verbergende Rolle. Indem sie aber auch zum Entbergen beiträgt, unterstützt sie auch jene Bemühungen der Zeitgenossen, mit der Welt angemessen umzugehen. Michelstaedter gehört also zu den wenigen Autoren in der Geistesgeschichte, die der Rhetorik einen gewissen Sinn zubilligen.

---

[1] Michelstaedter, Überzeugung und Rhetorik (1913), 62

Bei Sartre dagegen ist Rhetorik kein eigenes Thema. In *Der Aufschub* warten Menschen in verschiedenen Ländern in unterschiedlichen Lebenssituationen auf das Ergebnis des Münchner Abkommens von 1938. Die meisten wünschen den Frieden, allerdings nur, um ungestört ihren Interessen weiter nachgehen zu können. Sie befinden sich im Zustand der *mauvaise foi*, wie es Sartre nennt, der Unaufrichtigkeit und wollen nicht begreifen, dass es sich dabei nur um den Aufschub des Krieges handelt, nicht um den wirklichen Frieden.

Der Roman endet nach Unterzeichnung des Abkommens mit der Rückkehr von Ministerpräsident Edouard Daladier nach Paris: „Das Flugzeug beschrieb weite Kreise über Le Bourget, schwarzes welliges Pech bedeckte die Hälfte der Landefläche. Léger beugte sich zu Daladier hinüber, zeigte darauf und rief: ‚Was für eine Menschenmenge!' (. . .),Sind sie da, um mich zu verdreschen.' Léger protestierte nicht. Daladier zuckte die Achseln: ‚Ich verstehe sie.' (. . .) Das Flugzeug hatte aufgesetzt. Daladier stieg mühsam aus der Kabine und setzte den Fuß auf die Treppe; er war leichenblass. Ungeheures Geschrei brach aus (. . .); sie schrien: ‚Es lebe Frankreich! Es lebe England! Es lebe der Frieden!' (. . .) Daladier (. . .) drehte sich zu Léger um und murmelte: ‚Die Idioten!'"[1]

Mauvaise foi übersetzt Justus Streller mit Unwahrhaftigkeit und Traugott König mit Unaufrichtigkeit in der ersten und der zweiten deutschen Fassung von Sartres *Das Sein und das Nichts*. Das Lexikon gibt diesen Ausdruck mit Treulosigkeit wieder. Die *mauvaise foi* begreift Sartre als eine Verdrehung der Freiheit. Nicht weil die Menschen auf welche Weise auch immer determiniert werden, sind sie nicht frei. Im Gegenteil, die vermeintliche Unfreiheit erweist sich als gewollt bzw. produziert, und zwar durch aktive bewusste, zumindest halbbewusste Verdrehung von Fakten, durch ein geflissentliches Hinwegsehen, mehr als sehr wohl ahnend, dass man sich im

---

[1] Sartre, Der Aufschub (1945), Gesammelte Werke Romane und Erzählungen Bd. 3, Reinbek 1987, 390f

Grunde etwas vorgaukelt, also in einer Neigung zum Verdrehen der Möglichkeiten der Freiheit, zum Umdefinieren der Faktizitäten, zur Verschiebung.

In der *mauvaise foi*, die ich daher lieber mit *verdrehtem Bewusstsein* übersetzen würde, legt sich das Ich die Welt so zurecht, dass diese dem Betroffenen möglichst wenig Schwierigkeiten bereitet. Im verdrehten Bewusstsein erscheint der Betroffene von der Umwelt oder seinen Lüsten soweit beherrscht, dass er diese selbst nicht mehr kontrollieren oder gar verändern könnte. Der Einzelne sieht sich als strukturell unfrei und insoweit auch nicht für diese Welt verantwortlich: Wenn die Nazis an die Macht kommen, dann muss man ihnen auch mit den anderen zujubeln. Wenn man Lokomotivführer ist, dann muss man auch Züge nach Auschwitz fahren und ist weder dafür verantwortlich, was in diesen Zügen noch am Ende der Reise passiert. Man ist ja nicht frei.

Im Sinne eines verdrehten Bewusstseins spielt bei Michelstaedter die Überzeugung eine ähnliche Doppelrolle wie die Rhetorik. Um zu leben braucht der Mensch eigentlich eine starke Überzeugung. Doch für die meisten Menschen erwächst sie nicht aus der Stärke, sondern aus der Schwäche: „Ihre Überzeugung ist die Angst vor dem Tod, Geborensein heißt nichts als den Tod fürchten. Und wenn der Tod ihnen in einer bestimmten Zukunft gewiss wird – zeigt sich, dass sie schon tot sind in der Gegenwart. Alles was sie mit fester Überzeugung, zu einem sicheren Zweck, mit ersichtlichem Grund tun und sagen – ist nichts als Angst vor dem Tod (. . .).“[1] Michelstaedter diagnostiziert somit eine falsche Überzeugung, die just dort entsteht, wo die Menschen nur ein Grundmotiv beherrscht nämlich die Angst. Es handelt sich durchaus um eine feste Überzeugung, die Gewissheiten liefert.

Doch damit verdreht diese Überzeugung das Bewusstsein der Zeitgenossen: Alles dreht sich um das Überleben, genauer um die eigene Sicherheit. Die Angst vor dem Tod raubt ihnen

---

[1] Michelstaedter, Überzeugung und Rhetorik (1913), 37

daher ihr Leben schon vor dem Tod, wenn sie ihr ganzes Leben ihrer Sicherheit unterordnen. Das führt denn auch dazu, dass die Zeitgenossen von ihren Mitmenschen Hilfe erwarten, die sie indes nur abhängig von diesen macht und ihnen den Weg in die Verantwortungslosigkeit weist – eine Situation, wie sie sich 2020 ebenfalls einstellte.

Bei Michelstaedter klingt das Thema Verantwortung in einem überraschend starken Maße zu einer Zeit an, als es noch kaum thematisiert wurde. Nietzsche spricht an wenigen Stellen davon und schreibt Verantwortung primär einer Aristokratie zu, stellt Verantwortung ein Privileg einer ungewöhnlichen Freiheit dar. Damit inspiriert er Max Weber, der als erster die Verantwortungsethik auf den Begriff bringt, das aber erst 1918.

Vor Weber erkennt indes Michelstaedter die Bedeutung des Themas und zwar just in zu Weber gegenläufiger Perspektive. Wo Weber die Verantwortungslosigkeit der Untertanen geradezu propagiert, erkennt Michelstaedter darin die entscheidende Schwäche, wenn er schreibt: Jeder „muss die Verantwortung für sein Leben auf sich nehmen, für die Art, in der er es zu leben hat, um zum Leben zu gelangen, und diese Verantwortung kann nicht von anderen übernommen werden; er muss in sich selbst die Sicherheit seines Lebens haben, die ein anderer ihm nicht geben kann; er muss sich hervorbringen und die Welt, die vor ihm nicht existiert".[1] Doch just das unterlassen die meisten Zeitgenossen und verhalten sich stattdessen verantwortungslos, wie es Sartre mit dem verdrehten Bewusstsein auch beschreibt.

Integriert in die Gesellschaft, abhängig von ihren Mitmenschen verliert nach Michelstaedter der Mensch die Mündigkeit, darf er gerade nicht mehr nachdenken, nicht nach der Gerechtigkeit fragen, sondern höchstens noch eigene Rechte beanspruchen, die ihm andere zugestehen. Er muss den vorgeschriebenen Wegen folgen bzw. sich an seine Vorschriften

---

[1] Michelstaedter, Überzeugung und Rhetorik (1913), 41

halten und seine Aufgaben genauestens ausführen. Für Weber stellt das noch eine wichtige Form der Sittlichkeit dar.

Für Michelstaedter eröffnet sich hier indes sogar der Weg ins Verbrechen: Als hätte er es geahnt, antizipiert er die Ablehnung jeglicher Verantwortung eines *Eichmann in Jerusalem*. „So wird ihm", schreibt Michelstaedter, „das *Verantwortungsgefühl* genommen. Das Pferd, das einen Menschen trägt, der ein Verbrechen begehen wird, ist dafür nicht verantwortlich, und nicht verantwortlich ist unser Mensch für das Böse, für das Gute, dem sein Gehen dient. Er ist kein Mitwisser, (. . .) sondern Komplize im guten Glauben."[1]

Der Richter urteilt gemäß seiner juristischen Logik, übernimmt aber nicht dafür die Verantwortung, ob dieses Urteil gerecht ist. Der Lehrer malträtiert seine Schüler, ohne zu sehen, dass er ihnen damit Gewalt antut: „er ist bewusstloses Werkzeug"[2], konstatiert Michelstaedter. Just in diesem Sinn antizipiert Michelstaedter nicht nur Hannah Arendts Diagnose hinsichtlich Eichmanns Verantwortungslosigkeit, sondern vor allem Sartres Verbindung von Freiheit und Verantwortung.

Dabei ist Sartres Problem weniger, dass Menschen sich zu Werkzeugen machen lassen. Das ist für ihn zweifellos auch der Fall. Wichtiger ist die Frage, warum sie dabei aus ihrem Leben nichts machen und vielmehr verantwortungslos dahin leben. Warum übernehmen sie keine Verantwortung? Warum handeln sie nicht? Wenn sie nicht verantwortungsvoll handeln, werden sie leicht zu Werkzeugen anderer Menschen oder der großen Systeme.

In Sartre Roman *Die Zeit der Reife* lebt Mathieu Delarue in der Zeit vor dem Münchner Abkommen entscheidungslos vor sich hin, will sich nicht binden und hält das für Freiheit. In der Tat steht er auch vor dem Problem, nicht genügend Gründe zu haben, sich beispielsweise den Kommunisten anzuschließen, nach Spanien in den Bürgerkrieg zu ziehen oder seine schwan-

---

[1] Michelstaedter, Überzeugung und Rhetorik (1913), 113
[2] Ebd., 137

gere Freundin Marcelle zu heiraten. Um mit Michelstaedter zu sprechen, mangelt es ihm an Überzeugungen. Aber wie für Michelstaedter erweisen sich manche Überzeugungen als kontraproduktiv, könnten den Einzelnen zu einem Werkzeug beispielsweise der Kommunisten machen – eine Situation, in der sich Sartre selber befand.

Im finalen Gespräch erklärt Daniel Mathieu: „'Du bist frei.' ,Nein', sagte Mathieu und schüttelte den Kopf: ,Wenn man eine Frau verlässt, ist man noch nicht frei.' (. . .) Er wurde von Daniel förmlich gebannt. Er dachte: ,Ist das die Freiheit? Er hat *gehandelt*: er kann jetzt nicht mehr zurück; es muss ihm seltsam vorkommen, hinter sich eine unbekannte Tat zu wissen, die er fast schon nicht mehr begreift und die sein Leben verändern wird. Alles was ich tue, tu' ich *umsonst*; als ob man mich um die Folgen meiner Taten bestähle; alles geht vorbei, als wenn ich meine Züge immer wieder zurücknehmen könnte. Ich weiß nicht, was ich alles für eine unmissverständliche Tat geben würde.'"[1]

Wer nicht handelt, wer seine Chancen nicht nützt, der lebt letztlich verantwortungslos, ohne dass nach Sartre ihm andere die Verantwortung wirklich abnehmen könnten. Er muss auch dafür einstehen, nicht zu handeln, seine Freiheit nicht zu nutzen. Insofern grenzt Sartre die Verantwortungslosigkeit stärker ein als Michelstaedter. Man entgeht weder der Freiheit noch der Verantwortung. „Ich bin in die Welt *geworfen*," schreibt Sartre, „nicht in dem Sinn, dass ich preisgegeben und passiv bliebe in einem feindlichen Universum, (. . .) sondern im Gegenteil in dem Sinn, dass ich mich plötzlich allein und ohne Hilfe finde, engagiert in eine Welt, für die ich die gesamte Verantwortung trage, ohne mich, was ich auch tue, dieser Verantwortung entziehen zu können."[2]

---

[1] Sartre, Die Zeit der Reife (1945), Gesammelte Werke Romane und Erzählungen Bd. 2, Reinbek 1987, 320f

[2] Sartre, Das Sein und das Nichts (1943), 1993, 953

Damit schließt Sartre an Kierkegaard an. Entweder der Mensch lebt nur äußerlich und damit nur am Rande der Existenz so dahin, oder der Mensch wählt sich ethisch und drückt in dieser Entscheidung sich, d.h. seine Existenz, aus. Für Kierkegaard stellt die Ethik nicht bloß übergeordnete Anforderungen an den Menschen, sich der Gesellschaft anzupassen, sondern mit der Ethik prägt der Einzelne sein Leben selbst. Dazu muss er sich entscheiden. Das bestimmt er nach Kierkegaard selber.

Doch indem man nach Sartre nicht selbstbestimmt, sondern fremdbestimmt handelt, macht man sich zum Komplizen fremder Mächte, die den Einzelnen dann bevormunden können. Für Mathieu Delarue ist das zwar nicht das vordringliche Problem. Doch in *Der Aufschub* entsteht dadurch eine Komplizenschaft mit dem terroristischen Diktator.

4. Der wahre und der falsche Individualismus

Auf Entfremdung und Einsamkeit antworten die Zeitgenossen bei Michelstaedter mit einer mangelnden Überzeugung, bei Sartre mit verdrehtem Bewusstsein und fliehen der Verantwortung für ihr Tun. Damit ergeben sich nicht nur bei der Ausgangsdiagnose, sondern auch bei den Konsequenzen daraus erstaunliche Parallelen zwischen Michelstaedter und Sartre. Wie aber sieht es nun auf der konstruktiven Seite ihres Denkens aus? Lassen sich hier ebenfalls Ähnlichkeiten markieren?

Die Voraussetzung solcher Freiheit wie bei Sartre schildert schon Michelstaedter und zwar in einer Weise, wie sie bei Sartre als Entwurf wiederholt werden wird. Auch für Michelstaedter lebt der Mensch zukunftsorientiert, bestimmt seine Gegenwart durch seine Pläne, die er zukünftig zu realisieren gedenkt: „Er nährt sich von der Zukunft in jeder leeren Gegenwart, und während er sich jener an den in dieser erscheinenden Zeichen vergewissert – sorgt er, zuversichtlich nun in seiner Selbstbehauptung, sine cura für die Zukunft."[1] Die Entwürfe für die Zukunft werden in der Gegenwart entwickelt und schaffen so nicht nur die Voraussetzung, die Zukunft zu gestalten, sondern dadurch sich selbst als jemanden, der sich durch seine Zukunft bestimmt.

Für Sartre verbinden sich dabei die Chance des Erfolges und die Gefahr des Scheiterns gleichermaßen, wie es Mathieu Delarue vorführt: Indem Entwürfe scheitern, verliert sich der Mensch in der äußeren Welt. Sartres Perspektive ist hier primär subjektiv: Ein Berg ist nur ein Hindernis für mich, hat also einen bestimmten negativen Wert, wenn er meinen Plänen im Wege steht. Michelstaedter vermittelt dagegen einen höheren Grad der Selbstgewissheit, was eher an den ebenfalls von der Phänomenologie inspirierten Max Scheler erinnert, für den die Werteordnung in der Natur selbst vorliegt. Ein Anthropologismus, schreibt Scheler 1913, „ist schon darum ganz unsinnig, da Werte überhaupt zweifellos auch die Tiere fühlen (sicher z.B. die Werte des Unangenehmen und des Angenehmen, des Nützlichen und Schädlichen usw.). Abgesehen vom Auffassen der Werte – *bestehen* die Werte auch an der gesamten Natur."[2]

Für Michelstaedter stellen die äußerlichen Gegenstände eine absolute Realität dar, in der der Mensch seiner Zukunft entgegensieht. In dieser Realität existieren wie bei Scheler Werte, die der Einzelne nicht als bloß subjektiv für ihn selbst gegeben begreift. „Es ist *er* und es *ist* die Welt. Und die Dinge der Welt sind gut oder schlecht, nützlich oder schädlich; er weiß ‚die schlechten zu verwerfen und die guten zu erwählen' (Jesaja) (. . .)."[3] Schelers *Ordo amoris* stützt sich auf die göttliche Schöpfung, die den höchsten Wert im Heiligen besitzt.

---

[1] Michelstaedter, Überzeugung und Rhetorik (1913), 22
[2] Max Scheler, Der Formalismus in der Ethik und die materiale Wertethik (1913f), Gesammelte Werke Bd. 2, 6. Aufl., Bern, München 1980, 271
[3] Michelstaedter, Überzeugung und Rhetorik (1913), 23

Trotzdem – und das ist kein Widerspruch – beurteilt der Mensch nach Michelstaedter die Dinge nach seinen eigenen Entwürfen bzw. Zwecken als Gegenstände des Bewusstsein, die ähnlich wie bei Sartre vom Betrachter geordnet und entsprechend verfolgt werden. Michelstaedter schreibt: „Wie er *ich bin'* sagt, so sagt er ‚ich *weiß'*, was ich *tue*, weil ich es tue; ich handle nicht zufällig, sondern aus vollem Bewusstsein und aus voller Überzeugung. – *So überzeugt sich das, was lebt, davon, dass jedes beliebige Leben, das es lebt, Leben sei.*"[1] Sartres Entwurf nähert sich derart Michelstaedter Überzeugung, die Freiheit der Verantwortung, die Michelstaedter ja vor Sartre schon betont, ohne selbstverständlich zu ahnen, dass er damit das herausragende ethische Thema des 20. Jahrhunderts intoniert.

Damit entfernt er sich denn auch wieder von Scheler und nähert sich Sartres eher subjektiver Perspektive an. Bei Sartre bestimmt der Entwurf mein Selbstbewusstsein, gibt mir Selbstbewusstsein. Doch da andere Menschen diesen Entwurf höchstens von Ferne und indirekt wahrnehmen, ergibt sich daraus eine Gefährdung meiner Freiheit, wenn andere mich nicht gemäß meinem Entwurf beurteilen. Vom Entwurf keine Spur mehr, reduziert mich der Blick des anderen Menschen auf das, wie ich ihm gerade erscheine.

Auch für Michelstaedter ist der Mensch von seinen Mitmenschen abhängig, die ihm die Dinge, damit die Welt und sich selbst auf ähnliche Weise abspenstig machen wie bei Sartre. Diese fremdbestimmten Dinge lenken die Vorhaben des Einzelnen immer wieder ab. Ihm bleibt nichts anderes, als die Dinge seinerseits zu bewerten, um sich ihrer zu versichern, was allerdings ähnlich wie bei Sartre ständig vom Scheitern bedroht ist: Erstens durch die eigene Flüchtigkeit, durch die fremden Eingriffe und auch durch die immer begrenzte Voraussicht.

So befindet sich auch bei Michelstaedter der Mensch im Spannungsfeld von Zukunftshoffnungen und einer instabilen

---

[1] Michelstaedter, Überzeugung und Rhetorik (1913), 24

Gegenwart. Derart umschreibt Michelstaedter den zukunftsbezogenen Menschen ähnlich wie Sartre als schwankenden, dem es an Überzeugung mangelt: „Der sichere Zweck, sein Existenzgrund, der Sinn, den jede Handlung für ihn hat, ist wieder nichts anderes als sein Fortbestehen. Die illusorische Überzeugung, aus der er die Dinge will, als hätten sie an sich Wert, und aus der er handelt, als hätte er einen sicheren Zweck, und sich selbst als Individuum behauptet, das den Grund in sich hat – besteht in nichts anderem als darin, sich selbst in der Zukunft zu wollen; er will und sieht nichts anderes als sich selbst.“[1]

Aus der Ausrichtung auf die Zukunft entsteht eine verunsicherte Gegenwart, wenn der Mensch nicht mit fester Überzeugung handelt, also zögert wie Mathieu Delarue, dessen Freiheit sich einfach ungenutzt verläuft. Wenn er aber entscheidet, dann zeigt er sich als gebunden und ist nicht mehr frei zu einer anderen Entscheidung. Freiheit bei Sartre heißt, selber darüber bestimmen, was man tun will, wie man leben will. Aber man nützt die Freiheit nur, wenn man sie auflässt und sich festlegt. So schreibt er: „Frei sein ist frei-sein-um-zu-verändern. (. . .) Frei sein ist *frei-sein-um-zu-handeln* und *frei-in-der-Welt-sein.*“[2]

Wenn die Überzeugung nicht schwankt, wenn die Überzeugung tief reicht, dann erscheint bei Michelstaedter die Bestimmung über das eigene Leben auf ähnliche Weise möglich: „So muss er *sich selbst hervorbringen*, um den individuellen Wert zu haben, der sich, anders als die Dinge, die gehen und kommen, nicht bewegt, sondern in sich *überzeugt* ist.“[3] Die Überzeugung formuliert Sartre denn im Sinne der Freiheit folgendermaßen: „sich dazu bestimmen, durch sich selbst zu wollen“.[4] Überzeugung, Bestimmung und Entscheidung bzw. Handeln erweisen sich als erstaunlich parallel.

[1] Michelstaedter, Überzeugung und Rhetorik (1913), 25
[2] Sartre, Das Sein und das Nichts (1943), 1993, 874
[3] Michelstaedter, Überzeugung und Rhetorik (1913), 40
[4] Sartre, Das Sein und das Nichts (1943), 1993, 836

Aber es handelt sich nun mal bei Michelstaedter wie bei Sartre um ein Denken, das sich gegen die gesellschaftlichen bzw. äußeren Zwänge wehrt und die Spielräume des Individuums verteidigt. Damit schließen beide indirekt an Max Stirner an, den verrufensten Denker des 19. Jahrhunderts, der mitten in einer Zeit, als man nur an die Macht des Gesetzes und der Gewehrläufe glaubte, darauf hinweist, dass man weder mit Gesetzen noch mit Gewalt das Individuum dazu zwingen kann, beispielsweise den Mord moralisch abzulehnen und ihn daher auch zu unterlassen: „Ich aber bin durch Mich berechtigt zu morden, wenn Ich Mir's nicht verbiete, wenn Ich selbst Mich nicht vorm Mord als ‚Unrecht' fürchte."[1] Insofern bestätigt es sich hier auch, dass man Michelstaedter in jene Tradition der individualistischen, sich gegen die Übermacht der großen Systeme wehrenden Außenseiter des 19. Jahrhundert einordnen kann, auf die Taylor hinweist.

Dabei sind weder Sartre noch Michelstaedter reine Individualisten. Michelstaedter kritisiert wie Sartre einen oberflächlichen Individualismus, der sich darauf kapriziert, die Welt sich zu eigen zu machen, um sich selbst zu konstituieren. Das führt dazu, dass ein solcher Individualist Leben und Welt in immer stärkerem Maße verneinen muss, um sie zu beherrschen. Dagegen fordert Michelstaedter, dass der Einzelne vor allem die eigenen Schwächen und Probleme anerkennen soll: „Widerstehe dem Bedürfnis, die illusorische Individualität geltend zu machen, sei so redlich, deine eigene Gewalt zu verneinen, so mutig, den ganzen Schmerz deines Ungenügens in jeder Hinsicht zu erleben – um schließlich die Person geltend zu machen, die den Grund in sich hat, um den *individuellen Wert* mitzuteilen: *so wirst du und so wird zugleich die Welt überzeugt sein.*"[2]

---

[1] Max Stirner, Der Einzige und sein Eigentum (1844), Freiburg, München 2009, 195

[2] Michelstaedter, Überzeugung und Rhetorik (1913), 51

Wie Sartre fordert Michelstaedter eine illusionslose Selbsteinschätzung. Wenn diese stattfindet, dann gelangt der Zeitgenosse zu sicheren Überzeugungen, die er nicht nur gegenüber seiner Umwelt vertreten kann, die ihm vielmehr seine Umwelt auch abnimmt – was sich keineswegs von selber versteht, sondern sich eher einer aufklärerischen Illusion verdankt, der Einsatz der Vernunft habe mehr als nur vernünftige Folgen, muss man der Vernunft ihre humanen Effekte doch immer erst abringen oder hinzufügen.

5. Zwischen Mündigkeit und Widerständigkeit

Entwurf und überzeugte Selbstkonstitution eröffnen sowohl bei Michelstaedter als bei Sartre eine individualistische Perspektive als Antwort auf die Unfähigkeit der Zeitgenossen, sich mit der Welt wie mit ihrer eigenen Einsamkeit angemessen auseinandersetzen zu können. Wer nur seine Interessen durchsetzen will, und hätte er darauf auch ein Recht, der wird dadurch seiner Umwelt noch lange nicht gerecht bzw. rückt sich die Welt eben so zurecht, wie er es gerne hätte. Sowohl Michelstaedters als auch Sartres positiv bestimmtes Individuum muss überzeugt und aufrichtig sein, um der Welt und daraus folgend sich selbst gerecht werden zu können. Auch in konstruktiver Perspektive erweist sich die Grundstruktur als parallel. Gilt das auch noch für die daraus folgenden Konsequenzen?

Sartre entwickelt seine philosophische Konzeption des Existentialismus nach seiner Kriegserfahrung, als er in der Gefangenschaft unter den Blicken der deutschen Bewacher eine Form des Gemeinschaftserlebnisses machte. Die Freiheit bleibt zwar individuell konstituiert. Aber sie hat einen politischen Sinn, den Sartre in seinem Theaterstück *Die Fliegen* formuliert, das unter deutscher Besatzung 1943 in Paris uraufgeführt wird. Nicht nur dass gemäß der Blicktheorie Sartres der Einzelne dem Urteil seiner Mitmenschen genauso ausgeliefert, wie er darauf auch angewiesen ist, so dass er also die anderen

Menschen braucht, er nicht alleine lebt und nur egoistische Ziele verfolgen kann.

Vielmehr begründet die Freiheit des Individuums die Widerständigkeit des Menschen gegen Staat und Gesellschaft. Der Mensch kann sich auch gegen den übelsten terroristischen Tyrannen auflehnen. Wer sich dem entzieht, wer passiv bleibt oder kollaboriert, befindet sich zumeist im Zustand der Unaufrichtigkeit. Er verfolgt Illusionen, sich unter Terroristen neutral verhalten zu können oder möchte geschickt und ohne allzu große Beschwerden die schlimme Zeit überdauern.

Bei Michelstaedter kommt ein solches Thema des Widerstandes und der Freiheit natürlich nicht vor. Indirekt aber gibt es auch hier eine Parallele. Die illusorische Individualität lebt ohne Überzeugung und operiert derart gewaltsam gegenüber den Dingen. Denn ohne Überzeugung kann sie den Dingen nicht gerecht werden. Gerechtigkeit ist denn ein wichtiges Thema bei Michelstaedter, das er gegen das Insistieren auf Rechten in Stellung bringt. Übertragen auf die Situation Sartres hieße das, dass der Passive wie der Kollaborateur erstens keine Überzeugungen hat und daher denn auch den Dingen nicht gerecht werden kann, ja sich vielmehr mindestens indirekt an der terroristischen Gewalt beteiligt. Hier muss man natürlich immer den Vergleich mit der Gegenwart heranziehen.

Der Überzeugte geht dagegen mit den Dingen anders um. Er betrachtet sie im Sinne Sartres als seine von ihm selbst geordnete Welt, mit deren Dingen man nach Michelstaedter vorsichtig und rücksichtsvoll, genauer hingegeben umgehen muss: „Aber er selbst muss sie wollen, er selbst muss sie hervorbringen, muss in ihnen ganz sich selbst lieben, den individuellen Wert mitteilen und sich so mit ihnen identifizieren."[1] Nur der ist gerecht zu den Dingen, der jeder Sache gerecht wird, indem er sich selbst überzeugt mit ihr auseinandersetzt. Derart gelangt er zum Frieden mit der Welt wie mit sich selbst.

---

[1] Michelstaedter, Überzeugung und Rhetorik (1913), 50

Unter Bedingungen des Terrors folgte daraus indes, dass man eine Widerständigkeit gegenüber einer solchen gewalttätigen Welt entwickelt. Das man dazu in der Lage ist, das liegt nach Sartre daran, dass das Bewusstsein die Fähigkeit besitzt, die Welt wie die eigene Existenz zu überschreiten. Das Thema Gerechtigkeit spielt beim existentialistischen Sartre dagegen eine geringere Rolle. Voraussetzung für die Widerständigkeit ist vielmehr die Negation, Welt und Selbst zu negieren, wie sie gerade sind, so dass man sie verändern kann. Das Bewusstsein greift strukturell über sich hinaus. Es wendet sich an etwas anderes und im Blick zurück auf sich selbst, ist es schon nicht mehr dasselbe, das es blickend ursprünglich war. Daraus folgert Sartre die Fähigkeit des Menschen, aus sich bzw. aus der Welt etwas anderes zu machen, sich zu übersteigen bzw. zu handeln.

Mit dieser Fähigkeit ist indes auch ein Zwang verbunden. Denn der Mensch lebt nicht immer schon als ein bestimmter, als ein Wesen, dessen Seele vorgängig ist. Der Mensch muss sein Leben vielmehr gestalten, selber schöpfen, empfängt es nicht von einem Schöpfer. Erst daraus entsteht so etwas wie ein Lebenssinn oder ein Wesen, das man dann sich selbst verdankt.

Auch für Michelstaedter bestimmt der Mensch seine Welt durch sein Bewusstsein, das die es umgebende Welt einschätzt, beurteilt und dadurch ordnet. Dabei besteht für ihn auch ein Verhältnis zwischen Bewusstsein und Ding, zwischen denen sich eine Differenz eröffnet, eine Lücke, die man auch Negation nennen kann, schließlich schreibt er: „Jedes Ding in jedem Moment besitzt nicht, sondern ist Wille zu bestimmtem Besitz, das heißt eine bestimmte Wertzuschreibung: ein bestimmtes Bewusstsein. In dem Moment, da es in der Gegenwart zum gegebenen Ding *in Beziehung* tritt, glaubt es sich aktuell im Besitz und ist es doch nur potentiell: (. . .) da der *transzendente Akt*, (. . .) die *Überzeugung*, die Zeit und den zu jeder Zeit mangelhaften Willen verneint."[1]

---

[1] Michelstaedter, Überzeugung und Rhetorik (1913), 17

Die Negation benutzt also auch Michelstaedter als Funktion des Bewusstseins, aus der sich eine Gestaltungsperspektive des Lebens ergeben kann. Der Überzeugung reichen die Willensakte gemeinhin nicht. Sie werden aber nicht nur verneint, sondern dadurch auch überschritten. Michelstaedter stützt sich dabei auf das Wort ‚transzendent', um diese Überschreitung anzuzeigen. Sartre spricht von Transzendenz als Fähigkeit des Bewusstseins, die faktisch vorliegende Existenz zunächst im Entwurf und dann handelnd zu überschreiten.

Das Begriffspaar Sartres von Faktizität und Transzendenz lässt sich auch bei Michelstaedter eruieren, so dass sich bei ihm eine ähnliche Freiheit ergeben könnte. Indem der Mensch sich transzendiert, schafft er, wie es schon Nietzsche forderte, neue Werte, nämlich eine neue Essenz, durch die sich die Existenz dann wandelt, bzw. nach Michelstaedter einen Wert und nach Sartre eine Essenz erhielte. Ersterer zielt dabei primär auf die Ethik, letzterer beschränkt sich darauf nicht.

Bei beiden präsentiert sich das vorgängige Bewusstsein als fragil, das erst durch seine Überschreitung Stabilität gewinnt. So schreibt Sartre: Das „Verhältnis zur Welt ist sowohl eine Art, die reine und fade Kontingenz unseres Da-seins (oder Körpers) zu leben, als auch eine Art, sie zu überschreiten. Denn den Körper überschreiten ist die einzige Art, ihn zu leben und ihn existieren zu lassen. (. . .) wir *schmecken* den mehrdeutigen Geschmack unserer unbegründbaren Existenz an der sie transzendierenden Wahl selbst."[1] Das bloße Dasein besäße keine Sinnhaftigkeit. Man kann nicht einfach den Körper leben. Man muss ihn ausleben – ein Akt des Entwurfes, dann der Wahl und letztlich der daraus sich ergebenden Handlung. Im Hinblick auf die Rolle des Körpers gibt es noch zahlreiche weitere Parallelen zwischen Michelstaedter und Sartre.

Um sich zu transzendieren, muss der Mensch sich nach Sartre engagieren, zunächst für sich selbst, aber letztlich für

---

[1] Sartre, Mallarmés Engagement, Gesammelte Werke Schriften zur Literatur Bd. 4, Reinbek 1986 80

andere. Indem er sich engagiert, sich veräußerlicht, er auch von außen engagiert wird, schafft er sich selbst. Im Engagement Sartres – man denke an die engagierte Literatur, die er forderte, und den engagierten Intellektuellen, den er selbst verkörperte – kehrt Michelstaedters Überzeugung wieder, durch die der Einzelne sein Leben gestaltet und festigt.

Der überzeugte und engagierte Intellektuelle prägt seine Welt und schafft sich selbst eine Existenz. So schreibt Michelstaedter „er ist alles: denn in dieser letzten Gegenwart muss er alles haben und alles geben: *überzeugt sein und überzeugen*, im Besitz der Welt den Besitz seiner selbst haben – *er und die Welt müssen eins sein.*"[1] Der engagierte Überzeugte vermag seinerseits zu überzeugen und taucht dadurch die Welt in sein Licht, das auf ihn zurückscheint, das andere Menschen auch einsehen, die von ihm überzeugt und mitgenommen werden, wie es in der heutigen politischen Sprache häufig heißt.

Damit würde auch für Michelstaedter letztlich gelten, was Sartre unterstellt: Die Welt erhält ihren Sinn durch den Menschen, besitzt diesen nicht von vornherein, nicht durch eine Schöpfung oder einen religiösen Gründungsmythos. „Die schlimmsten Übel oder die schlimmsten Gefahren, die meine Person zu treffen drohen," schreibt Sartre, „haben nur durch meinen Entwurf einen Sinn; und sie erscheinen auf dem Hintergrund des Engagements, das ich bin."[2]

Sartre ist in seiner existentialistischen Phase der vierziger Jahre zwar erheblich politischer als Michelstaedter. Aber dessen Kulturkritik wie Antworten darauf lassen ähnliche politische Konsequenzen zu, wie sie Sartre entwickelt. Sie weisen beide direkt oder indirekt damit den Weg in eine Politik des mündigen Bürgers, der sich politisch nicht mehr einfach lenken lässt – eine Entwicklung, die sich in den letzten Jahrzehnten zumindest in der westlichen Welt, aber zuletzt auch in Arabien beschleunigte, bis sie 2020 radikal abbrach. Wie beide also in

---

[1] Michelstaedter, Überzeugung und Rhetorik (1913), 49
[2] Sartre, Das Sein und das Nichts (1943), 1993, 950

die Bewegungen seit der Salonkultur um 1800 herum sich einordnen lassen, genauso lassen sie sich auch perspektivisch ähnlich verorten, als Wegbereiter des mündigen Bürgers und seit 2020 als Wegbereiter des Widerstands gegen eine Politik des Ausnahmezustands.

VIII. KAPITEL

DER SUBVERSIVE UNTERTAN
SARTRE UND FOUCAULT

Sartre und Foucault eint die Bemühung, das Individuum nicht
als den sozialen Mächten völlig ausgeliefert und hilflos zu
betrachten. Das hat sie beide beim philosophischen Mainstream
genauso unbeliebt gemacht wie bei den verschiedenen politischen Richtungen. Auch jene, die Menschenrechte und Mündigkeit propagieren, wollen gehorsame Gefolgschaft. Jene, die
Foucaults Machtanalytik der siebziger Jahre trotzdem schätzen,
sehen den späten Foucault auf Abwegen in eine Philosophie als
Lebenskunst, die es wagt, Adornos Diktum zu widerstreiten:
„Es gibt kein richtiges Leben im falschen."[1] Kapitalismus und
Staat darf man ja noch kritisieren, wenn es sich nicht um Medi-
zinkritik handelt. Aber Chancen aufzeigen, die sich dem Individuum bieten, bzw. Verhaltensweisen, mit denen man in den
Weltlauf einen eigenen Schnörkel legt, wie man sich der Medizin entzieht – ein wichtiges Thema bei Foucault – das widerspricht der in der Politik verbreiteten elitären oder kommunita-
rischen Grundorientierung und der im so massenmedialen wie
wissenschaftlichen Zeitalter dominanten Apokalyptik mit ihren
Aufrufen zur panischen Lebensänderung im Dienste seltsamer
gattungsbezogener Überlebenshysterien, gleichgültig ob sie

---

[1] Theodor W. Adorno, Minima Moralia – Reflexionen aus dem be-
schädigten Leben (1951), Gesammelte Schriften Bd. 4, Frankfurt/M.
1997, 43

wie Hans Jonas ökologisch, Rechtsaußen wie Peter Sloterdijk oder von links im Stil von Paul Mason auflaufen – und sich heute in Form einer umfassenden Hospitalisierung der Gesellschaft gewalttätig durchsetzen, deren Gefährdungspotential Foucault schon ausführlich beschrieben hat.

Auf Sartre und Foucault treffen dagegen die Worte zu, die Philipp Blom über Baron d'Holbach und Denis Diderot schreibt: „Die Möglichkeit, die Menschheit könnte sich auch noch einige weitere Jahrtausende irgendwie durchmogeln (die bei weitem wahrscheinlichste); sie könnte einige Katastrophen vermeiden und andere erleiden, am Ende aber weder dem Himmel noch der Hölle wesentlich näher sein als heute, entspricht unseren kulturellen Instinkten deutlich weniger. Unsere theologisch konditionierten Hirne denken lieber in Bildern wie Erlösung und Verdammnis und damit auch Belohnung und Strafe, als mit der Erwartung einer Zukunft voller Zufälle und Zwänge, unvorhersehbar, sinnlos, ohne Ziel."[1] Blom bezeichnet Holbach und Diderot als *Böse Philosophen*, eine Ehre, die ich für Sartre und Foucault auch beanspruchen möchte. Natürlich hoffe ich, dass mir irgendwann diese Ehre auch zuteilwird. Wie heißt der preußische Gemeinspruch: Viel Feind' viel Ehr', habe ich schließlich einen ostpreußischen Migrationshintergrund.

Auf eine ähnliche Weise wie Foucault ruinierte sich auch Sartre den Ruf. Dass er die Philosophie des Widerstands geschrieben hatte, verdrängte man fleißig, weil sein existentialistischer Ansatz nicht von der Gemeinschaft, sondern vom Individuum ausgeht. Individuelle Freiheit hat indes für Kommunitarier jedweder Couleur etwas Obszönes, Unmoralisches. So schreibt Herbert Marcuse 1948 in einer Rezension von *L'être et le néant*: „Die Erfahrung der totalitären Organisation der menschlichen Existenz verbietet es, Freiheit in irgendeiner anderen Form als in der einer freien Gesellschaft zu verste-

---

[1] Philipp Blom, Böse Philosophen – Ein Salon in Paris und das vergessene Erbe der Aufklärung, München 2011, 20

hen."[1] Individuelle Freiheit wird auch nicht dadurch legitimiert, dass sie widerständige individuelle Opfer bringt, die ja nicht primär einer Gemeinschaft dienen.

Camus, den man nicht des Antikommunismus bezichtigen kann, hat das Unglück, dass ihm ein konservativer Fanclub nachläuft, der seinen antifaschistischen Aufruf zur individuellen Auflehnung im Angesicht von dessen Aussichtslosigkeit anthropologisch umdeutet. Iris Radisch erklärt gar sein ganzes Werk für peripher: „Als er schließlich das Haus in Lourmarin bezogen, Paris hinter sich gelassen und die Einfachheit gefunden hat, nach der sich sehnt; als es ihm schließlich gelungen ist, seinen Stil so zu verwandeln, dass er die wortlose und schlichte Welt seiner Mutter wiederauferstehen lassen kann – stirbt er. Es ist das größte Paradox seines Lebens: Er stirbt buchstäblich in dem Augenblick, in dem alles beginnen könnte."[2] Auf diese Weise können sich auch Traditionalisten mit einem Hauch von Nonkonformismus schmücken, die sich bei solchen Leuten dann zumeist in die Striptease-Bar ergießt, aber weit davon entfernt, an Henry Millers *Quiet days in Clichy* auch nur zu schnuppern.

Adorno fällt 1961 in seinem *Versuch das ‚Endspiel' zu verstehen* über den emanzipatorischen Existentialismus insgesamt das vernichtende Urteil, wenn er schreibt: „Hat der vor-Beckettsche Existentialismus, wie wenn er der leibhaftige Schiller wäre, Philosophie als poetischen Vorwurf ausgeschlachtet, so präsentiert Beckett, gebildeter als irgendeiner, ihm die Rechnung: Philosophie, Geist selber deklariert sich als Ladenhüter, traumhafter Abhub der Erfahrungswelt, und der dichterische Prozess als Verschleiß."[3]

---

[1] Herbert Marcuse, Existentialismus – Bemerkungen zu Jean-Paul Sartres L'Etre et le Néant (1948/1965); in: ders., Kultur und Gesellschaft 2, 7. Aufl. Frankfurt/M. 1968, 82

[2] Iris Radisch, Camus- Das Ideal der Einfachheit, Reinbek 2013, 309

[3] Adorno, Versuch das ‚Endspiel' <1956> zu verstehen (1961), Frankfurt/M. 1973, 170

Ob in *Der Fremde*, in *Die Fliegen*, in *Caligula* oder im *Belagerungszustand* noch in *Tote ohne Begräbnis* oder *Die schmutzigen Hände* kann Adorno weder eine Objektivation des gesellschaftlich verursachten Leidens im Kunstwerk erkennen, wie er es von hoher Kunst fordert, noch kann er diese Werke als literarischen Ausdruck politischer Auseinandersetzungen verstehen. Adorno konstatiert: „Kunstwerke sind Statthalter der nicht länger vom Tausch verunstalteten Dinge, des nicht durch den Profit und das falsche Bedürfnis der entwürdigten Menschheit Zugerichteten."[1] Alles andere bleibt bürgerlicher Idealismus, der für Marcuse oder Adorno im Stil von *Wilhelm Tell* die Feier eines verbrauchten, längst ökonomisierten Individuums mimetisch wie einer banalisierten und entleerten Sprache genießt.

1. Politik als Bildungs- und Sprachproblem

Fast reflexartig wird es dem späten Foucault ähnlich gehen und er verliert noch jene Freunde, die seine Machtanalysen goutierten. Dass man sich der Askese bedienen soll, nicht um sich in das gesellschaftlich bedingte Leiden schuldbewusst einzuüben, sondern im Dienst der eigenen Lüste, dass man das eigene Leben so ästhetisieren soll, dass man es nicht zum Nutzen der Kinder und der Gemeinschaft gestaltet, sondern um das eigene Selbst auszumalen, erscheint als das Ende der Humanität als der Gemeinschaft dienender Gehorsam. Denn dabei steht die Ethik nicht mehr im Dienst der Unterordnung des Individuums unter die Gemeinschaft, sondern im Dienst des Individuums selbst. Das wäre nach Rousseau der kulturbedingte Sittenverfall, wenn auch noch in der Ethik der volonté particulaire den Ton angibt.

Foucault beruft sich dabei auf die antike Philosophie, wiewohl er damit dieselbe Bewegung fortsetzt, die Kierkegaard

---

[1] Adorno, Ästhetische Theorie (1970), Frankfurt/M. 1973, 337

und Stirner im 19. Jahrhundert einläuteten, Nietzsche und Carlo Michelstaedter präexistentialistisch weiterleiteten. Als sich Foucault in den frühen Achtzigern mit dem Thema Selbstsorge beschäftigt, blickt man auf knappe 20 Jahre zurück, in denen zahlreiche jugendbewegte Ausbrüche aus der traditionellen Moral stattfanden, als eine Umwertung der Werte stattfand, die niemand besser repräsentiert als die *Rolling Stones*, wiewohl sich Nietzsche diese Umwertung sicher ganz anders gedacht hatte. Als 1984 dann die Bände 2 und 3 von *Sexualität und Wahrheit* erscheinen, konnte man sie leicht als Ausdruck dieser hedonistischen Entwicklung begreifen, und zwar – trotz diverser Bemerkungen Foucaults in diesen beiden Büchern – auch als unpolitische individuelle Perspektive: ein Widerspruch zu *Überwachen und Strafen*, wo Foucault 1975 das Individuum als weitgehend diszipliniert aufzulassen scheint: „Der Mensch, von dem man uns spricht und zu dessen Befreiung man einlädt, ist bereits in sich das Resultat einer Unterwerfung, die viel tiefer ist als er. Eine ‚Seele' wohnt in ihm und schafft ihm eine Existenz, die selber ein Stück der Herrschaft ist, welche die Macht über den Körper ausübt."[1]

Doch man hat nur geflissentlich die kleine Metonymie übersehen. Denn Foucault hat bereits zwischen 1977 und 79 seine Gouvernementalitätsvorlesungen gehalten, in denen es um die Orientierung des Staates an der Bevölkerung geht. Und während die 84er Bände in den Druck gehen, hält er 1983 und 1984 die Vorlesungen über *Die Regierung des Selbst und der anderen*. Diese bleiben der Öffentlichkeit lange weitgehend verborgen, erscheinen erstere erst 2004 und letztere 2008. Seither kann man eigentlich nicht mehr von Brüchen im Werk von Foucault sprechen. Das gilt auch nach dem Erscheinen von Band 4 von *Sexualität und Wahrheit Die Geständnisse des Fleisches*. So sagt er: „Die Philosophie als Askese, die Philosophie als Kritik, die Philosophie als widerstrebende Exteriori-

---

[1] Michel Foucault, Überwachen und Strafen – Die Geburt des Gefängnisses (1975), Frankfurt/M 1977, 42

tät gegenüber der Politik, das ist, glaube ich, die Seinsweise der modernen Philosophie. Jedenfalls war das die Seinsweise der antiken Philosophie."[1] Die Philosophie im Sinne von Foucault stellt sich nicht in den Dienst welcher Politik auch immer – was ihm Marxisten und Konservative gleichermaßen vorwerfen.

Philosophie und Politik befinden sich seit Sokrates und Platon in einem Konflikt, den Foucault am Begriff der Parrhesia vorführt. Wenn Platon Dionysos, dem Tyrannen von Syrakus die Politik erklärt, dann sagt er ihm die philosophische Wahrheit, die der Herrscher braucht, um sich selbst und die anderen regieren zu können. Um überhaupt gut zu regieren, muss der Herrscher auf die von ihm Regierten hören. Das war für Platon riskant und er litt unter den Folgen.

Die Parrhesia erläutert Foucault ausführlich an Euripides' Tragödie *Ion*, die während des Peloponnesischen Krieges entsteht und die Frage des Bürgerrechts problematisiert, das man damals in Athen sehr restriktiv behandelte, so dass im Krieg plötzlich die Bürger fehlten. Bei der Parrhesia geht es um das Recht, politisch das Wort erheben zu dürfen, wovon ja die meisten damaligen Zeitgenossen ausgeschlossen waren. Das war aber auch mit einem Wahrsprechen verbunden, also mit dem Anspruch sich um die Wahrheit zu bemühen: Ion, so Foucault, „will sein Recht, sein politisches Recht in Athen begründen. Er will das Recht haben, dort zu sprechen, alles zu sagen, Wahres zu sagen und seinen Freimut im Reden gebrauchen. Um seine parrhesia zu begründen, ist er darauf angewiesen, dass schließlich die Wahrheit gesagt wird, eine Wahrheit, die dieses Recht begründen könnte."[2]

Hier geht es um das Recht von Mitgliedern der herrschenden Klasse am politischen Diskurs, von dem die Beherrschten in der Antike sowieso ausgeschlossen sind. Nur die Athener

---

[1] Foucault, Die Regierung des Selbst und der anderen, Vorlesung am Collège de France 1983 (2008), Frankfurt/M. 2009, 445
[2] Ebd., 131

Vollbürger hatten das Recht der Parrhesia, also das Recht politisch das Wort zu erheben. In der Römischen Republik war es die Aristokratie, zu der sich der plebejische Adel gesellte. Alles andere Volk hatte keinen Anteil an der Politik, kein Recht auf Parrhesia.

Doch die Parrhesia entfaltet noch eine andere originär demokratische, und zwar partizipatorische Dimension, die sich gleichfalls im *Ion* präsentiert. Kreusa klagt Apollon an, weil er ihr Leid zufügte und dazu schweigt. Sie wirft ihm dabei vor, ,Sohn der Leto' zu sein, also Sohn einer Sterblichen, mit der Zeus die Ehe brach und die ihre Kinder Apollon und Artemis auf Delos gebar. Apollon entstammt also einer ähnlichen Situation wie diejenige, die Kreusa erlitt, nämlich von Apollon verführt worden zu sein, Ion geboren zu haben, ihn weggeben zu müssen, woraufhin Apollon Ion aufziehen ließ und ihn zu seinem Tempeldiener in Delphi machte. „Der Aufschrei gegen das Orakel, das sich weigert, die Wahrheit zu sagen, gegen den Gesang des Gottes, der Gleichgültigkeit und Achtlosigkeit zum Ausdruck bringt, erhebt sie die Stimme."[1] Von Parrhesia spricht Foucault auch, wenn Unterdrückte sich gegen ihre Unterdrücker auflehnen, wenn also Menschen, die vom politischen Diskurs ausgeschlossen sind, darauf bestehen, dass ihre Stimme Gehör findet.

Diese Vorlesung hält Foucault in den frühen Achtzigern und damit vor dem Hintergrund der diversen Protest- und Emanzipationsbewegungen der siebziger Jahre, die sich vom revolutionären Pfad der linksradikalen Achtundsechziger abkehrten. Foucault formuliert also einen Anspruch auf Partizipation, der sich seither ja durchaus immer weiter verbreitet hat, bis er 2020 endete. Er führt vor, dass Demokratie nicht bloß eine erweiterte Legitimation für Elitenherrschaft darstellt, sondern dass seit den letzten Jahrzehnten des 20. Jahrhunderts die vom politischen Diskurs auch in der Demokratie weitgehend

---

[1] Foucault, Die Regierung des Selbst und der anderen (1983), 2009, 166

Ausgeschlossenen Ansprüche formulieren, die die Bedingungen des demokratischen Diskurses selbst zum Gegenstand machen: Es geht nicht mehr um Revolution, es geht um die Sprache, um Emanzipation, es geht um gute Argumente und gerade nicht um Falschmeldungen.

Demokratie braucht die Parrhesia, will sie nicht als Aristokratie verkommen, bemerkt Foucault: „Das bedeutet aber, dass die Demokratie notwendig ist, damit die *parrhesia* möglich wird. Für die Demokratie ist die *parrhesia* notwendig und für die *parrhesia* ist die Demokratie notwendig. Wir haben hier eine wesentliche Zirkularität."[1] Eine Zirkularität, um die es in der zeitgenössischen Hospitalisierung der Gesellschaft gerade nicht geht: Es darf nicht kritisiert und somit auch nicht wahrgesprochen werden. Wer das versucht, gilt als rechtsradikal – eine Variante des Terrorismus.

Foucault beruft sich in seinen letzten Werken primär auf die Antike. Doch das hat einen Haken. Zwar gab es auch in der Antike Partizipationsbemühungen der Marginalisierten. Aber wirklich das Recht politisch zu sprechen, hatten nur die Mitglieder der Eliten. Den Plebejern oder den Sklaven sprach man die Fähigkeit, die Sprache politisch angemessen zu beherrschen, schlicht ab. Für Aristoteles verstehen die Sklaven zwar die Sprache, beherrschen aber den Logos nicht, benutzen die Sprache eher wie die Tiere, die damit nur Lust und Leid auszudrücken vermögen, nicht aber in der Lage sind, die Frage der Gerechtigkeit zu stellen. Das sind Bedingungen, die es heute noch genauso gibt, wenn Eliten beanspruchen, das richtige Wissen zu haben, das der Bevölkerung abgeht. Die Sprache – darauf weist Jacques Rancière hin – bleibt die Bedingung für die Politik und sorgt damit weiterhin für die Differenz: „Es gibt Politik, weil diejenigen, die kein Recht dazu haben, als sprechende Wesen gezählt zu werden, sich dazuzählen und eine Gemeinschaft dadurch einrichten, dass sie das Unrecht verge-

---

[1] Foucault, Die Regierung des Selbst und der anderen (1983), 2009, 202

meinschaften, das nichts anderes ist als der Zusammenprall selbst, der Widerspruch der zwei Welten, die in einer einzigen beherbergt sind."[1]

2. Von der Mauvaise Foi zur Konflikttheorie

Foucault hätte sich daher besser auf Sartre berufen. Sartre befreit nämlich den Zeitgenossen aus dem Kerker des Untertanen, dessen Prototyp Arendts *Eichmann in Jerusalem* verkörpert. Angesichts der nazi-deutschen Schreckensherrschaft analysiert Sartre das Bewusstsein und stellt fest, dass es dem Zeitgenossen ermöglicht, gegenüber jedweder Tyrannei nein zu sagen. Diese Fähigkeit zu negieren, erweist sich als Grundlage jener Parrhesia der unterdrückten Anteillosen. Wenn sie ihre Anteillosigkeit öffentlich in Frage stellen, dann entsteht für Rancière die Politik. Diese Fähigkeit von an der Politik Anteillosen ihre Anteillosigkeit in Frage stellen, beruht letztlich auf der Möglichkeit der Nichtung.

Andererseits beschreibt Foucault in *Überwachen und Strafen* die Produktion des Untertanen im 19. Jahrhundert, ohne den die großen Kriege noch die Totalitarismen möglich wären. „Die Zuchtgewalt ist in der Tat eine Macht, die, anstatt zu entziehen und zu entnehmen, vor allem aufrichtet, herrichtet, zurichtet – um dann allerdings um so mehr entziehen und entnehmen zu können."[2] Auch Sartre liefert eine Struktur des Bewusstseins, die den Untertan kennzeichnet, wiewohl längst nicht nur diesen. Es ist die Unaufrichtigkeit, die mauvaise foi, das verdrehte Bewusstsein. Damit verdrängt der Untertan seine eigene Verantwortung, erklärt sich als unfrei, der nur Befehle ausführt, der mit Arendt nicht darüber nachdenkt, was er anstellt, ja der letztlich die eigene Freiheit dementiert, obgleich er

---

[1] Jacques Rancière, Das Unvernehmen – Politik und Philosophie (1995), Frankfurt/M. 2002, 38
[2] Foucault, Überwachen und Strafen (1975), 220

dazu eigentlich die Freiheit braucht. Nach Hegel muss der Knecht die Sprache des Herrn doch sprechen.

Foucault beschreibt diesen Typus eher äußerlich durch die Mechanismen, denen sich der Zeitgenosse ausgeliefert sieht, der aber auch beim späten Foucault zum Angelpunkt möglicher Veränderung der Botschaften wird, die das Individuum durchqueren. Selbstredend dient auch die Metonymie jedem Herren, jenem der die Verantwortung abschiebt, wie jener, der die Botschaften halbbewusst verzerrt und dadurch das undemokratische politische Systems stört.

Ein Großteil von Sartres Werk beschäftigt sich mit diesem Scheitern der Freiheit, mit der Unverantwortlichkeit, die zu verantworten, der einzelne nicht entgeht. Das, was das Individuum erreichen will, gelingt häufig nicht. Man hat die Zukunft nicht in der Hand, was indes nicht die Freiheit aufhebt, wie es sich der Untertan vorstellt, sondern die Freiheit geradezu zum Zwang werden lässt, für jemanden wie Eichmann allemal.

Diese Fähigkeit zur Nichtung und damit zur Auflehnung gegenüber dem übelsten Tyrannen in der Form des Partisan konnte man zwar in den diversen politischen Lagern eine Zeitlang gebrauchen – weil der Partisan auf ein Kommando hört –, spätestens nach der Niederlage Deutschlands hatte die Freiheit ihre Schuldigkeit getan, sollten die Frauen wieder an den Herd und in die Kirche. Denn Mündigkeit, Selbstdenken, Freiheit und Verantwortung reklamierten im Sinne von Max Webers Verantwortungsethik die Eliten allein für sich. Und das Individuum, dem Sartre diese Fähigkeiten attestiert, verfügt über diese nicht als Glied einer es lenkenden Gemeinschaft – das wäre wieder die Hausfrau und Kirchgängerin – es besitzt sie aus der Struktur ihres Bewusstseins, die eben anders als bei Kant oder Habermas' Gattungsethik dem Individuum keine übergeordnete Vernunft aufnötigt, vielmehr als individuelle Kompetenz beliebig einsetzbar ist – auch als Amokläufer – man denke an *Herostrat*. Was bei Sartre als eine Art apriorischer Charakter erscheint, ließe sich vielmehr als evolutionäre

Entwicklung betrachten und erhielte damit den Status von Foucaults historischem Apriori.

Jedenfalls wirft man Sartre bis heute Solipsismus vor, ohne seine Blicktheorie zu beachten. Doch gerade das mündige, seiner selbst wenigstens teilmächtige Individuum braucht die Korrektur durch die anderen. Foucaults Regierung des Selbst kann auch nur funktionieren, wenn man sich belehren lässt, braucht jeder, ganz besonders diejenigen, die andere regieren wollen, den Ratschlag der Regierten.

So entwickelt Sartre zu einem frühen Zeitpunkt eine Konflikttheorie der Gesellschaft, die anders als bei Max Weber oder Carl Schmitt ihr Fundament nicht im Krieg hat, sondern in der kommunikativen Auseinandersetzung der Menschen miteinander – die ja die Totalitaristen, wie es Arendt bemerkt, gerade unterbinden wollen. Etwas moderater lehnen aber durchaus auch linke und rechte Demokraten die Partizipation der Bürgerinnen ab. So konstatiert Sartre: „Der Konflikt ist der ursprüngliche Sinn des Für-Andere-seins."[1]

Damit antizipiert er die Konflikttheorien von Ralf Dahrendorf, Jean-François Lyotard bis hin zu Jacques Rancière. Vor allem aber legt er damit den theoretischen Grundstein für eine partizipatorische Demokratie, die strukturell nicht in den Institutionen liegt, und somit den Eliten im weitesten Sinn zur Verfügung steht, die vielmehr auf der Unverfügbarkeit des Individuums aufruht, die seine Würde übersteigt, die man ihm von außen zuschreibt. Partizipation verdankt sich eigenmächtiger Einmischung der Menschen.

Damit entwickelt Sartre jene ethische Konzeption weiter, die von Stirner, Kierkegaard und Nietzsche herkommt, zu Foucault reicht und ihren Höhepunkt bei Emmanuel Lévinas besitzt, insbesondere in *Autrement qu'étre ou au-delà de l'essence* von 1974: „Die Konstellation, in der ein Mensch verantwortlich ist für andere Menschen – die ethische Beziehung, die man für gewöhnlich als Teil einer abgeleiteten oder

---

[1] Sartre, Das Sein und das Nichts (1943), 1993, 638

begründeten Ordnung ansieht – ist (. . .) strukturiert als der-Eine-für-den-Anderen, bedeutsam außerhalb jeder Finalität und jedes Systems, (. . .)."[1]

Das ist die Wende der Ethik im 20. Jahrhundert, weg von der universellen Ethik der Codes, hin zur Ethik als zu verantwortendem Entwurf, somit als Ästhetisierung der Existenz. Sartre formuliert das folgendermaßen: „So ist die existentielle Psychoanalyse eine *moralische Beschreibung*, denn sie liefert uns den ethischen Sinn der verschiedenen menschlichen Entwürfe; (. . .) Diese Bedeutungen liegen jenseits von Egoismus und Altruismus, jenseits auch von den sogenannten *uneigennützigen* Verhaltensweisen."[2]

Das verwirklicht Nietzsches Bewegung weg von den traditionellen Werten, die in die Schöpfung neuer Werte mündet, eine Intention, die ihren politischen Ort durchaus in der Beziehung Sartres zu de Beauvoir hat. Sartre kündigt am Ende von *L'Être et le Néant* an, nun eine Ethik zu schreiben. In den *Cahiers pour une Morale* wird er sich vergebens mit dem Problem der Gewalt herumschlagen: „Das unmögliche Ideal der Gewalt ist, die Freiheit des anderen zu zwingen, freiwillig das zu wollen, was ich will. In diesem Sinn ist die Lüge dem Ideal der Gewalt näher als die Stärke."[3] Kein Wunder, wenn ihm nicht gelang, eine Ethik zu schreiben; denn er hatte sie mit *L'Être et le Néant* schon geschrieben.

Nicht nur dass die existentielle Psychoanalyse Foucaults Kritik an Freud antizipiert. Ethik, die das 19. Jahrhundert erfolgreich verdrängt zu haben schien, avanciert zum Angelpunkt der Lebensgestaltung in einer demokratischen Welt, in der die Bürger partizipieren wollen – eine durchaus auch problematische Angelegenheit, die Sartre wie Foucault beschreiben. Es gibt eben nichts Gutes auf der Welt, das absolut gut wäre.

---

[1] Emmanuel Lévinas, Jenseits des Seins oder anders als Sein geschieht (1974), Freiburg, München 1992, 297

[2] Sartre, Das Sein und das Nichts (1943), 1993, 1069

[3] Sartre, Entwürfe für eine Moralphilosophie (1948/9, 1983), 359

Wenn Bürger von sich aus Politik machen, dann muss man mit vielem Unsinn rechnen. Nur, bei den Eliten auch und dann wirkt das noch viel verheerender. Dass sie es besser können, ist bestenfalls eine platonische Illusion, oder sagen wir es genauer: die Platonsche Lüge schlechthin, die bis heute die Eliten beseelt und die sie lautestens verkünden, allen voran die Medizinergilde ob in der Politik oder gegenüber ihren Kunden.

3. Relativismus und Gerechtigkeit

Ein ähnlicher Relativismus beherrscht auch Camus' mittelmeerisches Denken, womit er nicht nur die Horizonte zu den emanzipativen Bewegungen in der zweiten Hälfte des 20. Jahrhunderts verschiebt, sondern der ähnlich wie Sartre Freiheit politische Partizipation vom aus sich selbst heraus widerständigen Individuum entwirft. So heißt es in der Philosophie des Widerstandes: „Das einzige Denken, das den Geist befreit, ist jenes, das ihn allein lässt in der Gewissheit seiner Grenzen und seines bevorstehenden Endes."[1]

Camus relativiert die großen abendländischen Begriffe wie Freiheit, Gerechtigkeit und Weisheit. Seine konservativen Rezipienten verdrängen das mit der Mutter-Sohn-Beziehung. Aber was macht der Rebell anderes? Derjenige, der vom Diskurs ausgeschlossen ist, oder der Anteillose, der mit Rancière darauf insistiert teilzuhaben? Er stellt die absoluten Begriffe der herrschenden Ideologien in Frage. Camus schreibt im Kapitel über das mittelmeerische Denken in *L'Homme révolté*: „Wenn die Revolte hingegen eine Philosophie begründen könnte, wäre es eine Philosophie der Grenzen, der berechneten Unwissenheit und des Wagnisses. Wer nicht alles wissen kann, kann nicht alles töten. Weit entfernt, aus der Geschichte etwas Absolutes zu machen, lehnt der Rebell sie ab (. . .)."[2]

---

[1] Camus, Der Mythos von Sisyphos (1942), Hamburg 1959, 96
[2] Camus, Der Mensch in der Revolte (1951), Reinbek 1969, 234

Und wenn der sich auflehnende, Partizipation erstreitende Mensch nicht in ein anderes Weltbild einkehrt, sondern wenn ihm ein Schuss Existentialismus eignet, dann wird er sich nicht nur in den Relativismus einkehren, den alle ehrenwerten Ideologien und Religionen bekämpfen – oder mit Foucault Totalität oder Ganzheit im Ereignis destruieren. Dann wird das Individuum auch auf die Revolution verzichten, die notorisch diskriminierende Effekte nach sich zieht. Und genau das wird es mit seinen Zeitgenossen verbinden. Camus' mittelmeerisches Denken kulminiert in den Worten: „Selbst wenn die Gerechtigkeit nicht verwirklicht ist, bewahrt die Freiheit die Protestgewalt und rettet die gemeinsame Verbindung der Menschen."[1]

Aus der individuellen Freiheit heraus, Widerstand gegen Ungerechtigkeit zu leisten, verbindet sich das Individuum mit den anderen, aber nicht weil sie ähnlich, sondern eben anders sind. Wie sagt doch Rambert in *Die Pest*: „,Ich habe immer gedacht, ich sei fremd in dieser Stadt und habe nichts zu tun mit euch. Aber jetzt, nachdem ich das alles gesehen habe, weiß ich, dass ich hierher gehöre, ob ich es will oder nicht.'"[2] Mit einer solchen Begründung der Solidarität, die auf universelle Apri-oritäten verzichtet, erahnt Camus die Zivilgesellschaft des ausgehenden 20. Jahrhundert, von der man in den vierziger Jahren noch nicht reden konnte, die aber ihren Ursprung im Widerstand gegen Faschismus und Nationalismus hat – man denke daran, dass die Republik Italien aus dem Geist der Resistenza geboren wurde, den Antonio Gramsci inspirierte. Oder man denke an Sartre Engagement für Henri Martin, der sich weigerte, im Kolonialkrieg gegen vietnamesische Aufständische zu kämpfen, hatte er kurz zuvor noch gemeinsam mit Vietnamesen in der Résistance gekämpft. Leider sieht es heute um die Zivilgesellschaft ziemlich düster aus. Man kann auch von deren Versagen sprechen.

---

[1] Camus, Der Mensch in der Revolte (1951), 236
[2] Camus, Die Pest (1947), Reinbek 1950, 123

4. Ausschweifung als Widerstand

Diese vom Individuum ausgehende Solidarität wird dabei durchaus vom Geist des Hedonismus geprägt, wie ihn Foucault gegen Freud formuliert, den Camus, Sartre und de Beauvoir gleichfalls propagieren und ohne den jene Zivilgesellschaft nicht denkbar gewesen wäre. Wie bemerkt Camus Mitte der fünfziger Jahre in seinen *Tagebüchern*: „Die tugendhaften Menschen sind oft kleinmütige Bürger. Der wahre Mut wurzelt in einer Ausschweifung"[1], und führt damit alle medizinischen Sicherheitsfanatiker vor. Arendt sagt übrigens Ähnliches.

Die Ausschweifung kümmert sich nicht um Adornos Verdikt über das angeblich unmögliche richtige Leben, sowenig wie um religiöses oder kulturelles Schuldbewusstsein, was sich seit 2020 in medizinischer Kontrolle bündelt. Dazu rüttelt Foucault an den Grundfesten des modernen Bewusstseins, nämlich an Freuds Kulturtheorie, die nicht nur Adornos Verdikt theoretisch unterfüttert, sondern auch den apriorischen Verzicht auf das gute Leben, das durch ein kontrolliertes und betreutes ersetzt wird. Wenn aber Sexualität keine Naturanlage, sondern nach Foucault ein epistemologisches Produkt ist, wenn es Sexualität erst seit dreihundert Jahren gibt, dann kann man mit ihr so spielerisch wie ausschweifend umgehen.

Ob zur Ironie oder zur Ausschweifung, Foucault empfiehlt dazu die Askese, um nicht Opfer der Ausschweifung zu werden, um stattdessen die Ausschweifung möglichst häufig wiederholen zu können. Zunächst aber musste dazu gegen die traditionelle Sittlichkeit verstoßen werden, um diese zu untergraben und die Ausschweifung als neuen ethischen Wert zu ermöglichen. So bemerkt de Beauvoir in ihrem Essay *Soll man de Sade verbrennen?* aus dem Jahr 1955: „Um mit Stirner zu

---

[1] Camus, Tagebücher März 1951 – Dezember 1959 (1989), Hamburg 1993, 136

sprechen, den man zu Recht neben Sade gestellt hat, entfremdet die Tugend das Individuum zu jener leeren Wesenheit, dem Menschen; nur im Verbrechen vermag er sich zu ergreifen und sich als konkretes Ich zu verwirklichen."[1]

Damit zieht de Beauvoir die Linie der Wegbereiter des Existentialismus von de Sade, der gegen Bevormundung durch Religion und Moral kämpft und eine sexuell freizügige Südseeutopie entwirft, über Stirner, den verrufensten aller Philosophen, weil er die Grundlage allen Rechts in der individuellen Anerkennung sieht und nicht in der Lebenssicherung, bis zu ihren Zeitgenossen, wie ihrem Geliebten, den Literaten Nelson Algren, Vorbild ihrer Romanfigur Lewis in den *Mandarins von Paris*, zu dem ihre Protagonistin sagt: „Ich musterte Lewis neugierig: ‚Warum sind Ihre besten Freunde alle Taschendiebe, Rauschgiftsüchtige oder Zuhälter?'"[2]

Und Georges Bataille, den ich neben Heidegger und Arendt zu den Randgängern des Existentialismus zähle, entwickelt 1949 eine obszöne Ökonomie, die die Verschwendung als Grundstruktur natürlicher wie kultureller Prozesse versteht. Er schreibt in *Der verfemte Teil – Versuch einer allgemeinen Ökonomie*: „Ich insistiere auf der Tatsache, dass es, allgemein gesehen, kein Wachstum gibt, sondern nur eine luxuriöse Energieverschwendung in vielfältiger Form! Die Geschichte des Lebens auf der Erde ist vor allem die Wirkung eines wahnwitzigen Überschwangs: das beherrschende Ereignis ist die Entwicklung des Luxus, die Erzeugung immer kostspieligerer Lebensformen."[3]

In diesen Dimensionen des Verbrechens, der Verschwendung, somit der Ausschweifung erleben existentialistische Freiheit und Verantwortung ihre situative Einbettung und ent-

---

[1] de Beauvoir, Soll man de Sade verbrennen? (1955), 1997, 64

[2] de Beauvoir, Die Mandarins von Paris (1954), Reinbek 1965, 423

[3] Georges Bataille., Der verfemte Teil – Versuch einer allgemeinen Ökonomie (1949); in: ders., Die Aufhebung der Ökonomie, München 1985, 59

werfen die traditionellen sozialen und politischen Strukturen als Grenzen der Freiheit, die nur durch die Freiheit selbst als solche erscheinen, diese aber nicht absolut werden lassen, sondern sie relativieren. In seinem frühen Hauptwerk *Phänomenologie der Wahrnehmung*, das neben *Le Mythe de Sisyphe*, *L'Être et le Néant* und *Le deuxième Sexe* zu den Grundwerken des emanzipatorischen Existentialismus zählt, die diesen zum Wegbereiter demokratisch partizipatorischer Bewegungen wie des Widerstands gegen Bevormundung und Unterwerfung machen, bemerkt auch Merleau-Ponty 1945: „Es ist also die Freiheit selbst, welche die Hindernisse der Freiheit erst zur Erscheinung bringt, so dass sie ihr nicht als ihre Grenzen entgegenzusetzen sind."[1] Das Verbrechen offenbart die Grenzen der Freiheit und durchbricht sie. Daher ist Freiheit relativ, durchzogen von sozialen Ein- und Ausschlussstrukturen. Doch birgt sie die Option der Metonymisierung von Botschaften und die individuelle Chance an der Welt zu drehen.

Foucault bewegt sich methodisch natürlich nicht in dieser Linie von de Sade, Kierkegaard und vor allem der Phänomenologie Husserls. Er schließt ja an den Strukturalismus an, dem er eine poststrukturelle Geschichtlichkeit einträpfelt. Zu Beginn seiner letzten Vorlesung am 1. Februar 1984, ein knappes halbes Jahr vor seinem Tod, sagt er: „Mir scheint, dass man durch die Untersuchung des Begriffs *parrhesia* sehen kann, wie sich die Analyse der Veridiktionsmodi, die Untersuchung der Techniken der Gouvernementalität und die Bestimmung der Formen der Selbstpraxis zusammenfügen. Die Gliederung zwischen den Veridiktionsmodi, den Techniken der Gouvernementalität und der Selbstpraktiken ist im Grunde das, was ich immer zu beschreiben versucht habe."[2]

---

[1] Merleau-Ponty, Phänomenologie der Wahrnehmung (1945), Berlin 1966, 499

[2] Foucault, Der Mut zur Wahrheit – Die Regierung des Selbst und der anderen II, Vorlesung am Collège de France 1984 (2009), Frankfurt/M. 2010, 23

Anders als der metaphysische Existentialismus bei Jaspers, Marcel und Cioran, geht der emanzipatorische ähnlich wie Foucault von Problemen des Wahrsprechens aus, die er Herrschaftstechniken so entgegensetzt, dass das Individuum dabei sein Leben ethisch selbst ausmalt, anstatt sich einem ethischen Code zu unterwerfen. Verabschiedet wurde dabei der revolutionäre Proletarier, der die Befehle seiner Führer befolgt, und herausgekommen ist das ausschweifende Individuum, das sich hedonistisch in die Politik einmischt. Das ist die Linie, die den emanzipatorischen Existentialismus mit Foucault verbindet und sie zu den bösen Philosophen des 20. Jahrhunderts macht, damit nicht zu Wahlverwandten – das familiäre Denken wird gerade aufgelassen –, aber zu Freunden von Baron d'Holbach und Diderot, die nicht wie Voltaire und Rousseau im Pantheon verwesen. Über erstere schreibt Philipp Blom Worte, die auch für Camus, Sartre, de Beauvoir und Foucault gelten könnten: „Diderot und Holbach scheinen die Schlacht um die Nachwelt verloren zu haben, aber der Krieg, in dem sie kämpften, tobt noch immer, ein Krieg um die Träume unserer Zivilisation, die so viel großzügiger, luzider und humaner sein könnte, als sie es heute ist."[1] Und im Ausnahmezustand hat sie sich von Mündigkeit und Humanität wie von der Demokratie verabschiedet, ja natürlich auch vom Rechtsstaat.

---

[1] Blom, Böse Philosophen, 2011, 25

IX. KAPITEL

BEVORMUNDUNG UND MÜNDIGKEIT: SARTRE UND RANCIÈRE

Viele Seelen wohnen in der Brust der zeitgenössischen Demokratie, nicht nur zwei. Auch die demokratischen Staaten müssen sich einem zunehmenden Ökonomisierungsdruck unterwerfen. Sie verlieren an Souveränität durch supranationale Institutionen, internationale Verträge, die Macht globaler Konzerne und globaler Netzwerke wie das der Medizin. Gerade demokratische Politik wird immer abhängiger von den Massenmedien, werden Wahlen in den Medien gewonnen und nicht durch eine gute Politik.

Andererseits verstanden sich längst nicht nur in der westlichen Welt vor 2020 immer weniger Menschen als Untertanen, die Politik passiv erleiden. Immer mehr Menschen griffen seit den sechziger Jahren aktiv, aber außerinstitutionell in die Politik ein und lieferten dabei unterschiedliche Impulse. Vieles davon wirkte denn auch erst langfristig und hintergründig. Jedenfalls veränderten sich bis 2020 die westlichen Gesellschaften durch veränderte Lebensweisen der Zeitgenossen genauso wie dadurch, dass sie häufig protestierend die Politik beeinflussten.

Partizipation der Bürger lässt sich daher nicht mehr nur staatlich regeln, durch bestimmte institutionalisierte Einflussmöglichkeiten wie Klagemöglichkeiten vor Gerichten, Wahlen, Volksbefragungen oder –Entscheide, schon gar nicht durch Meinungsumfragen. Der Staat sah sich vielmehr mit einem

Partizipationsdruck von aktiven Bürgern konfrontiert, die eigeninitiativ, außerinstitutionell und nicht selten dezidiert überraschend versuchten, an der Politik teilzuhaben, was seit 2020 marginalisiert ist oder sich in die Staatsraison einfügt wie *Fridays for Future.*

Dabei handelt es sich um eine Neigung, die sich im Widerstand gegen den Nationalsozialismus und Faschismus ihrer Macht und Möglichkeiten das erste Mal bewusst wurde – nämlich formuliert durch die französischen Existentialisten – und die zumindest indirekt von manchen Vordenkern der postmodernen Philosophie bis heute begleitet wurde. Allen voran ist hier auf Giorgio Agamben zu verweisen. Camus und Sartre entdeckten die Verantwortlichkeit auch des Untertanen. Michel Foucault und Jacques Rancière beschreiben Formen der außerinstitutionellen Partizipation. Simone de Beauvoir und Judith Butler eruieren Wege einer Gender-Politik, hat doch wahrscheinlich keine andere soziale Tendenz die modernen westlichen Gesellschaften stärker verändert als die Emanzipation der Frauen, die jedenfalls teilweise auch eine Form der außerinstitutionellen politischen Partizipation darstellt.

1. Demokratie als Postdemokratie

Dass die Demokratie andererseits mehr denn je fremden Herren dient, unterstellt ihr Colin Crouch bereits 2004 mit seiner These von der *Postdemokratie.* Crouch verkündet damit nicht das Ende aller Demokratie, aber ihr Verblassen. Wenn nämlich im Zuge der Neoliberalisierung der Sozialstaat abgebaut wird, dann verengen sich dadurch die Partizipationsmöglichkeiten vieler Bürger an der Politik. Die Klassenstruktur mildert sich nicht ab, sie verschärft sich: „Wenn man den Begriff der Klasse ernstnimmt, so bezeichnet er Zusammenhänge zwischen ökonomischen Positionen und dem Ausmaß an Zugang zu politischer Macht, über den die entsprechenden Gruppen verfügen. Und diese Zusammenhänge werden alles andere als schwächer. Ihr Erstarken ist eines der ernstesten Symptome für den Anbruch des postdemokratischen Zeitalters, da der Aufstieg der Wirtschaftseliten mit einem Schwinden der kreativen Dynamik der Demokratie einhergeht."[1] Die institutionelle Seite der Politik schottet sich gegen Eingriffsmöglichkeiten der Nicht-Eliten zunehmend ab – so Crouch. Das macht die Demokratie undemokratischer, jedenfalls dann, wenn durch den Sozialstaat solche Partizipationsmöglichkeiten erleichtert wurden. Umgekehrt intensiviert auch der Sozialstaat den Demokratie-Abbau nicht erst seit der Hospitalisierung der Weltgesellschaft seit 2020.

Aber Demokratie geht auch aus einem anderen Grund nieder. Dass die nationalen Parlamente ihre demokratisch legitimierte Macht immer stärker an die Finanzwelt und an supranationale Institutionen wie die EU verlieren, kritisiert Wolfgang Streeck 2013. Crouch und Streeck reihen sich in eine lauter werdende Ablehnung des Neoliberalismus ein, der seit einigen Jahrzehnten die Politik national und international immer stärker dominiert. So bemerkt Streeck: „Mit einem demokratischen Staat dagegen ist der Neoliberalismus unvereinbar, sofern unter Demokratie ein Regime verstanden wird, das im Namen seiner Bürger mit öffentlicher Gewalt in die sich aus dem Marktgeschehen ergebende Verteilung wirtschaftlicher Güter eingreift."[2] Nach Wolfgang Streeck erweisen sich die Staaten im Zuge der Neoliberalisierung der Wirtschaft als unfähig, die Besteuerung der Wirtschaft in dem Maße zu gewährleisten, wie es angesichts ihrer sozialen Aufgaben geboten wäre. Dem verdankt sich die Verschuldung vieler Staaten heute. Die Medizinisierung der Weltgesellschaft hat dabei freilich einiges verschoben, allemal zu Lasten der Demokratie, was gerade linke Intellektuelle gar nicht gerne hören.

Der These von der Postdemokratie hat indes Jan-Werner Müller in seinem Buch *Ein demokratisches Zeitalter* 2013

---

[1] Colin Crouch, Postdemokratie (2004), Bonn 2008, 70
[2] Wolfgang Streeck, Gekaufte Zeit – Die vertagte Kriese des demokratischen Kapitalismus, Berlin 2013, 90

widersprochen. Wenn sich nach Colin Crouch dieser postde-
mokratische Zustand in den letzten Jahrzehnten entwickelte,
dann suggeriert das Wort von der Postdemokratie oder auch
der Postdemokratisierung, dass es vorher nicht nur demokratischer, sondern vor allem auch sozialer zugegangen sei, gleichgültig ob es sich bei der Postdemokratie um einen Zäsur- oder
um einen Deformationsbegriff handelt.

Wann also ging es demokratischer und sozialer zu? Gemeinhin denkt man zunächst an die Jahrzehnte nach dem zweiten Weltkrieg, als sich in Europa die Demokratien in Ländern
stabilisierten, in denen sie in der Zwischenkriegszeit reihenweise zusammengebrochen waren, also in Italien, Deutschland
und Österreich. In der Nachkriegszeit wurde in diesen Ländern
der Sozialstaat massiv ausgebaut, so dass der Eindruck entstehen konnte, dass es sich nicht nur um eine Demokratisierung,
sondern auch um eine Sozialdemokratisierung handelt. Der
liberale Soziologe Ralf Dahrendorf sprach gar vom sozialde-
mokratischen Jahrhundert.

Demokratie hängt im Sinne von Crouch eindeutig vom Sozialstaat ab, der den sozial Schwachen Chancen zu politischer
Partizipation eröffnet. Doch für Jan-Werner Müller gilt das
höchstens für England, wo *Labour* nach dem Krieg den Sozialstaat ausbaute, an dessen Abbau dann Tony Blair mitwirkte,
was für die These von Crouch spricht. In Frankreich, Italien,
Benelux und Deutschland waren es dagegen christdemokratische Parteien, erklärt Müller die Christdemokratie zur „wichtigsten ideologischen Innovation der Nachkriegszeit und einer
der bedeutendsten des europäischen 20. Jahrhunderts überhaupt."[1] Deren Sozialstaat, den christdemokratische Parteien
nach dem Weltkrieg aufbauten, geriet aber erheblich paternalis-
tischer und orientierte sich am traditionellen Familienbild. Als
wichtigster Vermittler erscheint Müller Jacques Maritain, der
als überzeugter Thomist an der Menschenrechtserklärung der

---

[1] Jan-Werner Müller, Das demokratische Zeitalter – Eine politische
Ideengeschichte Europas im 20. Jahrhundert, Berlin 2013, 219

UN mitarbeitete und den De Gaulle als französischen Botschafter zum Vatikan entsandte. Noch als die Moderne kritisierender Mönch – er trat 1960 nach dem Tod seiner Frau in ein Kloster bei Toulouse ein – arbeitete er an einer Versöhnung des Katholizismus mit der Demokratie, den Menschenrechten und dem Sozialstaat, und handelte sich dabei zahlreiche Kritiken ein. So „brandmarkten ihn", schreibt Müller, „halsstarrige rechte Katholiken wie Carl Schmitt durchweg als ‚Cauche-Maritain' (von cauchemar, Alptraum), während Konservative wie der ungarische Denker Aurel Konai Maritains Bemühungen ‚den armen Thomas Aquinas in die Lumpen eines laizistischen Apostels der Demokratie zu kleiden', noch nie sehr glaubwürdig gefunden hatten. Östlich des Eisernen Vorhangs griff der politische Philosoph Leszek Kolakoswki die ganze neothomistische Tendenz als eine verzweifelte Maßnahme zur Rechtfertigung und Rettung des Rechts auf Privateigentum an."[1] Maritain war zwar kein Mitbegründer der Christdemokratie, aber, so Müller, hat er doch wesentlich dazu beigetragen, dass diese ihre demokratische wie soziale Dynamik aus der katholischen Tradition heraus zu entfalten vermochte.

Was Demokratie und Sozialstaat betrifft, war das 20. Jahrhundert also kein sozialdemokratisches, sondern ein christdemokratisches, wobei der Sozialstaat nicht den Sinn hatte, die Partizipationsmöglichkeiten der Arbeiterschichten zu verbessern. Dann wird es doch etwas schwieriger von Postdemokratie zu sprechen, noch dazu wenn Jan-Werner Müller die westlichen Nachkriegsdemokratien selbstdisziplinierte Demokratien nennt, die die Bevölkerung nur turnusgemäß zu den Wahlurnen schickten, ihr einen weitergehenden politischen Einfluss aber kaum gewährten. So erscheint Müller auch die europäische Integration beschleunigt durch christdemokratische Vorbehalte gegen die Demokratie: Sie erschien „als glaubwürdige Antwort auf die Gefahren der Volkssouveränität, der gegenüber christdemokratische Führer selbst als Vorsitzende von Volksparteien

---

[1] Müller, Das demokratische Zeitalter, 2013, 232

besonders skeptisch bleiben sollten."[1] Diese selbstdisziplinierte Demokratie der Nachkriegsjahre macht für Müller somit keinen sehr demokratischen, eher selbst schon einen postdemokratischen Eindruck – vorausgesetzt man findet in der Zeit vorher ein demokratischeres Zeitalter – was sich aber schwerlich ausweisen lässt.

Jacques Rancière führt den Begriff Post-Demokratie bereits 1995 ein und bezieht sich dabei auch auf die Konsens-Demokratie, wie sie von Jürgen Habermas und John Rawls entworfen wurde. Ein rationaler Diskurs über die Grundprinzipien der Verfassungsordnung zielt bei Rawls auf einen übergreifenden Konsens zwischen vernünftigen umfassenden Lehren. An diese Ordnung des Diskurses als einen öffentlichen Gebrauch der Vernunft müssen sich die Bürger anpassen. Ob sie dem genügen, dafür liefert Rawls denn auch ein Kriterium: „Als Probe aufs Exempel, ob wir der öffentlichen Vernunft folgen oder nicht, mögen wir uns von Fall zu Fall fragen, wie unsere Argumente erscheinen würden, wenn sie in einem Verfassungsgerichtsurteil stünden. Vernünftig, haarsträubend oder wie sonst?"[2]

Karl-Otto Apel geht wie Habermas davon aus, dass der Sprache eine Kommunikativität und der Vernunft, die der Sprache inhärent ist, eine Konsensorientierung eignet. Diese Struktur ist transzendental vorgegeben und verdankt sich nicht einer individuellen diskursiven Praxis, die sich vielmehr an Sprache und Vernunft orientieren muss, um kommunikativ auf Konsens abzuzielen. So verweist Apel darauf, dass sich die Vernunft institutionell entfaltet, wenn er schreibt: „Die in modernen Rechtssystemen und in den Spielregeln der demokratischen Regierungsform implizierten Moralprinzipien – wie etwa die Voraussetzung eines *Grundkonsenses* und eines approximativ immer wieder zu erneuernden *Konsenses der Betroffenen*

---

[1] Müller, Das demokratische Zeitalter, 2013, 240

[2] John Rawls, Politischer Liberalismus (1993), Frankfurt/M. 1998, 362

als Legitimationsbasis für die Gesetzgebung – diese Institutionsprinzipien repräsentieren sogar durchweg ein höheres, postkonventionelles Niveau des moralischen Bewusstseins als das von der Mehrzahl der Bürger erreichte."[1]

Für Rancière entfaltet sich derart eine soziale Ordnung, die den politischen und eigentlichen demokratischen Konflikt einhegt, der sich notorisch der sozialen Ungleichheit verdankt und immer dann ausbricht, wenn die Benachteiligten ihre Rolle in dieser Ordnung in Frage stellen. Selbstredend überschreiten sie dabei die vorgegebene Ordnung des Diskurses, just um ihren Platz innerhalb dieser Ordnung zu verändern. So schreibt Rancière: „Dieser Ausdruck <Post-Demokratie> wird uns einfach dazu dienen, das Paradox zu bezeichnen, das unter dem Namen der Demokratie die konsensuelle Praxis der Auslöschung der Formen demokratischen Handelns geltend macht. (. . .) Sie ist die Praxis und das Denken einer restlosen Übereinstimmung zwischen den Formen des Staates und dem Zustand der gesellschaftlichen Verhältnisse."[2] So realisiert die Konsens-Demokratie gerade nicht das, was Demokratie eben ausmacht, nämlich die Partizipation jener, die davon ausgeschlossen sind und die sich höchstens auf vorgegebenen Wegen und Formen beteiligen dürfen. Just das aber ist keine wirkliche Beteiligung. Es ist höchstens eine institutionell eingebundene Beteiligung, mit der sich Bürger nicht zufrieden geben, weil dadurch ihre Spielräume gerade eingeschränkt werden. Außerinstitutionelle Partizipation dagegen stellt solche Diskursordnungen regelmäßig in Frage.

---

[1] Karl-Otto Apel, Diskurs und Verantwortung – Das Problem des Übergangs zur postkonventionellen Moral, Frankfurt/M. 1988, 364

[2] Jacques Rancière, Das Unvernehmen – Politik und Philosophie (1995), Frankfurt/M. 2002, 111

2. Partizipation in der Postdemokratie

Wenn Postdemokratie für Jan-Werner Müller einen Sinn besitzt, dann höchstens unter Bezugnahme auf 1968. Die politischen Institutionen wurden dadurch nicht geändert. Aber im sozialen Bereich wandelten sich Institutionen wie die Familie oder die Universitäten. Im Hinblick auf die Postdemokratie könnte sich Müller daher den Vergleich vorstellen, dass vielleicht ein ähnlicher öffentlicher Druck wie 1968 die Finanzmärkte zivilisieren könnte. Demokratie beherbergt dann einen partizipatorischen Anspruch, der sich aber nicht institutionell bzw. konsensuell regeln lässt, der sich vielmehr diversen Konflikten um Formen der Teilhabe verdankt, die allerdings keineswegs notorisch in den Bürgerkrieg führen müssen, wie es Vordenker der Rechten wie Carl Schmitt oder Arnold Gehlen glauben und der arabische Frühling ja auch tragisch vorführte. Denn die Proteste der sechziger Jahre unterscheiden sich von jenen der Weimarer Republik primär dadurch, dass sie nicht von Parteien gelenkt noch kontrolliert werden können. Kleine Gruppen können zwar Terror verbreiten, gehen aber gemeinhin unter. Organisierte große Gruppen, die in der Bevölkerung eine gewisse Verankerung haben, zumeist bestimmte Interessen vertreten, führen dagegen leicht in den Bürgerkrieg bzw. den Totalitarismus.

Zwar geht es den diversen politischen Gruppen der sechziger Jahre noch primär um eine soziale Revolution im Stile von Marx. Die APO, die außerparlamentarische Opposition, wie sich die Studentenbewegung der achtundsechziger Zeit selbst nannte, strebte eine sozialistische Gesellschaft an – gleichgültig ob mit harter Hand oder mit der sanften Gewalt des besseren Arguments. Sie beschäftigte sich denn auch primär mit außenpolitischen oder internationalen Fragen und protestierte gegen den Vietnam-Krieg, das Apartheit-Regime in Südafrika, die Diktatur des Schah von Persien, die von der westlichen Welt gestützt wurden. Weil man eine Revolution in den Zentren des

Kapitalismus für unwahrscheinlich hielt, hoffte man, dass an dessen Peripherie das eine oder andere Land leichter sozialistisch werden könnte. Dazu – also letztlich zur Weltrevolution – wollte man beitragen.

Doch bereits in den Siebzigern verblassen derartige geschichtsphilosophische Ideen. Die Bürger gehen für sehr spezielle, häufig eigene Interessen auf die Straße, gegen Atomkraftwerke vor der Haustüre oder im Allgemeinen, für das Recht auf Abtreibung und die Emanzipation der Frauen, für den Umweltschutz, in der Friedensbewegung der späten siebziger und frühen achtziger Jahre, in der Bürgerrechtsbewegung in der DDR. Man darf an dieser Stelle vor allem auch auf die Vorläufer in der US-amerikanischen Bürgerrechtsbewegung seit den Fünfzigern erinnern.

Das universelle Thema der sozialen Gerechtigkeit wird lange keine Rolle spielen, bis es seit Anfang des neuen Jahrhunderts zunächst von *Attac* und später von der *Occupy*-Bewegung wieder aufgegriffen wird. Marxistische Entwürfe bei Antonio Negri und Michael Hardt blieben indes sehr theoretisch und Kreisen von Eingeweihten vorbehalten, während sich die katholische Kirche und speziell der Vatikan durchaus publikumswirksam dem Thema Armut und Ungerechtigkeit annahmen. Dem verdankt sich die Popularität von Papst Franziskus. Doch es zeugt auch davon, dass das Thema an revolutionärer Kraft verloren hat. Man zieht nicht mehr in den Bürgerkrieg wie in der ersten Hälfte des 20. Jahrhunderts, sondern hilft konkret vor Ort armen Menschen in Slums wo auch immer in der Welt.

Wegbereiter des selbständig und mündig politisch partizipierenden Bürgers seit den sechziger Jahren ist der französische Existentialismus, der das Individuum für frei erklärt, das auch angesichts des größten Schreckens, des Nazi-Terrors in ganz Europa Widerstand zu leisten in der Lage ist. So befreit Jean-Paul Sartre den Zeitgenossen aus dem Kerker des Untertanen. Sartre analysiert das Bewusstsein und stellt fest, dass es dem Zeitgenossen ermöglicht, gegenüber jedweder Tyrannei nein zu sagen. Er schreibt 1943: „Die notwendige Bedingung dafür, dass es möglich ist, *nein* zu sagen, ist dass das Nicht-Sein eine ständige Anwesenheit ist, in uns und außer uns, dass das Nichts das Sein *heimsucht*."[1] Dem steht die Unaufrichtigkeit nicht nur des Untertan gegenüber: Die Unaufrichtigkeit „ist eine gewisse Kunst, widersprüchliche Begriffe zu bilden, das heißt solche, die eine Idee und die Negation dieser Idee in sich vereinigen."[2]

So wirft man Sartre bis heute Solipsismus vor, ohne seine Blicktheorie zu beachten. Doch gerade der Mündige, seiner selbst wenigstens teilmächtige, braucht die Korrektur durch den Zeitgenossen. Sartre bemerkt: „Aber gleichzeitig benötige ich Andere, um alle Strukturen meines Seins voll erfassen zu können; das Für-sich verweist auf das Für-Andere."[3]

Die außerinstitutionelle Partizipation richtet sich gegen undemokratische Strukturen, die man auch postdemokratisch nennen könnte, wenn man diesen Begriff weniger im Sinn eines nachdemokratischen Zustandes versteht, als vielmehr im Sinn einer Bewegung hin zu einer Demokratie, die erst noch kommen muss, im Sinn von Jacques Derrida als eine Gerechtigkeit, die notorisch drängend und doch zukünftig bleibt. Er schreibt: „Die Dekonstruktion, wenn es so etwas gibt, bleibt in meinen Augen ein unbedingter Rationalismus, der gerade im Namen der kommenden Aufklärung niemals davon abgeht, in dem zu eröffnenden Raum einer kommenden Demokratie argumentativ, durch rationale Diskussion, sämtliche Bedingungen, Hypothesen, Konventionen und Vorannahmen zu suspendieren (. . .)."[4]

---

[1] Sartre, Das Sein und das Nichts (1943), 1993, 63

[2] Ebd., 135

[3] Ebd., 407

[4] Jacques Derrida, Die ‚Welt' der kommenden Aufklärung (Ausnahme, Kalkül und Souveränität); in: ders., Schurken – Zwei Essays über die Vernunft (2003), Frankfurt/M. 2003, 191

3. Der mediale Widerstand der Anteillosen als Partizipation

Den medialen Aspekt von Widerstand und Partizipation beachtet Sartre höchstens am Rande, obgleich er selbst eine Form des medialen Widerstandes betreibt, nämlich in Form von Philosophie und Literatur. Später wird er eine engagierte Literatur einfordern. Dass jede Form von Widerstand – auch der militärische – eine mediale Seite besitzt, die ihn überhaupt zum Akt des Widerstandes oder gar der Partizipation macht, das beachtet Sartre weniger, anders als der Islamische Staat, der Terroraktionen medial einen bestimmten Sinn verleiht, auf den die vom Terror Betroffenen auch genau achten. Sonst wäre es eben nur ein Amoklauf, womit man umgekehrt auch Terrorakte verharmlosen kann, speziell von Rechts wie den Terrorakt im Münchner Olympia-Einkaufszentrum.

Ohne die mediale Seite bleibt für Jacques Rancière jedes Aufbegehren von an der Politik gar nicht oder nur unzulänglich Beteiligten unpolitisch. Sicherlich schließt er damit eher an den späten Foucault an. Trotzdem verlängert er wie sein Lehrer die von Sartre und Camus in die Welt gesetzte Idee des immer möglichen politischen Widerstandes, wenn dabei die symbolische Ordnung in Frage gestellt wird. Denn es kommt darauf an, dass die Ordnung der Gesellschaft überhaupt in Frage gestellt wird, und sei es nur punktuell, nicht allein darauf, dass die Anteillosen Widerstand leisten, wie beim Sklavenaufstand des Spartakus, wollten sich die Sklaven nur selbst an die Stelle der Herren setzen, die Sklaverei aber nicht abschaffen, somit die diskriminierende soziale Struktur nicht ändern. Rancière wählt ein ähnliches Beispiel: Nach einer Fabel des Herodot pflegten die Skythen ihre Sklaven zu blenden, da diese nur Tätigkeiten auszuüben hatten, die man ohne Augenlicht vollbringen kann. Als die Skythen sich auf eine jahrelange Expedition begaben, waren Sklaven nachgewachsen, die sehen konnten und sich den rückkehrenden Skythen gewaltsam widersetzten, die aber aufgaben, als die Skythen ihnen mit der Peitsche drohten, die also die symbolische Ordnung nicht verstanden, vor allem nicht in Frage stellen konnten. „Es gibt Politik," konstatiert Rancière, „wenn es einen Anteil der Anteillosen, einen Teil oder eine Partei der Armen gibt. Es gibt nicht einfach deshalb Politik, weil die Armen den Reichen gegenübertreten und sich ihnen widersetzen. (. . .) Die Politik existiert, wenn die natürliche Ordnung der Herrschaft unterbrochen ist durch die Einrichtung eines Anteils der Anteillosen."[1]

Dass außerinstitutionelle politische Partizipation bzw. Widerstand immer auf die mediale, also symbolische Ordnung abzielt, die in Frage gestellt wird, an der Ausgeschlossene Anteil einklagen, das erläutert Rancière anhand der Interpretation von Pierre-Simon Ballanche, der 1829 die Erzählung des Titus Livius über den Aufstand der römischen Plebejer 494 v.Chr. auf dem Aventin als einen Streit um Partizipation erklärt, der die sprachliche Ordnung, also die des Diskurses in Frage stellt. Menenius Agrippa hält den Plebejern die Fabel vom Bauch und den Gliedern entgegen. Doch die Plebejer lassen sich davon nicht beeindrucken. Sie greifen auch nicht zu den Waffen wie die Sklaven der Skythen. Sie greifen vielmehr zu Worten, und bieten Agrippa einen Vertrag an – eine viel wirkungsvollere Angelegenheit als jede Form der Gewalt.

Aristoteles attestiert den Sklaven, dass sie die Sprache nur unzulänglich beherrschen und daher zur politischen Teilhabe unfähig wären. Rancière beschreibt die Sachlage folgendermaßen: „Und der Sklave ist genau derjenige, der die Fähigkeit besitzt, den *Logos* zu verstehen, ohne die Fähigkeit des *Logos* selbst zu besitzen. Er ist jener besondere Übergang von der Tierheit zur Menschheit, den Aristoteles sehr genau definiert: (. . .) der Sklave ist derjenige, der an der Gemeinschaft der Sprache teilhat einzig in der Form des Verstehens (*Aisthesis*), nicht aber in jener des Besitzes (*Hexis*)."[2] Die Sklaven benutzen die

---

[1] Rancière, Das Unvernehmen (1995), 24

[2] Rancière, Das Unvernehmen (1995), 30

Sprache primär noch ähnlich wie die Tiere, um durch sie nämlich Lust und Schmerz auszudrücken. Sie können sich der Sprache noch nicht so wie die Bürger bedienen, nämlich mit ihr die Frage nach dem Gerechten und dem Nützlichen stellen, was tierischen Lauten eben abgeht. Immerhin aber verstehen Sklaven, was die Sklavenhalter sagen. Sie verstehen den Logos, über den nur die Vollbürger verfügen. Es handelt sich dabei auch um das Recht und die Fähigkeit, politisch das Wort ergreifen zu dürfen, eine Kompetenz, die im antiken Athen nur kleine Gruppen des Adels oder der Vollbürger besaßen.

Die Patrizier sind entsetzt, dass Agrippa mit den Plebejern überhaupt redete, weil diesen der Logos der Sprache fehlt, sie sich politisch auch nicht äußern können. „Die Position der unbeugsamen Patrizier" – so Rancière – „ist einfach: es gibt keinen Ort, um mit den Plebejern zu diskutieren, aus dem einfachen Grund, weil diese nicht sprechen. Und sie sprechen nicht, weil sie Wesen ohne Namen sind, ohne *Logos*, das heißt ohne symbolische Einschreibung im Gemeinwesen. Sie leben ein rein individuelles Leben, das nichts überträgt, außer das Leben selbst, reduziert auf seine Reproduktionsfähigkeit. Derjenige, der ohne Namen ist, *kann* nicht sprechen. Es ist ein fataler Irrtum, dass der Abgeordnete Menenius sich eingebildet hat, es kämen *Worte* aus dem Mund der Plebejer, während logischerweise doch nur Lärm herauskommen kann."[1]

Für Appius Claudius verfiel Agrippa einer Sinnestäuschung, als er glaubte, die Plebejer reden zu hören. Sie haben die Patrizier höchstens imitiert wie der Papagei den Menschen. In der Tat liegt die Mimesis nicht mal so fern, geben sich die Plebejer selber Namen, entwerfen eine neue Ordnung, in der sie durch Teilhabe am Logos der Sprache nicht mehr die ungezählten Zahllosen sind, sondern zum Gemeinwesen dazugezählt werden, durch ihre Namen Teil von dessen symbolischer Ordnung werden, besitzen sie damit auch die Fähigkeit zu versprechen und Verträge zu schließen, was man ihnen vorher

---

[1] Ebd., 35

verwehrte. Damit heben sie die ungleichheitliche Aufteilung der Ordnung auf und fordern als Anteillose eine gleichheitliche Aufteilung dieser Ordnung. Für Rancière findet just in solchen Augenblicken Politik statt, die letztlich auch wirksamer ist als der Einsatz der Gewalt, eine Politik, die mit dem Anspruch auf Gleichheit die Wahrnehmung der politischen Wirklichkeit verändert. Agrippa wollte den Plebejern mittels Sprache durch die Fabel ihre Anteillosigkeit an derselben klarmachen und hat sie damit als sprechende Wesen anerkannt, so dass sie sich mit der Anteillosigkeit nicht mehr zufrieden geben. Sie stellen die Ordnung des Diskurses in Frage, an der sie Anteil haben wollen. „Der politische Streit", so Rancière, „unterscheidet sich von jedem Interessenskonflikt zwischen konstituierten Teilen der Bevölkerung, da er ein Konflikt über die Zählung der Teile selbst ist. Er ist keine Diskussion zwischen Partnern, sondern ein Gespräch, das die Situation des Gesprächs selbst ins Spiel bringt."[1] Es geht um eine Auseinandersetzung um die Teilhabe an den Medien, die zu Zeiten des republikanischen Roms primär Sprache und Schrift waren, zu denen man heute denn die Massenmedien und das Internet hinzuzählen muss. Macht heißt Einfluss auf den Diskurs, der sich nicht den Gewehrläufen zu verdanken vermag, auch nicht festen rationalen Regeln.

Für Giorgio Agamben, der zusammen mit Rancière in den frühen neunziger Jahren am Pariser *Collège international de philosophie* arbeitete, regieren die modernen Demokratien daher zunehmend mit dem Mittel des Ausnahmezustands, mit dem man demokratischen Teilhabeansprüchen in jedweder Form bereits im Vorfeld begegnen kann – und seien es institutionelle eines demokratisch gewählten Parlaments, dem in der Finanzkrise von 2008 häufig nur bleibt, Entscheidungen der Exekutive abzunicken. Seit dem ersten Weltkrieg hat sich dieses Mittel weltweit verbreitet, die Faschismen griffen darauf zurück. Aber auch die Demokratien sehen sich keinesfalls vor die Aufgabe gestellt, den Ausnahmezustand gerade zu vermei-

---

[1] Rancière, Das Unvernehmen (1995), 110

den. Der französische Präsident bediente sich seiner angesichts der Terroranschläge vom 13. November 2015. Seit 2020 ist der Ausnahmezustand global zu einem Dauerzustand geworden, mit dem bis in die intimste Intimsphäre der Individuen eingegriffen wird, was sich eine medial verängstigte Bevölkerung, durch eine machiavellistische, nämlich Angst erzeugende Politik auch noch klaglos gefallen lässt, so dass man in der Tat von der Wiederkehr des Untertan sprechen kann.

Auf die Menschenrechtserklärungen am Ende des 18. Jahrhunderts antwortete der Staat im 19. Jahrhundert mit der Militarisierung. Auf die sozialen Liberalisierungen und die partizipatorischen Ansprüche auf außerinstitutionelle politische Teilhabe im letzten Drittel des 20. Jahrhunderts antwortet der Staat im 21. Jahrhundert mit der Hospitalisierung – Aids-Politik und Raucher-Diskriminierung als Wegbereiter, aber längst nicht nur diese –, mit der man die Bürgerinnen wieder zu Leibeigenen machen kann, deren Leben diese nicht mehr selber gestalten dürfen, das vielmehr die Institutionen der Sozial- und der Staatsmedizin von der Wiege bis zur Bahre organisieren. Und die errungene Mündigkeit löst der Ausnahmezustand auf – China macht es in Honkong vor, die deutschen Behörden verbieten genauso reihenweise oppositionelle Demonstrationen. Wie es Jan-Werner Müller feststellt, der christdemokratische Sozialstaat war nicht besonders demokratisch. Die Parteien, die ‚mehr Demokratie wagen' wollten – Liberale, soziale Demokraten, Ökologen – machen aus ihren Wählern verantwortungslose Untertanen. Mit Derrida: Demokratie muss erst kommen. Wieder-kommen?

Versteckter und als geschickter erweisen sich Maßnahmen, die partizipatorischen Ansprüchen bereits im Vorfeld die Stimme rauben, beispielsweise die Lenkung der Medien wie im republikanischen Rom, die Verfolgung von Oppositionellen durch unpolitische polizeiliche Maßnahmen, wie es seit 2015 in der Türkei gang und gäbe ist – oder eben die Diskriminierung der Kritiker der Hospitalisierung seit 2020. Agamben schreibt vor 18 Jahren die prophetischen Worte: „Ja, der Ausnahmezustand hat heute erst seine weltweit größte Ausbreitung erreicht. Der normative Aspekt des Rechts kann so ungestraft entwertet, ihm kann widersprochen werden von einer Regierungsgewalt, die im Ausland internationales Recht ignoriert, im Inneren einen permanenten Ausnahmezustand schafft und dann vorgibt, immer noch das Recht anzuwenden."[1] Diese Situation besteht extensiv seit 2020, so dass nicht nur die Demokratie, sondern auch die Republik in Frage steht. Die Paten des nun definitiv postdemokratischen Staates sitzen in den Führungsetagen des Medizinwesens und können willkürlich entscheiden, welche Maßnahme unter bestimmten Umständen als angemessen betrachtet wird: der Wächterrat wie im Iran. Sie behaupten, sie würden sie auf wissenschaftliche Erkenntnisse stützen. Aber auch und gerade in den Wissenschaften lassen sich aus deskriptiven Sätzen keine normativen ableiten. Carl Schmitt weist darauf hin, dass es für die Ausnahme keine Regel geben kann, wann diese der Fall ist: „Die Entscheidung über die Ausnahme ist nämlich im eminenten Sinne Entscheidung. Denn eine generelle Norm, wie sie der normal geltende Rechtsatz darstellt, kann eine absolute Ausnahme niemals erfassen und daher auch die Entscheidung, dass ein echter Ausnahmefall gegeben ist, nicht restlos begründen."[2] Der Ausnahmezustand verliert also jegliches normatives Fundament im Recht. Schmitt geht trotzdem davon aus, dass durch den Ausnahmezustand der Rechtszustand letztlich gesichert wird, weil am Ende dieser wiederhergestellt werden soll. Für Agamben erweist sich das jedoch als Illusion, was den Ausnahmezustand wirksamer und auch noch gefährlicher werden lässt, so dass die modernen Demokratien zunehmend totalitäre Tendenzen entwickeln. Was wird von den Hospitalisierungsmaßnahmen 20/21 lange bestehen bleiben und was wird womöglich nie mehr aufgehoben? So

---

[1] Giorgio Agamben, Der Ausnahmezustand – Homo sacer II.1 (2003), Frankfurt/M. 2004, 102

[2] Carl Schmitt, Politische Theologie – Vier Kapitel zur Lehre von der Souveränität (1922), 8. Aufl. Berlin 2004, 13

geht es ständig darum, antipartizipatorische Tendenzen in der Demokratie zu verschleiern und partizipatorische Bemühungen von Anteillosen zu verhindern, einen Anteil zu ergattern.

Radikale Marxisten fürchten sich dagegen weniger vor dem Ausnahmezustand – in gewisser Hinsicht sehnen sie ihn sogar in der Hoffnung herbei, er würde die Revolution beschleunigen – statt die Macht des Kapitals zu stabilisieren. Für sie lässt sich der Kapitalismus nicht reformieren, sondern höchstens abschaffen. Dabei stützen sie sich immer noch auf Marx' ökonomische Theorien, nach denen der Kapitalismus an seinen Widersprüchen von selbst zugrunde gehen soll. Seit den diversen Finanz- und Währungskrisen des letzten Jahrzehnts schöpfen viele wieder neue Hoffnung. Paul Mason prophezeit im Anschluss an Marx *Grundrisse der politischen Ökonomie* dem Kapitalismus vor allem deswegen den Untergang, weil die Informationstechnologie die Mehrwertproduktion untergräbt, aber auch weil der Kapitalismus mit den Migrationsströmen, der Klimakatastrophe und der demographischen Entwicklung nicht zurechtkommt. Und er erwartet eine Revolution: „Selbst wenn ein friedlicher Kurswechsel gelänge, würde er zu einem völligen Zusammenbruch der Globalisierung führen. Und natürlich würde er nicht friedlich ablaufen."[1]

Nach Marx soll das Proletariat nach dem Zusammenbruch des Kapitalismus als wirtschaftlich mächtigste Klasse die Macht übernehmen, so dass auch die Revolution nicht allzu gewalttätig verlaufen wird. Just an dieser Stelle zeigt sich, warum man heute angesichts einer sich weiter öffnenden Schere zwischen Arm und Reich nicht mehr viel mit dem Klassenbegriff anfangen kann. Das Proletariat in diesem Sinn existiert nicht mehr. Es ist schlicht nicht mehr so mächtig, um die Machtfrage zu stellen, war es dies wahrscheinlich auch nie. Mason hofft auch nicht mehr auf das Proletariat, sondern im Grunde auf alternative Informationseliten. Die heutigen Armen

---

[1] Paul Mason, Postkapitalismus – Grundrisse einer kommenden Ökonomie (2015), Berlin 2016, 62

jedenfalls sind wie immer in der Geschichte machtlos, anteillos, taugt somit der Klassenbegriff von Marx wirklich nicht mehr. Die Armen könnten heute so wenig wie früher daher nicht mal nach einem Zusammenbruch des Kapitalismus die Macht übernehmen. Abgesehen davon, würde der Kapitalismus zusammenbrechen, führte das jedenfalls in viele Bürgerkriege und in langanhaltendes soziales Elend. Bis sich dann die Welt lebenswerter gestalten lässt, wird es sehr lange dauern. Alles andere aber als eine gewaltsame revolutionäre Änderung der sozialen Verhältnisse, so behaupten radikale Marxisten noch heute, ließe alles beim Alten, könne nichts nachhaltig verändern.

Aber spätestens seit den neuzehnhundertsiebziger Jahren wollen sich viele mit dieser Alternative nicht mehr zufrieden geben. Denn lebt man nicht allemal besser von Krise zu Krise taumelnd und am eigenen Leben wie an der einen oder anderen sozialen Institution bastelnd, als in und nach der Katastrophe, in die jede Revolution abgleitet, so dass die letzten mächtigen Gruppen so gewaltsam wie langwierig um die Macht ringen werden?

Die Alternativszene der siebziger Jahre begann langsam Kleinbetriebe von der Druckerei bis zur Kneipe zu eröffnen, um bereits so zu arbeiten und zu leben, wie sich das rot, grün und alternativ Orientierte jenseits des Kapitalismus wünschten. Sie straften Adornos berühmtes Wort Lügen, nach dem es im falschen Leben kein richtiges gebe. Die Öko-Bank wurde gegründet und selbst normale Geschäftsbanken entdeckten das *Ethical Investment*, das bis heute sicherlich nicht nur grün alternativ eingestellte Kunden bevorzugen. Parallel dazu entstand in jenen siebziger Jahren auch die sogenannte Bürgerinitiativbewegung.

Alle diese Bemühungen, die durchaus erfolgreich waren, schließen indirekt an die Widerständigkeit Sartres an. Zumindest sehen sie aber ein, dass verschiedene soziale Gruppen und Weltanschauungen miteinander kooperieren müssen, anstatt sich gewaltsam zu bekämpfen. So engagieren sich seither Bürger aus unterschiedlichen politischen Motiven heraus gegen ihren Ausschluss aus bestimmten Politikfeldern, heißen diese Familien-, Friedens-, Energie- oder Umweltpolitik. Sie beanspruchen Teilhabe dort, wo sie politisch ausgeschlossen sind. Sie klagen Mündigkeit und Selbstverantwortung ein, wo man sie in eine bestimmte soziale Ordnung zwingen will. So erheben Frauen, Schwule, Migranten, Behinderte, Alte, Marginalisierte ihre Stimme in der Öffentlichkeit, aus der sie bis dahin weitgehend verbannt waren, wo sie keine Sprache hatten. Sie erobern mit ihrem emanzipativen Anspruch auf Mündigkeit mediale Orte, eine Bemühung, die die klassischen Massenmedien mit ihrer Zentrierung behinderten, während das peripherieorientierte Internet solche Ansprüche allemal befördert.

Für Leo Strauss wie für viele Konservative im 20. Jahrhundert stellten dagegen die Massenmedien bereits eine Gefahr für eine aristokratisch gelenkte Republik dar. Er kritisiert Thomas Hobbes, dass dieser jedem Bürger attestierte, selber darüber zu entscheiden, wann sein Leben gesichert sei. Strauss schreibt 1953: „Wenn aber jeder noch so törichte Mensch von Natur aus darüber richten kann, was für seine Selbsterhaltung notwendig ist, dann kann mit Recht alles als für die Selbsterhaltung unerlässlich angesehen werden: alles ist dann von Natur aus gerecht. Wir können dann von einem Naturrecht der Torheit sprechen."[1] So erklärt er Hobbes, nicht nur zum Begründer des Liberalismus, sondern auch des politischen Hedonismus: eben wenn jeder, wie es Sartre bemerkte, ohne Unterordnung unter eine höhere Weisheit Mündigkeit und Verantwortung beansprucht. Das wäre nach Strauss ein ‚Naturrecht der Torheit', sollten sich stattdessen viele Menschen wie in Platons *Politeia* aus der Politik einfach heraushalten und den Gebildeten oder den Experten vertrauen. In einem ähnlichen Sinn fordert Helmut Schelsky 1955 im Angesicht des *Kinsey-Reports*, dem er eine die sittliche Ordnung „erschütternde und verderbliche

---

[1] Leo Strauss, Naturrecht und Geschichte (1953), Frankfurt/M. 1977, 192

Wirkung"[1] zuschreibt, dass die Sexualmoral in der Öffentlichkeit nicht diskutiert werden dürfe. Doch das haben sich die Zeitgenossen nicht gefallen lassen und die Massenmedien haben ihnen dabei durchaus geholfen, die heute freilich mit der Hospitalisierung apokalyptisch gemeinsame Sache machen, weil Schreckensszenarien die Einschaltquoten erhöhen.

So ging der politische Hedonismus nicht nur im Existentialismus mit seinen Vorläufern Max Stirner, Sören Kierkegaard und Friedrich Nietzsche auf, sondern verlängert sich explizit ins neue Jahrhundert. 2010 ruft der ehemalige Résistance-Kämpfer Stéphane Hessel den rebellierenden Jugendlichen in den französischen Banlieues zu: „Das Grundmotiv der Résistance war die Empörung. (. . .) Mischt euch ein, empört euch!"[2] Dabei beruft er sich explizit auf die existentialistischen Ideen der Freiheit und der Verantwortung, aus denen mit der Widerständigkeit auch Innovation wächst: „Sartre lehrte uns, dass wir selbst, allein und absolut, für die Welt verantwortlich sind – eine fast schon anarchistische Botschaft. Verantwortung des Einzelnen ohne Rückhalt, ohne Gott. Im Gegenteil: Engagement allein aus der Verantwortung des Einzelnen."[3]

Den Anspruch zu erheben, nicht mehr aus bestimmten politischen Prozessen ausgeschlossen zu werden, oder gefährliche Depravationen des Staates zurückzudrängen, verdankt sich dabei dem individuellen Bewusstsein, nicht mehr schlicht einer Religion oder Ideologie, und muss sich vor den Massenmedien in Acht nehmen. Dabei können sich die Anteillosen gerade nicht auf eine Gattungsethik berufen, sowenig wie auf einen Universalismus, die sie nur in eine gesellschaftliche Ordnung des Diskurses einfügen – heute mit aller Macht in den der Hospitalisierung. Wer umgekehrt aus den gesellschaftlichen Dis-

---

[1] Helmut Schelsky, Soziologie der Sexualität – Über die Beziehungen zwischen Geschlecht, Moral und Gesellschaft, Hamburg, 1955, 7

[2] Stéphane Hessel, Empört Euch! (2010), Berlin 2011, 9

[3] Ebd., 11

kursen nicht ausgeschlossen werden möchte, wer diese aber öffnen und nicht schließen will, der schließt damit auch andere nicht aus, was die diversen Emanzipations- und Partizipationsbewegungen von Entwicklungen wie der Nationalisten oder Islamisten unterscheidet, denen es um Diskriminierung unerwünschter Zeitgenossen geht. *Non-Discrimination* ist das Prinzip der Zivilgesellschaft, Diskriminierung das von Fundamentalisten jedweder Couleur, auch von den Hospitalisierern.

Die Stimme zu erheben, bleibt ein medialer Akt und wird damit ein politischer, gibt es keine Politik ohne Sprache, ohne Literaten, ohne Beobachter, die das Geschehen interpretieren und festhalten: ohne Homer gäbe es keinen Odysseus. Wenn das Internet dabei außerinstitutionelle Partizipation und politischen Widerstand befördert, wenn hier Menschen mit ihrer Stimme eine Öffentlichkeit finden, von der sie zuvor ausgeschlossen waren, so heißt das nicht, dass dadurch der Frieden einkehren würde. Das Netz ist längst auch zu einem Ort des Krieges und des Kampfes von Eliten gegen die Ansprüche von Anteillosen geworden, betreiben diskriminierende Gruppen ihre exkludierende Politik im Netz. Auch hier behält Sartre wieder Recht: Nicht nur dass Politik just dort geschieht, wo Konflikte ausbrechen, vielmehr geht es in diesen Konflikten um die Interpretation symbolischer Ordnungen, was jede politische Zielsetzung und alles politische Handeln in Gegenfinalitäten verwickelt, die die Intentionen der Beteiligten oszillieren lassen. Wie heißt es in *Sartres Kritik der dialektischen Vernunft*: „Die menschlichen Ziele stecken durch ihre Realisierung ein Gegen-Finalitätsfeld ab."[1]

Niemand hat ob der medialen Unordnungen die Macht über die Interpretation des Weltgeschehens – auch nicht im Zusammenspiel zwischen Medien, Medizin und Politik, auch nicht durch machiavellistische Drohgebärden mit apokalyptischem Gestus: die Chance für abweichende politische Subversion.

---

[1] Sartre, Kritik der dialektischen Vernunft I. Band – Theorie der gesellschaftlichen Praxis (1960), Reinbek 1967, 174

Aber das ist auch selbst eine Gefahr. Es gibt nun mal nichts Gutes, was überhaupt und absolut als gut bezeichnet werden könnte. Wie bemerkt doch Montesquieu „Wer hätte das gedacht: Sogar die Tugend hat Grenzen nötig."[1] Niemand hat das besser gezeigt als der französische Existentialismus der vierziger Jahre, die politische Philosophie des Widerstands.

---

[1] Montesquieu, Vom Geist der Gesetze (1748), Stuttgart 1965, 211

Literatur

Theodor W. Adorno, Minima Moralia (1951), Gesammelte Schriften Bd. 4, Frankfurt/M. 1997

Ders., Versuch das ‚Endspiel'zu verstehen (1961), Frankfurt/M. 1973

Ders., Ästhetische Theorie (1970), Frankfurt/M. 1973

Giorgio Agamben, Homo sacer – Die souveräne Macht und das nackte Leben (1995), 10. Aufl. Frankfurt/M. 2015

Ders., Ausnahmezustand – Homo sacer II.1 (2003), Frankfurt/M. 2004

Ders., Herrschaft und Herrlichkeit – Zur theologischen Genealogie von Ökonomie und Regierung (Homo sacer II.2) (2007), Frankfurt/M 2010

Karl-Otto Apel, Diskurs und Verantwortung – Das Problem des Übergangs zur postkonventionellen Moral, Frankfurt/M. 1988

Hannah Arendt, Eichmann in Jerusalem – Bericht von der Banalität des Bösen (1963), München: Piper [14]2005.

Georges Bataille., Der verfemte Teil. Versuch einer allgemeinen Ökonomie (1949); in: ders.: Die Aufhebung der Ökonomie, München 1985

Simone de Beauvoir, Pyrrhus und Cineas (1944); in: dies., *Soll man de Sade verbrennen? – Drei Essays zur Moral des Existentialismus*, Reinbek 1997

Dies., Für eine Moral der Doppelsinnigkeit (1947); in: ebd.

Dies., Soll man de Sade verbrennen? (1955); in: ebd.

Dies., *Das andere Geschlecht – Sitte und Sexus der Frau* (1949), 5. Aufl. Reinbek: Rowohlt 2005

Dies., Die Mandarins von Paris (1954), Reinbek 1965

Dies., *Alles in Allem* (1972), Reinbek 1976

Ulrich Beck, Kinder der Freiheit: Wider das Lamento über den Wertezerfall; in: ders. (Hrsg.), Kinder der Freiheit, Frankfurt/M. 1997

Henri Bergson, Die beiden Quellen der Moral und der Religion (1932); in: ders., Materie und Gedächtnis und andere Schriften, Frankfurt/M.1964

Philipp Blom, Böse Philosophen. Ein Salon in Paris und das vergessene Erbe der Aufklärung, München 2011

Judith Butler, Das Unbehagen der Geschlechter (1990), Frankfurt/M. 1991

Albert Camus, Der Mythos von Sisyphos (1942), Hamburg 1959

Ders., Der Fremde (1942), Reinbek 1961

Ders., Briefe an einen deutschen Freund (1943); in: ders., Kleine Prosa, Reinbek 1961

Ders., Pessimismus und Mut (ca. 1944/5); in: ders., Verteidigung der Freiheit – Politische Essays, Reinbek 1968

Ders., Die Pest (1947), Reinbek 1950

Ders., Der Mensch in der Revolte (1951), Reinbek 1969

Ders., Brot und Freiheit – Ansprache vom 10. Mai 1953 an der Arbeitsbörse von St-Etienne; in: ders., Verteidigung der Freiheit – Politische Essays, Reinbek 1968

Ders., Tagebücher März 1951-Dezember 1959 (1989), Hamburg 1993

E.M. Cioran, Das Buch der Täuschungen (1936), Frankfurt/M. 1990

Colin Crouch, Postdemokratie (2004), Bonn 2008

Gilles Deleuze, Félix Guattari, Anti-Ödipus - Kapitalismus und Schizophrenie, Bd. 1., 2. Aufl. Frankfurt/M. 1979

Jacques Derrida, Die ‚Welt' der kommenden Aufklärung (Ausnahme, Kalkül und Souveränität); in: ders., Schurken – Zwei Essays über die Vernunft (2003), Frankfurt/M. 2003

John Dewey, Die Erneuerung der Philosophie (1920), Hamburg 1989

Michel Foucault, Überwachen und Strafen – Die Geburt des Gefängnisses (1975), Frankfurt/M. 1977

Ders., Die Regierung des Selbst und der anderen – Vorlesung am Collège de France 1983 (2008), Bd. 1, Frankfurt/M. 2009

Ders., Der Mut zur Wahrheit – Die Regierung des Selbst und der anderen II – Vorlesung am Collège de France 1983/84 (2009), Berlin 2010

Sigmund Freud, Das Unbehagen in der Kultur (1930), Frankfurt/M. 1950

Yuval Noah Harari, Homo Deus – Eine Geschichte von Morgen, München 2017

Martin Heidegger, Sein und Zeit (1927), 16. Aufl. Tübingen 1986

Stéphane Hessel, Empört Euch! (2010), Berlin 2011

Eike Christian Hirsch, Der berühmte Herr Leibniz. Eine Biographie .München 2016

Hans Jonas, Das Prinzip Verantwortung – Versuch einer Ethik für die technologische Zivilisation (1979), Frankfurt/M. 1984

Ernst Jünger, Der Arbeiter – Herrschaft und Gestalt (1932), Stuttgart 1982

Sören Kierkegaard, Entweder / Oder, Zweiter Teil (1843), Gesammelte Werke 2. u. 3. Abteilung, Düsseldorf, Köln 1957

Ders., Furcht und Zittern (1843), Gesammelte Werke 4. Abteilung, 2. Aufl. Düsseldorf, Köln o.J.

Ders., Der Begriff Angst (1844), 3. Aufl. Frankfurt/M. 1988

Ders., Abschließende unwissenschaftliche Nachschrift zu den philosophischen Brocken (1846), Erster Teil, 3. Aufl. Gütersloh 1994

Jacques Lacan, Das Spiegelstadium als Bildner der Ichfunktion wie sie in der psychoanalytischen Erfahrung erscheint (1949/1936), Schriften I, 3. Aufl. Olten 1993

Emmanuel Lévinas, Jenseits des Seins oder anders als Sein geschieht (1974), Freiburg, München 1992

Bernard-Henri Lévy, Sartre – Der Philosoph des 20. Jahrhunderts, München, Wien 2002

Gabriel Marcel, Sein und Haben (1935), Paderborn 1968.

Ders., Die Erniedrigung des Menschen (1951), Frankfurt/M. 1957

Alasdair MacIntyre, Verlust der Tugend – Zur moralischen Krise der Gegenwart (1981), Frankfurt/M. 1987

Herbert Marcuse, Der eindimensionale Mensch – Studien zur Ideologie der fortgeschrittenen Industriegesellschaft (1964), Neuwied, Berlin 1970

Paul Mason, Postkapitalismus – Grundrisse einer kommenden Ökonomie, Berlin 2016

Bernd Mattheus, Cioran – Portrait eines radikalen Skeptikers, Berlin 2007

Maurice Merleau-Ponty, Phänomenologie der Wahrnehmung (1945), Berlin 1966

Ders., Humanismus und Terror 1 (1947), 2. Aufl. Frankfurt/M. 1968

Ders., Sartre, Leitartikel; in: Les Temps Modernes, Nr. 1, Januar 1950

Carlo Michelstaedter, Überzeugung und Rhetorik (1913), Frankfurt/M. 1999

Charles de Secondat, Baron de Montesquieu, Vom Geist der Gesetze (1748), Stuttgart 1965

Jan-Werner Müller, Das demokratische Zeitalter – Eine politische Ideengeschichte Europas im 20. Jahrhundert, Berlin 2013

Friedrich Nietzsche, Die Geburt der Tragödie aus dem Geiste der Musik (1872), KSA Bd. 1, Berlin, New York 1999

Ders., Über die Zukunft unserer Bildungsanstalten. Vortrag II (1872), Kritische Studienausgabe (KSA) Bd. 1, München, Berlin, New York 1999

Ders., Der griechische Staat (1872) – Fünf Vorreden zu fünf ungeschriebenen Büchern - Nachgelassene Schriften, KSA Bd. 1, München, Berlin, New York 1999

Ders., Unzeitgemäße Betrachtungen (1873-76), Kritische Studienausgabe (KSA) Bd. 1, München, Berlin, New York 1999

Ders., Menschliches, Allzumenschliches I (1876-1880), Nr. 220, KSA Bd. 2, München, Berlin, New York 1999

Der., Morgenröthe (1880/81), , KSA Bd. 3, München, Berlin, New York 1999

Ders., Die fröhliche Wissenschaft (1881-82), Kritische Studienausgabe (KSA) Bd. 3, München, Berlin, New York 1999

Ders., Also sprach Zarathustra (1882-84), Kritische Studienausgabe (KSA) Bd. 4, München, Berlin, New York 1999

Ders., Jenseits von Gut und Böse(1884-85), , Kritische Studienausgabe (KSA) Bd.5, München, Berlin, New York 1999

Ders., Zur Genealogie der Moral (1887), Kritische Studienausgabe (KSA) Bd. 5, München, Berlin, New York 1999

Ders., Nachlass, Kritische Studienausgabe (KSA) Bde. 7-13, München, Berlin, New York 1999

Ders., Sämtliche Briefe, Kritische Studienausgabe in 8 Bänden, hrsg. v. Giorgio Colli, Mazzino Montinari, München 1986

Iris Radisch, Camus – Das Ideal der Einfachheit – Eine Biographie, Reinbek 2013

Jacques Rancière, Das Unvernehmen – Politik und Philosophie (1995), Frankfurt/M. 2002

John Rawls, Politischer Liberalismus (1993), Frankfurt/M. 1998

Volker Reinhardt, De Sade oder Die Vermessung des Bösen – Eine Biographie, München 2014

Richard Rorty, Solidarität oder Objektivität? Drei philosophische Essays (1983/4), Stuttgart 1988

Ders., Kontingenz, Ironie und Solidarität (1989), Frankfurt/M. 1992

Jean-Jacques Rousseau, Träumereien eines einsam Schweifenden (1776-1778). Berlin 2012

Jean-Paul Sartre, Die Imagination (1936), Gesammelte Werke Philosophische Schriften 1 Bd. 1, Reinbek 1994

Ders., Die Transzendenz des Ego – drei Essays (1936-1939), Reinbek: Rowohlt 1964

Ders., Der Ekel (1938), Gesammelte Werke Romane und Erzählungen Bd. 1, Reinbek: Rowohlt 1987

Ders., Das Imaginäre – Phänomenologische Psychologie der Einbildungskraft (1940), Gesammelte Werke Philosophische Schriften 1 Bd. 2, Reinbek 1994

Ders., Das Sein und das Nichts – Versuch einer phänomenologischen Ontologie (1943), übers.. v. Justus Streller, Reinbek: Rowohlt 1962

Ders., Das Sein und das Nichts – Versuch einer phänomenologischen Ontologie (1943), übers. v. Hans Schöneberg, Traugott König, Gesammelte Werke Philosophische Schriften I, Bd. 3, Reinbek: Rowohlt 1994

Ders., Die Fliegen (1943), Gesammelte Dramen, Hamburg: Rowohlt 1969

Ders., Die Republik des Schweigens; in: ders., Paris unter der Besatzung – Artikel und Reportagen 1944-1945, Reinbek: Rowohlt 1980

Ders., Die Zeit der Reife (1945), Gesammelte Werke Romane und Erzählungen Bd. 2, Reinbek: Rowohlt 1987

Ders., Der Aufschub (1945), Gesammelte Werke Romane und Erzählungen Bd. 3, Reinbek: Rowohlt 1987

Ders., Der Existentialismus ist ein Humanismus (1945), Gesammelte Werke Philosophische Schriften I, Bd. 4, Reinbek: Rowohlt 1994

Ders., Materialismus und Revolution (1946), Gesammelte Werke Philosophische Schriften 1 Bd. 4, Reinbek 1994

Ders., Was ist Literatur (1947), Gesammelte Werke Schriften zur Literatur Bd. 2. Reinbek 1986

Ders., Entwürfe für eine Moralphilosophie (1948/49), Reinbek 2005.

Ders., Der Pfahl im Fleische (1949), Gesammelte Werke Romane und Erzählungen Bd. 4, Reinbek 1987

Ders., Kritik der dialektischen Vernunft – Theorie der gesellschaftlichen Praxis (1960), Hamburg 1967

Ders., Was kann Literatur – Interviews, Reden, Texte 1960-1976, Gesammelte Werke Schriften zur Literatur Bd. 4, Reinbek 1986

Ders., „Vorwort" zu: Frantz Fanon, Die Verdammten dieser Erde (1961), Reinbek 1969

Ders., Mallarmés Engagement (1964), Gesammelte Werke Schriften zur Literatur Bd. 4, Reinbek: Rowohlt 1986

Ders., Benny Lévy, L'espoir maintenant (1980), Paris 1991

Max Scheler, Der Formalismus in der Ethik und die materiale Wertethik - Neuer Versuch der Grundlegung eines ethischen Personalismus (1913f), Gesammelte Werke Bd. 2, 6. Aufl. Bern, München 1980

Ders., Ordo amoris (ca. 1916); in: Schriften aus dem Nachlass Bd. I, Zur Ethik und Erkenntnislehre, Gesammelte Werke Bd. 10, 2. Aufl. Bern 1957

Helmut Schelsky, Soziologie der Sexualität – Über die Beziehungen zwischen Geschlecht, Moral und Gesellschaft, Hamburg, 1955

Friedrich Schiller, Don Carlos (1787/88). Werke Bd. 1. München 1976

Carl Schmitt, Politische Theologie – Vier Kapitel zur Lehre von der Souveränität, (1922), 3. Aufl. Berlin 1979

Hans-Martin Schönherr-Mann, Die Technik und die Schwäche – Ökologie nach Nietzsche, Heidegger und dem 'schwachen Denken', Vorwort v. Gianni Vattimo, Edition Passagen, Wien 1989

Ders., Von der Schwierigkeit, Natur zu verstehen – Entwurf einer negativen Ökologie, S. Fischer-Verlag Reihe Perspektiven, Frankfurt/M. 1989

Ders., Politik der Technik – Heidegger und die Frage der Gerechtigkeit, Edition Passagen, Wien 1992

Ders., Leviathans Labyrinth – Politische Philosophie der modernen Technik – Eine Einführung, Wilhelm Fink Verlag, München 1994

Ders., Postmoderne Perspektiven des Ethischen – Politische Streitkultur, Gelassenheit, Existentialismus, Wilhelm Fink Verlag, München 1997

Ders. Politischer Liberalismus in der Postmoderne - Zivilgesellschaft, Individualisierung, Popkultur, Wilhelm Fink Verlag München 2000

Ders., Das Mosaik des Verstehens – Skizzen zu einer negativen Hermeneutik, edition fatal München 2001

Ders., Miteinander leben lernen – die Philosophie und der Konflikt der Kulturen, Piper Verlag München, Zürich 2008

Ders., Der Übermensch als Lebenskünstlerin – Nietzsche, Foucault und die Ethik, Matthes & Seitz Berlin 2009

Ders., Globale Normen und individuelles Handeln – Die Idee des Weltethos aus emanzipatorischer Perspektive, Königshausen & Neumann Würzburg 2010

Ders., Die Macht der Verantwortung, Freiburg, Alber München 2010

Ders., Was ist politische Philosophie? Campus Frankfurt/M., New York 2012

Ders., Protest, Solidarität und Utopie – Perspektiven partizipatorischer Demokratie, edition fatal München 2013

Ders., Gewalt, Macht, individueller Widerstand – Staatsverständnisse im Existentialismus, Bd. 77 Reihe Staatsverständnisse, Nomos Baden-Baden 2015

Ders., Albert Camus als politischer Philosoph, Interdisziplinäre Forschungen 26, Innsbruck University Press 2015

Ders., Untergangsprophet und Lebenskünstlerin – Über die Ökologisierung der Welt, Matthes & Seitz Berlin 2015

Ders., Involution oder Revolution – Vorlesungen über Medien, „Bildung und Politik" an der Universität Innsbruck 2013-17, BoD Norderstedt 2017

Ders., Das Blau des Sprachspiels – Wittgenstein und die politische Philosophie – Vorlesungen am Geschwister-Scholl-Institut 2003/2004, BoD Norderstedt 2017

Ders., Michel Foucault als politischer Philosoph, Innsbruck 2018

Ders., Dekonstruktion als Gerechtigkeit – Jacques Derridas Staatsverständnis und politische Philosophie, Baden-Baden 2019

Ders., Richard Rortys politische Philosophie – Erläuterungen zu Kontingenz, Ironie und Solidarität, Bod Norderstedt 2019

Ders., Friedrich Nietzsche – Leben und Denken, Wiesbaden 2020

Georg Simmel, Individualismus der modernen Zeit (1910) – und andere soziologische Abhandlungen, Frankfurt/M. 2008

Ders.: Das individuelle Gesetz (1913), Frankfurt/M. 1987

Ders., Der Konflikt der modernen Kultur, München, Leipzig 1918

Peter Sloterdijk, Was geschah im 20. Jahrhundert? Unterwegs zu einer Kritik der extremistischen Vernunft, Berlin 2016

Robert Spaemann, Glück und Wohlwollen, Stuttgart 1989

Max Stirner, Der Einzige und sein Eigentum (1844), Freiburg, München 2009

Leo Strauss, Naturrecht und Geschichte (1953), Frankfurt/M. 1977

Charles Taylor, Ein säkulares Zeitalter (2007), Frankfurt/M. 2009

Wolfgang Streeck, Gekaufte Zeit – Die vertagte Kriese des demokratischen Kapitalismus, Berlin 2013

Thomas Vašek, Schein und Zeit – Martin Heidegger und Carlo Michelstaedter – Auf den Spuren einer Enteignung, Berlin 2019

Michael Walzer, Sphären der Gerechtigkeit (1983), Frankfurt, New York 1992

Max Weber, Politik als Beruf (1918/19), Gesammelte politische Schriften, 3. Aufl. Tübingen 1971

Personenregister